唐代犯罪学学说丛论

刘志松 段知壮 著

中国政法大学出版社

2020·北京

声　明　1. 版权所有，侵权必究。

　　　　2. 如有缺页、倒装问题，由出版社负责退换。

图书在版编目（CIP）数据

唐代犯罪学学说丛论/刘志松，段知壮著. —北京：中国政法大学出版社，2020.6
ISBN 978-7-5620-9390-9

Ⅰ.①唐… Ⅱ.①刘… Ⅲ.①犯罪学—研究—中国—唐代 Ⅳ.①D924.114

中国版本图书馆CIP数据核字(2019)第284264号

出 版 者	中国政法大学出版社
地　　址	北京市海淀区西土城路25号
邮寄地址	北京100088 信箱8034分箱　邮编100088
网　　址	http://www.cuplpress.com（网络实名：中国政法大学出版社）
电　　话	010-58908437(编辑部) 58908334(邮购部)
承　　印	固安华明印业有限公司
开　　本	880mm×1230mm　1/32
印　　张	11.25
字　　数	265千字
版　　次	2020年6月第1版
印　　次	2020年6月第1次印刷
定　　价	59.00元

2018年天津社会科学院后期资助项目

志松是我的好友,也是我以前的同事。我们曾在天津社会科学院法学研究所同一间办公室有过八年多的同事之谊。2016年9月,我调离天津社会科学院后,我们之间仍保持着密切联系。往事回首皆历历在目,我虽比志松年长一岁,但他却比我早两年到天津社会科学院工作,其为人为学更是在我之上,实在令人钦佩。不久前,志松嘱我为其新作《唐代犯罪学学说丛论》代序,我深感自己资学所限,实恐有负所托。无奈推脱数次,均被志松以各种"正当理由"驳回,最后只得硬着头皮为之。

志松专攻中国法律史,尤以清代法史见长,从其博士论文《清"冒破物料"律与工程管理制度》可见一斑。在我看来,志松的学术视野也是极为开阔的。他曾经专门对"民间法"[1]"多元化纠纷解决机制"[2]有过系统而深入的研究。而据我所

---

[1] 参见刘志松:《乡土自治——系统观与中国传统乡土社会的自组织》,河南人民出版社2011年版。
[2] 参见刘志松:《权威·规则·模式——纠纷与纠纷解决散论》,厦门大学出版社2013年版。

知，志松在从事这些研究时，皆是自觉带有一股浓郁厚重且难以割舍的乡土情怀，更多地也是他的学术旨趣使然。除此以外，在志松的重点研究场域中，不得不提及的便是他对"中国古代犯罪学史"的研究，现在回想，当初实在令人暗自称奇。2008年8月，我到天津社会科学院法学研究所工作后不久，按照当时法学研究所犯罪学学科的发展规划，我主要考虑自身刑法学学科研究背景，选择犯罪学基础理论和青少年犯罪问题作为专攻研究方向。与此同时，志松则结合其法制史学科研究背景，并深受吴宗宪教授"西方犯罪学史"研究范式的启发，提出致力于中长期从事"中国古代犯罪学学说通史"的研究构想。志松当初大致的想法或许是，按照中国古代编年史的划分，依次完成中国古代犯罪学说史的先秦卷、秦汉卷、唐宋卷、元明清卷和近代（清季民国）卷。由此一来，一旦功成，则学术研究成果必然蔚为壮观，不但能成就其个人特有的"学术标签"，甚或在国内法史学、犯罪学界可独树一帜。但反观之，该项研究难度也会非常大，仅凭志松一人之力，何以完成？我当初在为志松这一研究"创举"拍案称奇的同时，也着实为他担心，现在回想起来，心里不觉间仍能冒出一股冷汗。从那时起，志松便开始着手搜集史料，潜心研究这项"冷门"。时间延至2015年9月，志松同青年学者闫文博、冯志伟，率先合著完成《先秦犯罪学学说丛论》[1]，从而使得这一系列研究成果得以生发，我以为该项研究非常值得称道。时间再由2016年9月至今日，我从天津社会科学院调离工作至天津大学法学院后，该项研究工作的后续开展情况便不得而知。今又收到志松发送过来的《唐代犯罪学学说丛论》电子版书稿，心中不免一阵激动和喜

---

[1] 参见刘志松、闫文博、冯志伟：《先秦犯罪学学说丛论》，中国法制出版社2015年版。

悦，真心为志松、为他的研究伙伴，更为这项研究得以存续而由衷地高兴。

在我看来，该项研究或许在以下数个方面值得关注，著作本身也具有其鲜明特色，因而具有较为重要的学术价值和研究意义。

第一，该项著作以当今西方社会业已成熟的犯罪学学科作为重要研究范式，在充分借鉴西方犯罪学学科理论、知识和方法的基础上，对中国古代各个重要朝代的犯罪学学说进行了一次广泛而深入的学术史考察。仅就我所知，在中国大陆地区的犯罪学界，采用这一研究范式对中国古代的犯罪学说（包括犯罪预防思想、犯罪原因、犯罪治理与防控对策等）进行系统性的研究，志松或许是最早的一批学者。应当指出，西方犯罪学研究范式对于中国本土的犯罪问题研究具有较强解释力，因而在我看来，该项研究在方法论上具有极为重要的借鉴意义。而由志松领衔的科研团队一直朝着这个方向在努力尝试，该项系列研究成果对这一问题已经有所回应和补足。当然，志松所采用的这一研究范式的科学性以及研究路径的可行性，尚有待于国内学者的认知及广泛认可，更有待于时间的检验。我相信，志松的这一成果是有较大学术价值的，因而应当会保持长久的学术影响力。

第二，该项著作保持了人文社会科学基础理论学科学术研究成果应有的细腻、严谨和求实。在该著作中，我们可以看到，既有非常详尽的史料叙述，也有客观中肯的犯罪预防思想评论及学说观点评论，这点值得肯定。此外，我一直以为，本系列著作应当是一部研究中国古代犯罪学学说思想和犯罪问题法律治理与法律制度的一部犯罪学著作，而非是一部中国法律史领域的学术著作——在我看来，明确这点尤为重要。因而在此定位下，本著作研究的主要内容、研究的范围及边界应当是清晰而确定的。至于法制史学科中的史料搜集、整理和编撰，当有所取舍、有所侧重，并且只能服务于这一中心主题。在本书的写作中，能够看得出志松中国法律史学科知识功力深厚，也是想尽可能地去摆脱自身中国法史学科背景的某些藩篱或束缚，但这一愿望在个别章节却事与愿违，甚至陷入更深的法史学科的固有研究范式、理论思辨和逻辑论证中去。当前，如何融会贯通中国法律史与西方犯罪学理论的研究范式，是志松需要认真处理的方法论问题，这也是他在后续从事这项系列学术研究工作需要重点注意的。当然，毋庸置疑的一点是，具有中国法律史学科背景的学者在从事中国古代犯罪学史研究时，具有其他学科所无法比拟的得天独厚的知识结构优势。

第三，"中国犯罪学学说丛论"应当研究哪些"犯罪学学说"问题？它的研究主题、研究范围当如何定位和如何界定？这也是我一直在思考的，并且也是困扰我的一个重要问题。我十分赞同志松按照不同朝代进行中国古代犯罪学学说史的研究进路，但在具体研究什么问题时，我们或有较大分歧。或许主要原因是，我们不同的学科背景——我站在刑法学的学科考察，而志松则是从法史学的专业俯瞰。志松及其研究伙伴在《先秦犯罪学学说丛论》一书中，先是重点对罪观念的起源、罪观念的训诂学考察、《周易》对罪的认识等其认为较为重要的前提性命题进行深入研究，继而对先秦道家、儒家、法家、墨家思想中的犯罪学学说进行了考察；在《唐代犯罪学学说丛论》一书中，志松在上篇中对特定类型、特别案情的犯罪（或案件）进行了犯罪学考察，而后在下篇对帝王、官员、学者、释道等不同主体对于罪的认识和论述进行了深入研究。由此不难发现，志松主要还是站在法史学者的角度，研究中国古代的罪的概念、罪的观念、犯罪及犯罪学说等。而我以为，从近代西方刑法学、犯罪学学科的视角出发，研究的重点或许可以是犯罪现象、犯罪原因、犯罪预防思想与预防对策、犯罪治理措施（各种刑罚和非刑罚处罚方法），同时兼或可以考虑研究特殊（特定）历史时期的犯罪态势以及历朝历代主要政治家（帝王将相）就犯罪问题所阐发的治国理政的政治策略，等等。之后，在这些特定研究问题项下，再考虑研究不同的犯罪类型以及不同主体的观点、思想和学说。当然，志松是这一研究领域的拓荒者，"中国古代犯罪学学说通史"的研究进路到底是偏向于法史研究范式多一些，还是偏向于西方犯罪学学科的研究模式多一些，其中既有个人的学术偏好，也有研究难易程度、研究资料获取等实际情况需要综合考虑，我在此提出个人的一些建议，供他在研究中参考。

俱往矣，时间如过隙之驹，一去不返。对于我工作过的天津社会科学院，我常怀感恩之情。在我工作调离之后，仍有一些同事和我保持联系，并且时常关心我的近况，着实令我感动。我想，院里的许多人、许多往事，也必将在我脑海中记忆的最深处永驻。在这三年中，欣闻志松荣任所长，翌年又评聘为研究员，我由衷地为他取得的各项突出业绩喝彩。最后，衷心祝愿他事业蒸蒸日上，学业取得更大的进步。

是为序。

于　阳[1]

谨识于天津大学卫津路校区法学院

2019 年 7 月 10 日

---

[1] 于阳，天津大学法学院副教授、法学博士、博士生导师。

目录

序 ………………………………………………… 001

绪　论 …………………………………………… 001
　一、唐代社会历史概况 ………………………… 001
　二、唐代的思想学说发展概况 ………………… 014
　三、唐代佛学对于心性论——罪因问题的考察 ……… 035
　四、唐代佛学对于忏法、律法——罪的治理问题的探讨 …… 055

上　篇

第一章　妖言谋反罪的犯罪学考察 ……………… 081
　一、佛教僧人妖言谋反类犯罪的主体倾向 …… 093
　二、佛教僧人妖言谋反类犯罪背后政治势力的博弈 …… 096
　三、佛教僧人妖言谋反类犯罪的谋财起因 …… 100

第二章　官吏职务犯罪的犯罪学考察 …………… 104
一、唐代官吏经济类犯罪的罪责指向 ………… 105
二、唐代官吏犯罪处罚手段的选择倾向 ……… 114
三、犯罪学意义下的唐代吏治 ………………… 121

第三章　血亲复仇案的犯罪学考察 …………… 128
一、道德评价与犯罪事实的有意识区隔 ……… 134
二、司法裁量对血亲复仇处理的影响 ………… 140
三、血亲复仇犯罪学意义的文化内核 ………… 145

第四章　贼盗犯罪的犯罪学考察 ……………… 152
一、唐代关于贼盗类犯罪的法律规定 ………… 152
二、贼盗类犯罪的成因及规制方向 …………… 157
三、贼盗类犯罪的处理模式与手段选择 ……… 162

第五章　巫术犯罪的犯罪学考察 ……………… 170
一、唐代关于巫术犯罪的法律规定 …………… 171
二、巫术犯罪的民众心理认知 ………………… 176
三、宗教戒律在社会善恶观念方面的影响 …… 182

第六章　奸罪的犯罪学考察 …………………… 192
一、社会秩序维护下的奸罪立法 ……………… 193
二、越轨行为的犯罪意义构建 ………………… 199
三、两性关系的伦理维度与道德背书 ………… 207

下 篇

第七章　李世民对于罪的认识与论述 221
一、罪与罚的调节性分离 221
二、君主个人的道德自律 224
三、谏言是否为罪的忠君标准 227
四、对犯罪处理的维稳导向 231

第八章　武则天对于罪的认识与论述 234
一、对女性参政之"罪"的消解 234
二、对谶纬是否为"罪"的认定 237
三、以打击政敌为根本的"罪"之指向 242

第九章　孔颖达经学思想中对"罪"的探讨 249
一、对政治伦理的道德约束 249
二、对伦理关系的规范构建 253
三、对道德修养的体系评价 257

第十章　柳宗元的犯罪学学说 262
一、对自身贬谪之"罪"的反思 263
二、民本位理念下的官吏之"罪" 268
三、对"罪"的实用道德主义判定 272

第十一章　韩愈的犯罪学学说 279
一、生活经历背后对规则的渴望 279
二、反佛思想背后的"罪责"指向 284
三、对儒家"礼"秩序的终极维护 289

第十二章　白居易有关罪的学说 ·········· 296
一、激进民本主义背后的君之"责" ·········· 296
二、江州之贬的具体"罪状" ·········· 300
三、命运之"罪"的虚无主义倾向 ·········· 304

第十三章　释道宣有关罪的学说 ·········· 310
一、对戒律形式与宗教理念的融汇 ·········· 310
二、罪责意义上止恶与扬善的统一 ·········· 315
三、应对政治管控的戒坛仪式建设 ·········· 319

第十四章　杜光庭有关罪的学说 ·········· 324
一、杜光庭道教戒律观呈现 ·········· 324
二、价值评判背后的社会伦理秩序 ·········· 328
三、哲学本体论下的"罪"之根源 ·········· 333

后　记 ·········· 340

绪 论

一、唐代社会历史概况

从中国历史的整个进程来看，隋唐时期是我国经济社会发展的上升时期，中国经济社会发展开始进入全盛阶段。自隋王朝继承北周统一中国北方，继而兴兵南下消灭陈王朝，结束了西晋末年以来持续了270多年的南北分裂对峙局面，国家重新得到统一，历史进入一个新的时代。然而，其兴也勃，其亡也忽，隋王朝仅仅存续38年就在风起云涌的大起义中终结了。继隋而起的唐王朝，深为偌大隋王朝的顷刻覆亡感到"惕然震悚"，以唐太宗李世民君臣为代表的唐代新兴政治家们亲身经历并参与了隋王朝由盛到衰、倏然而逝的全过程，他们目睹了在隋末各派力量的战争中人心向背所具有的巨大威力，因而在深为震惧之余，十分重视吸取隋亡的教训，在治国安民、施政行法方面，处处不忘"水则载舟，水则覆舟"的历史定律。无论是李世民自己，还是诸如魏徵、房玄龄、王建、马周、戴胄等政要，于其著述中多有记述与评论。李世民曾深有感触地说："古来虽复时遭丧乱，未有如隋日者"，魏徵也感慨而言："前代虽逢丧乱，皆有牧宰割据，不过数岁即有所归。至于隋末天下鼎沸，百姓涂炭，经十余年"，[1]可见李世民君臣对隋亡教训感

---

[1] 吕效祖主编：《新编魏征集》，三秦出版社1994年版，第174页。

受之深。"昔在有隋,统一寰宇,甲兵强锐,三十余年,风行万里,威动殊俗",何等不可一世,而"一旦举而弃之,尽为他人之有。"魏徵曾对隋亡的教训作出总结:

彼炀帝岂恶天下之治安,不欲社稷之长久,故行桀虐,以就灭亡哉?恃其富强,不虞后患,驱天下以从欲,罄万物以自奉,采域中之子女,求远方之奇异。宫苑是饰,台榭是崇,徭役无时,干戈不戢。外示严重,内多险忌,谗邪者必受其福,忠正者莫保其生。上下相蒙,君臣道隔,民不堪命,率土分崩。遂以四海之尊,殒于匹夫之手,子孙殄绝,为天下笑,可不痛哉![1]

面对隋末"父母不保其赤子,夫妻相弃于匡床,万户则城郭空虚,千里则烟火断灭"[2]的残破局势,唐王朝决心力矫隋弊,"今之动静,必思隋氏以为殷鉴"。[3]所以,唐初特别是贞观初年,统治者推行了一系列的民本政策和改革措施,使社会迅速恢复安定和发展。

贞观初,太宗谓侍臣曰:"为君之道,必须先存百姓,若损百姓奉其身,犹割股以啖腹,腹饱而身毙。若安天下,必须先正其身,未有身正而影曲,上理而下乱者。朕每思伤其身者不在外物,皆由嗜欲以成其祸。若耽嗜滋味,玩悦声色,所欲既多,所损亦大。既妨政事,又扰生人。且复出一非理之言,万

---

[1] (唐)吴兢编著:《贞观政要》卷一《君道第一》,上海古籍出版社1978年版,第5页。(本书以下相关内容均出自此版本)
[2] (后晋)刘昫等撰:《旧唐书》卷五十三《李密》,中华书局1975年版,第2214页。(本书以下相关内容均出自此版本)
[3] 《贞观政要》卷八《刑法第三十一》,第248页。

姓为之解体，怨讟既作，离叛亦兴。朕每思此，不敢纵逸。"[1]

在这一仁本施政思想的指导之下，唐初以"安人宁国"为总方针，一方面采取一系列与民休息、不夺农时、轻徭薄赋、少兴土木、慎动兵戈的宽仁政策，一方面则擢用贤能、求贤纳谏、重视法制、整饬吏治、力戒奢靡，使朝野上下形成一种以隋亡为戒的勤谨为政、清廉自律的风气。

（一）唐代的经济政策

为了应对隋末"率土百姓，零落殆尽"的危机，改变农业经济"黄河之北，则千里无烟，江淮之间，则鞠为茂草"[2]的衰败局面，唐王朝采取了以"均田制"为核心的农业经济政策。为使流亡的农民重新回到土地上来发展生产，保证赋税、徭役和兵源，武德七年（公元624年），朝廷颁布《均田令》和《赋役令》，推行均田制。根据《唐律疏议》的规定，按照品级和爵、勋官的等级给予大小不等的土地，并计口授予直接从事生产的农民以土地，口分田与直接生产者相结合，使田亩不致荒芜，保证了农业生产。永业田和直接生产者相结合，在一定程度上抑制了土地兼并，也为作为配套改革的租庸调制的实施奠定了基础。此外，唐初还大力推行鼓励垦荒、兴修水利等重农政策。一系列恢复农业经济的政策实施使得从贞观到天宝百余年间全国人口激增，耕地面积大幅增加，土地单位产量显著上升。据《通典》和《资治通鉴》载，唐武德年间，国家人口只有200多万户，到永徽年间已经增至380余万户，到玄宗天宝年间更是激增至891.470 9万户，户口殷繁，人力充足。而这时

---

[1]《贞观政要》卷一《君道第一》，第2页。
[2]（唐）魏徵、令狐德棻撰：《隋书》卷七十《杨玄感》，中华书局1973年版，第1617页。(本书以下相关内容均出自此版本)

全国耕地也已经达到 1 430.386 2 万顷,平均每户 1 顷 60 余亩。以致出现"开元天宝之中,耕者益力。四海之内,高山绝壑,耒耜亦满。人家粮储,皆及数岁。太仓委积陈腐。不可较量"[1]这样一个历史上少有的"河清海晏,物殷俗阜"[2]的发达时期。

(二) 唐代的政治变革

在政治制度方面,唐初沿袭并进一步发展了隋代实行的三省六部制,意在平衡相权与提高行政效率。君权与相权为国家治政之表里,二者的平衡历来是专制王朝面对的重要课题,君权过重则易失政,相权过重则易失位。隋朝建立后,将北周仿照周礼设立的官爵制度废除,设立了以三省六部制为主体的中央官僚体系。内史、门下、尚书三省主持中央政权,且互相牵制,共同向皇帝负责。其中,决策者为内史省,长官称内史令;审议者是门下省,长官称纳言;处理日常政务的机构是尚书省,置尚书令、左右仆射各一人,下设"吏、礼、兵、度支(后改称民部)、都官(后改称刑部)、工"六部。隋制,三省长官均为相职,同时三公、三师参与朝政,也为宰相。三省相互制约,总制于君权,以便加强皇帝的控制,提高了行政效率。唐初在承袭隋代三省制的基础上进行了进一步改造,三省逐步向二省、一省转变。贞观初年,唐太宗便感受到了传统三省制匡正过误、执论谏诤等功能丧失的弊端,决意改革。

贞观元年(公元627年),太宗谓黄门侍郎王珪曰:"中书所出诏敕,颇有意见不同,或兼错失而相正以否。元置中书、门下,本拟相防过误。人之意见,每或不同,有所是非,本为

---

[1] (唐)元结撰,杨家骆编校:《新校元次山集》卷九《问进士第三》,世界书局1984年版,第140页。
[2] (宋)王谠撰,周勋初校证:《唐语林校证》卷三《夙慧》,中华书局1987年版,第309页。

绪 论

公事。或有护己之短,忌闻其失,有是有非,衔以为怨。或有苟避私隙,相惜颜面,知非政事,遂即施行。难违一官之小情,顿为万人之大弊。此实亡国之政,卿辈特须在意防也。"

贞观三年(公元629年),太宗谓侍臣曰:"中书、门下,机要之司。擢才而居,委任实重。诏敕如有不稳便,皆须执论。比来惟觉阿旨顺情,唯唯苟过,遂无一言谏诤者,岂是道理?若惟署诏敕、行文书而已,人谁不堪?何烦简择,以相委付?自今诏敕疑有不稳便,必须执言,无得妄有畏惧,知而寝默。"[1]

为了控制相权,改革传统三省制,唐初开始逐渐使用一些资历较轻的官员担任"同中书门下二品",因为尚书仆射是职事官、从二品,侍中、中书令实际行使宰相的权力,但是由于没有宰相的身份,所以便于控制。"初,唐因隋制,以三省之长中书令、侍中、尚书令共议国政,此宰相职也。其后,以太宗尝为尚书令,臣下避不敢居其职,由是仆射为尚书省长官,与侍中、中书令号为宰相。其品位既崇,不欲轻以授人,故常以他官居宰相职,而假以他名。"[2]贞观八年(公元634年),右仆射李靖因病请辞宰相职务,太宗不同意,要求他"疾小瘳,三两日一至中书门下平章事","平章事"之名便始于此。此时,决定政事之权已不全由三省长官,其后又有以同中书门下三品、同中书门下平章事为名的他官参政。唐中叶以后,同中书门下平章事成为真正的宰相。由此,名义上的宰相逐步成为拥有身份的虚衔,而真正行使宰相职务的官职却变为一种临时职权,

---

[1] 《贞观政要》卷一《政体第二》,第13—14页。
[2] (宋)欧阳修、宋祁撰:《新唐书》卷四十六《百官一》,中华书局1975年版,第1182页。(本书以下相关内容均出自此版本)

这也顺应了自汉代开始的相权不断下降的历史规律。为了协调三省之间的行动，三省首长定期在门下省的政事堂议事，"旧制，宰相常于门下省议事，谓之政事堂"[1]，作为宰相联合办公的形式。

唐代社会经济发展远超前代，国家事务繁杂程度空前提高，传统体制已难以应对，三省六部制分散了丞相及中央机构的权力，把相权"一分为三"，既有分工，又有合作，互相牵制和监督，提高了决策正确性和行政效率。政务决策则由丞相一人转为中书门下两省合议，大政之决策愈加谨慎。同时，将尚书省权分六部，既限制了地方割据势力的产生和发展，又推动了部门牵制与机构运转，加强了皇权与中央集权，削弱了相权。至此而后，中国官职的历代重大改革基本沿袭唐制。

为了加强对地方的控制，唐代还改变传统三级制为州县二级制，避免了地方豪强操纵州、郡政权。贞观时，分全国为十道（后玄宗时改为十五道）实施监察，由皇帝派遣巡按使考查各道州县官吏，巡按使品级虽不高，然职责坚重，权力颇大，成为皇帝设置在地方上的代表。除对地方分道监察外，中央设置独立的监察机关御史台，负责"掌邦国刑宪、典章之政令，以肃正朝列"，[2]兼具制衡、治官、监督、检察、弹劾、惩戒和教育等职能于一身，唐睿宗称之"彰善瘅恶，激浊扬清，御史之职也。政之理乱，实由此也。"[3]成为巩固封建专制统治的重要机构。这表明了唐朝对监察机关之重视明显加强，适应了中央集权制发展的需要。

---

[1]《旧唐书》卷四十三《职官二》，第1842页。

[2]（唐）李林甫等撰，陈仲夫点校：《唐六典》卷十三《御史台》，中华书局1992年版，第378页。（本书以下相关内容均出自此版本）

[3]（宋）宋敏求编：《唐大诏令集》卷一百《令御史录奏内外官职事诏》，学林出版社1992年版，第460页。

(三) 唐代教育与科举制度变革

唐代的学校与科举推动了中国古代教育制度的重大变革,推进了人才培育与人才选拔的进步,也影响了整个时代的发展。唐朝的学校以官办为主,中央设国子监,下辖六学,为国子学、太学、四门学、律学、书学和算学。这些学校主要招收贵族官僚子弟,也招收少量平民子弟。由博士与助教授课,学生称生徒。国子学、太学、四门学传授以九经为主的儒学经典,按生徒家中官位的高低分级招收。三品以上官员子孙可入国子学,有生徒三百余人;五品以上官员子孙可进太学,有生徒五百余;四门学兼收五品以下官员及庶民子孙,生徒多达千人。律学、书学、算学教授实用学问,收纳八、九品官员及庶民子弟。地方则设立州学、县学。

始自隋唐的科举制改善了传统由公卿大臣或州郡长官特别推荐的用人制度,彻底打破血缘世袭关系和世族的垄断。"朝为田舍郎,暮登天子堂"不再是梦想,大批社会中下层有能力的读书人进入上层社会,在政治上获得了施展才华的机会。唐代科举制度逐渐完备,分为常举和制举两种。常举每年举办考试,科目有明经、进士、明法、明书、明算等。此外还有秀才、道举、童子、一史、三史等科目。常举的应考举子有两个来源,一是保送的生徒,二是乡贡选拔出来的自学者。应考举子主要集中在明经和进士两科。明经科主要考儒家经典,难度较低。进士科主要考诗赋和政论,难度高,但其是主要的高官晋身之阶。明经科的录取率约为百分之一二十,进士科不过百分之一二。而制举则是临时考试,是为了网罗非常人才,不常举行。[1]由于科举制度比较公平且机会相等,平民得以晋身,魏晋以来士

---

[1] 傅乐成:《中国通史:隋唐五代史》,九州出版社2009年版,第150页。

族独占政治资源的门阀制度加速消融。此后,科举制前后延续1300余年,成为世界延续时间最长的人才选拔制度。

(四) 唐代的社会发展

唐代从社会发展来看是中国古代一个空前开放与包容的时代。社会开放最大的特征在于其自身社会系统与其他社会系统进行双向元素的有效交换,唐代的社会开放首先表现在持续地吸收外来文化,同时不断输出自身优秀文化。在政治方面,统治者奉行"华夷一体"的观念和政策,不仅允许外国人到中国留学、传教、经商与居住,而且还允许包括日本、新罗、高丽、波斯、粟特与印度等国的外国人到官府做官。当时,与唐朝建立外交关系的国家非常多,除了周边邻国以外还包括如拂菻、大食等,多达70余国。在唐代,许多国外的先进科学技术得以传入,尤其是在天文、历法、医学、药学与数学等方面,大量著作被翻译成汉文。此外,外来的音乐舞蹈、石窟造像、绘画艺术、服饰饮食与体育娱乐等大量地融入了中国人的文化生活。在宗教信仰方面,佛教在唐代得到进一步发展,逐渐达于鼎盛。摩尼教、景教、拜火教与伊斯兰教等其他宗教在中国也得到了快速的发展与传播,唐朝对这些外来宗教均采取了兼容并蓄的政策,允许传教士在中国各地建立寺庙教堂,在一定范围内自由传教。

同时,唐王朝对外奉行开放政策,灿烂辉煌的中华文化也源源不断地传向世界,当时世界许多国家都或多或少受到了唐代文化的影响。中华文化更是直接推动了包括如日本、高丽、新罗、百济和越南等国在内的"东亚汉文化圈"的形成。这些国家的政治法律制度、生产技术、学术思想、生活习俗、宗教信仰与文学艺术等方面都深受唐朝影响,甚至朝鲜半岛三国和越南还直接使用了汉字,日本文字也是在汉字的基础上改造而成的。此外，中国的造纸、丝织、金银器制作及火药等生产技术在当时还传到了西亚、欧洲和非洲等地。

唐代积极推行民族融合，对境内各民族实行羁縻府州制的民族自治政策，民族府州长官由各少数民族的首领或贵族担任，甚至可以世袭，内部仍可保持原有的部落制度，但须对中央王朝履行特定政治、军事和经济义务，并接受各都护府管辖。在政治上强调各民族平等，各少数民族中多有在朝廷任职者，有不少还担任了高级官职，甚至任职宰相、将军。据《新唐书》统计，唐代先后有二十四位少数民族出身的宰相，再如李光弼、哥舒翰、白孝德、仆固怀恩等少数民族将领更是数不胜数。在经济方面，内地与各民族之间、各民族彼此之间的互市贸易非常繁荣，大批少数民族商人活跃于全国各地。经济上的这种频繁交流，有力地促进了各民族的大融合，彼此之间相互影响不断深化。唐代是"胡风"盛行的时代，种种并非汉民族原有的社会风习逐步流行于唐朝社会各阶层，其主要就是受到了当时北方游牧民族和西域等地，以及五胡十六国时期南下的游牧民族遗留的社会风俗的影响，如"胡乐""胡服""胡食"等在长安城是极其盛行的。

（五）唐代的学术发展

在唐初经济繁荣、政治昌明、社会包容的时代背景之下，唐代成为中国文化史上一个里程碑式的时代。唐朝首先开创了国家开馆修史的先河，贞观三年（公元629年），唐太宗将史馆从秘书省中分离出来，置于禁中，使其取代著作局的修史之职成为独立修史机构。自此以后，历代官方修史制度虽不断变化，但基本保持了唐代史馆的基本形式。仅贞观年间，史馆奉诏所修的正史就有《晋书》《梁书》《陈书》《北齐书》《周书》《隋书》六部。加上史家李延寿私撰的《南史》和《北史》，合计廿四史中有八部出在唐朝，占总数的三分之一。虽然历代学者对于官修国史多有批评，存在因政治需要而删减夸大史实、秉承监修意志扼杀一家之言、丢掉了实录直书的传统、责任不专效率低下等弊端，但官修史书成书较快、收录详尽，既确立了大一统国家的合法性，同时保留了信史，也加强了民族认同感。此外，唐杜佑扩写刘秩《政典》而成《通典》，创立了新的史书编撰方式，其典章制度立专史的形式为历代所沿依。刘知几著《史通》，对我国古代史学作出了全面的总结，提出了较为系统的史学理论，成为唐代以前我国史论的集大成。

唐代文学繁荣，以诗歌最为发达。清人所编《全唐诗》共收录2200多位诗人48 900百多首诗。"初唐四杰"、王维、孟浩然、岑参、王昌龄、李白、杜甫、白居易、元稹、韩愈、柳宗元、刘禹锡、李贺、李商隐、杜牧等杰出诗人竞放异彩，名篇迭出，唐诗成为中国古诗不可逾越的巅峰。在散文方面，天宝年间古文运动逐渐兴起，以韩愈为代表的文学大家倡导恢复先秦两汉文风，主张"文以载道"。此外，唐传奇逐渐兴盛，《柳毅传》《莺莺传》《南柯太守传》《长恨传》等著名传奇留世，为后代戏剧和白话小说的兴起起到了奠基作用，在中国文学史上具有重要地位。

此外，唐代的宗教文化发展迅速，无论社会地位还是影响力，都成为中国宗教史上的一个巅峰时期。大一统的王朝改变了南北朝时期儒释道三家斗争激烈、统治者或灭佛兴道或弃道崇佛的境况，唐代儒释道并向发展、不断融合，逐步形成了以儒学为正宗，三教调和鼎立的局面。除了佛道二教外，如伊斯兰教、景教、拜火教与摩尼教等外来宗教，在当时也有不同的发展。

在经济、政治和文化等领域所取得的较大进步和发展使唐代前期国家发展达到了中国历史上又一次高峰，连续出现了"贞观之治"和"开元盛世"两个繁荣时期。

(六) 唐代危机的出现

玄宗之后，经历肃宗、代宗、德宗、顺宗、宪宗、穆宗、敬宗、文宗、武宗、宣宗、懿宗百余年，唐王朝逐步由开放强盛走向败落衰亡。自"安史之乱"开始，经济和政治形势急转而下，唐王朝陷入分崩离析的危局。如代宗之时郭子仪在奏章中所言：

> 夫以东周之地，久陷贼中，宫室焚烧，十不存一。百曹荒废，曾无尺椽，中间畿内，不满千户。井邑榛棘，豺狼所嗥，既乏军储，又鲜人力，东至郑、汴，达于徐方，北自覃怀，经于相土，人烟断绝，千里萧条。[1]

后世司马光也指出，"由是祸乱继起，兵革不息，民坠涂炭，无所控诉，凡二百余年。"[2] 整个黄河中下游地区一片荒凉，劳动力严重不足，农业生产停滞，朝廷增加税收，百姓生活愈加水深火热。安史之乱不但严重伤害了整个国家的经济社会基础，也动摇了王朝的统治基础，削弱了封建集权，加速了封建割据的形成。唐高宗及武周时期，府兵制便已遭到破坏，至玄宗时，由于均田制瓦解，建立于其基础上的府兵制亦随之瓦解，开始实行募兵制。玄宗大量扩充军镇、设节度使，赋予其军事统领、财政支配及监察管内州县的权力，共设九个节度使和一个经略使。其中北方诸道权力的集中尤为显著，经常以一人兼任两三镇节度使，安禄山就是凭借其身兼范阳、平卢、

---

[1]《旧唐书》卷一百二十《郭子仪》，第3457页。

[2]（宋）司马光编著：《资治通鉴》卷二百二十《唐纪三十六·乾元元年》，中华书局1956年版，第7066页。（本书以下相关内容均出自此版本）

河东三镇节度使而发动的叛乱。为了平定叛军，军镇制度扩展到了内地，最重要的州设立节度使指挥几个州的军事，较次要的州设立防御使或团练使以扼守军事要地。于是各地出现不少节度使、防御使、团练使等大小军镇。农民起义军失败后，这些藩镇立即转入互相兼并的战争中，数十年战争不断，几乎遍及全国，使唐王朝自盛而衰，一蹶不振。

宦官干政是唐代走向衰亡的又一弊病。唐初严禁宦官干政，至玄宗时，宦官势力开始膨胀，以至于"黄衣以上三千员，衣朱紫千余人。其称旨者辄拜三品将军，列戟于门。其在殿头供奉，委任华重，持节传命，光焰殷殷动四方。"[1]关于唐代宦官为祸，司马光有"始于明皇，盛于肃、代，成于德宗，极于昭宗"[2]的评价。至肃、代、德宗时期，宦官外典禁军、内掌枢密、挟持皇帝，致皇权由强变弱，相权更加微虚，宦官专权局面持续时间之久、预政范围之广、危害程度之深，均前所未有。《资治通鉴》载：

宦官用权，为国家患，其来久矣。盖以出入宫禁，人主自幼及长，与之亲狎，非如三公六卿，进见有时，可严惮也。其间复有性识儇利，语言辩给，伺候颜色，承迎志趣，受命则无违迕之患，使令则有称惬之效。自非上智之主，烛知物情，虑患深远，侍奉之外，不任以事，则近者日亲，远者日疏，甘言悲辞之请有时而从，浸润肤受之诉有时而听。于是黜陟刑赏之政，潜移于近习而不自知，如饮醇酒，嗜其味而忘其醉也。[3]

---

[1]《新唐书》卷二百七十《宦者上》，第5856页。
[2]《资治通鉴》卷二百六十三《唐纪七十九·昭宗天复二年至三年》，第8598页。
[3]《资治通鉴》卷二百六十三《唐纪七十九·昭宗天复二年至三年》，第8596页。

绪　论

清人赵翼亦对此进行评价：

> 于是禁军全归宦寺。其后又有枢密之职，凡承受诏旨、出纳王命多委之，于是机务之重又为所参预。是二者皆极要重之地，有一已足揽权树威，挟制中外，况二者尽为其所操乎！[1]

地方藩镇割据，朝廷宦官专权，唐王朝颓败之势愈演愈烈。虽有顺宗永贞元年（公元805年）王叔文、刘禹锡、柳宗元等改革派在顺宗支持下发动的"永贞革新"运动，试图改变宦官掌握兵权、藩镇势力割据的弊局，但终因宦官联合旧士族势力的反扑而只进行了180多天便告失败，"永贞革新"首领王叔文被杀，刘禹锡、柳宗元等人悉数被贬，政局随之愈加恶化，政权进一步落入宦官之手。

安史之乱后，唐王朝对周边地区少数民族的控制大幅减弱。当时唐王朝将陇右、河西、朔方一带重兵皆调往内地平叛，造成边防空虚，西边吐蕃人乘机而入，尽得陇右、河西走廊。数十年后，王朝继而又失去西域安西北庭，从此内忧外患，边疆不稳。由于均田制遭到破坏，占地漫无限制，并使租庸调法难以实行，"王赋所入无几"。陆贽对此有详细描述：

> 制度弛紊，疆理隳坏，恣人相吞，无复畔限。富者兼地数万亩，贫者无容足之居。依托强豪，以为私属，贷其种食，赁其田庐，终年服劳，无日休息。罄输所假，常患不充。有田之家，坐食租税。贫富悬绝，乃至于斯。厚敛促征，皆甚公赋。今京畿之内，每田一亩，官税五升，而私家收租，殆有亩至一石者，是二十倍于官税也。降及中等，租犹半之，是十倍于官

---

[1]（清）赵翼著，王树民校证：《廿二史札记校证》卷二十《唐代宦官之祸》，中华书局1984年版，第424—425页。

税也。夫以土地王者之所有，耕稼农夫之所为，而兼并之徒，居然受利。[1]

德宗时，宰相杨炎建议推行两税法，规定不分主户、客户，不分定居或行商，均要交税，税额按资产和田亩确定，正式废除租庸调和杂税，统一于夏秋两季征收。两税法的颁行，对均平赋税、保证财政收入有一定积极作用。但由于不能阻止土地兼并的趋势，"钱重货轻"趋势日重。

唐王朝和各藩镇横征暴敛，百姓陷入苛征的灾难之中，终于激起了农民的不断武装叛乱，全国各地叛乱四起，最终爆发了黄巢领导的农民大起义，起义虽然最终失败，但历时十年的起义极大地动摇了唐朝统治的根基——公元906年，朱温篡唐，至此中国历史上一个具有时代意义的王朝由盛而衰地败亡了。

二、唐代的思想学说发展概况

纵观唐王朝三百年左右的盛衰，似乎与之前和之后历代王朝的兴亡继替没有什么差别，但唐王朝在各个领域的非凡成就又昭示着这是一个具有承前启后之时代意义的历史阶段。上承魏晋南北朝数百年分裂动荡的局面，隋唐重新实现了国家统一，经过数十年的恢复和发展，唐代达到了封建社会的鼎盛阶段，经济发展、国势强盛、社会安定、文化繁荣。从整体来看，唐代特别是唐前期，政治较为清明，君主任贤纳谏，不同阶层、不同集团，甚至宗教人士也有机会参与政治，在这种相对稳定的政治局面下，整个社会的文化环境呈现出一种包容与开放的氛围，从而为各种思想学说的发展提供了良好的环境。隋唐时

---

[1] （唐）陆贽撰，王素点校：《陆贽集》卷二十二《中书奏议》，中华书局2006年版，第769页。

代，人们的精神世界充分展现出一种极度开放的视野与胸怀，以及富有想象力的自然品质，这也正是隋唐时期时代特征的反映。与之相应的，隋唐时代的思想学说同样呈现出一种宏大开阔、兼容并蓄的气象。

无论是是贞观中期孔颖达等编撰《五经正义》对汉代以来数百年经学纷争的统一，还是儒释道三教合流；无论是日渐衰落的天命论思想在柳宗元、刘禹锡的论辩声中走向终结，还是杜佑纂修《通典》，"非古是今"的经世思想从制度变革中阐发；无论是韩愈建立"道统论"试图为已经衰微的官方儒学思想寻找出路，还是禅宗思想由底层社会向"上流社会"渗透所取得的巨大成功……就整个唐代思想史而言，先前各家学说对峙论争的局面已成为过去，继而呈现出一派彼此吸收、相互融合的趋同景象。

然而这一时代的思想并未如先秦百家争鸣那样闪现出哲学和伦理学的大格局，也没有像后世宋明理学那样展现出哲学的精致逻辑，而是把精神的体悟更多地通过诗歌等文学辞藻表达出来，相比之下，这一阶段的儒学发展并不尽如人意。其中既有制度的引导原因，也有社会深层结构变化的影响，君主及统治阶层的好恶导向也是重要因素。

史家多称隋唐，因为隋为唐做了诸多基础性工作，成为"盛世的序曲"。隋朝是个时间短促的王朝，只存续了短短三十七年。然而，隋结束了魏晋南北朝近四百余年的长期分裂局面，并且在政治、经济、军事、文化、思想等方面，根据大一统的需要进行了一系列的改革，所建立的一系列制度对唐代乃至后世具有奠基性的作用，为唐盛世的出现做了必要的准备。

隋朝的思想发展特别是其儒学的发展在思想史上具有承前启后的重要意义，虽然并没有最终完成儒释道三教的融合，也没有完成儒学的南北统一,但隋朝启动并初步推进了这一进程。隋文帝在取得天下之后,多次下诏主张以儒家的礼仪道德恢复和重建社会秩序。开皇元年(公元581年),隋文帝下诏以儒学为官方思想,提出"建国重道,莫先于学,尊主庇民,莫先于礼",认为乱世之后要以儒家礼教来收束人心,以使"家慕大道,人希至德",并依照儒家典籍易北周官仪,复汉魏旧制。《隋书》载:

> 自正朔不一,将三百年,师说纷纶,无所取正。高祖膺期纂历,平一寰宇,顿天网以掩之,贲旌帛以礼之,设好爵以縻之,于是四海九州强学待问之士靡不毕集焉。天子乃整万乘,率百僚,遵问道之仪,观释奠之礼。博士罄悬河之辩,侍中竭重席之奥,考正亡逸,研核异同,积滞群疑,涣然冰释。于是超擢奇隽,厚赏诸儒,京邑达乎四方,皆启黉校。齐、鲁、赵、魏,学者尤多,负笈追师,不远千里,讲诵之声,道路不绝。中州儒雅之盛,自汉、魏以来,一时而已。[1]

开皇九年(公元589年)再次颁诏,要求进一步推行儒学。

> 丧乱已来,缅将十载,君无君德,臣失臣道,父有不慈,子有不孝,兄弟之情或薄,夫妇之义或违,长幼失序,尊卑错乱。朕为帝王,志存爱养,时有臻道,不敢宁息。内外职位,遐迩黎人,家家自修,人人克念,使不轨不法,荡然俱尽。兵可立威,不可不戢,刑可助化,不可专行。禁卫九重之余,镇守四方之外,戎旅军器,皆宜停罢。代路既夷,群方无事,武力之子,俱可学文,人间甲仗,悉皆除毁。有功之臣,降情文

---

[1]《隋书》卷七十五《儒林》,第1706页。

艺,家门子侄,各守一经,令海内翕然,高山仰止。京邑庠序,爰及州县,生徒受业,升进于朝,未有灼然明经高第。此则教训不笃,考课未精,明勒所由,隆兹儒训。官府从宦,丘园素士,心迹相表,宽弘为念,勿为局促,乖我皇猷。[1]

隋初隋文帝的重儒政策确实为儒学繁荣与发展带来了机会,儒家学说在此时期获得一定的发展。但是,隋文帝早期推行重儒政策并非因为自己内心崇仰儒学,而更多的是把儒学作为维护其统治的工具。隋文帝出生在冯翊般若寺,从小由尼僧智仙抚养长大,少年时代在寺院中度过,使其对佛教存在发自内心的好感,他认为隋朝之兴皆由于佛法。所以即位之初便立即改变北周武帝毁灭佛法的政策,在全国全面恢复佛道二教。

普诏天下,任听出家,仍令计口出钱,营造经像。而京师及并州、相州、洛州等诸大都邑之处,并官写一切经,置于寺内;而又别写,藏于秘阁。天下之人,从风而靡,竞相景慕,民间佛经,多于六经数十百倍。[2]

佛以正法付嘱国王,朕是人尊,受佛付嘱;自今以后,迄朕一世,每月常请二七僧,随番上下转经。经师四人,大德三人,于大兴殿读一切经,虽目览万机,而耳餐法味,每夜行道。皇后及宫人亲听读经,若有疑处,问三大德。[3]

佛法深妙,道教虚融,咸降大慈,济度群品,凡在含识,皆蒙覆护。所以雕铸灵相,图写真形,率土瞻仰,用申诚敬。其五岳四镇,节宣云雨,江、河、淮、海,浸润区域,并生养万物,利益兆人,故建庙立祀,以时恭敬。敢有毁坏偷盗佛及

---

[1]《隋书》卷二《高祖下》,第32—33页。
[2]《隋书》卷三十五《经籍四》,第1099页。
[3](唐)释法琳撰:《辩正论》卷三,CBETA电子佛典集成,T52n2110。

天尊像、岳镇海渎神形者，以不道论。沙门坏佛像，道士坏天尊者，以恶逆论。[1]

对破坏佛像的行为按十恶重罪"恶逆"论处，可见佛道二教的政治地位已经达到空前的高度。此外，对佛教的笃信与提倡使隋文帝在晚年改变了重儒方针，"高祖暮年，精华稍竭，不悦儒术，专尚刑名，执政之徒，咸非笃好。暨仁寿间，遂废天下之学，唯存国子一所，弟子七十二人。"儒学进一步衰落。隋炀帝即位后重新重视儒学的教化治世功能，对儒学的恢复与发展给予适当的扶持和空间，"复开庠序，国子郡县之学，盛于开皇之初。"[2]隋文帝曾封孔子后人为"邹国公"，隋炀帝改封为"绍圣侯"，并扩大内廷讲论儒经的规模，"征辟儒生，远近毕至，使相与讲论得失于东都之下，纳言定其差次，一以闻奏焉。"大业三年（公元607年）下诏以儒家标准选用人才，"夫孝悌有闻，人伦之本，德行敦厚，立身之基。"[3]此间，儒学获得一定程度的恢复，但儒学发展的社会植被已经被严重破坏，隋炀帝虽有心兴儒弘道，但无奈时势难复。

既而外事四夷，戎马不息，师徒怠散，盗贼群起，礼义不足以防君子，刑罚不足以威小人，空有建学之名，而无弘道之实。其风渐坠，以至灭亡，方领矩步之徒，亦多转死沟壑。凡有经籍，自此皆湮没于煨尘矣。遂使后进之士不复闻《诗》《书》之言，皆怀攘夺之心，相与陷于不义。[4]

---

[1]《隋书》卷二《高祖下》，第45—46页。
[2]《隋书》卷七十五《儒林》，第1706—1707页。
[3]《隋书》卷三《炀帝》，第68页。
[4]《隋书》卷七十五《儒林》，第1707页。

绪　论 ❖

隋初，官方在思想领域的总政策是三教兼用，以儒为主。此时的儒释道三家思想存在着较大的对立和分歧，各家思想都试图压倒其他二家以取得独尊地位，隋文帝、隋炀帝时均举行过由各方有理论素养且又能言善辩的代表参加儒释道辩论。如开皇三年（公元583年），文帝曾召集儒释道三方代表辩论《老子化胡经》之真伪，大业三年（公元607年），又在智藏寺组织了一次关于理论、教义的三教公开辩论。一方面，儒释道相互争长，彼此对立。另一方面，三教之间特别是儒学与佛学之间的相互借鉴与渗透成为必然，三教走向融合成为大势所趋。大儒王通敏锐地看到了一点，没有固持唯儒独尊的门户之见，能够公允地以评价先秦百家诸子长短的精神来对待三教。

子谓史谈善述九流。"知其不可废，而知其各有弊也，安得长者之言哉？"子曰："通其变，天下无弊法；执其方，天下无善教。故曰：存乎其人。"子曰："安得圆机之士与之共言九流哉！安得皇极之主与之共叙九畴哉！"[1]

王通弟子程元问他如何看待三教之间的相互攻讦，他认为三教都具有教化世风的功能，如若长期彼此抵牾，对于国家道统的建立非常不利。当然，王通自身始终还是坚守儒家立场的，只是他能承认佛教的道理自有其意义和价值，也能够公允地看待佛道二教的不足。"或问长生神仙之道，子曰：'仁义不修，孝悌不立，奚为长生？甚矣人之无厌也。'"[2]"或问佛。子曰：'圣人也。'曰：'其教，何如？'曰：'西方之教也，中国

---

[1]（隋）王通著，郑春颖译注：《文中子中说译注》卷四《周公篇》，黑龙江人民出版社2003年版，第69页。（本书以下相关内容均出自此版本）
[2]《文中子中说译注》卷六《礼乐篇》，第122页。

则泥。轩车不可以适越,冠冕不可以之胡,古之道也。'"[1]对于道教求长生之术,王通认为其追求长生而不顾仁义孝悌,容易助长人的贪得无厌。对于佛教,他肯定佛是圣人,同时又认为佛教属"西方之教",不加改变则不适于中土。

弟子问及何不直接废除二教而只保留儒学,王通指出对待宗教问题不能采取简单的强制措施,"子曰:'非尔所及也。'真君建德之事、适足以推波助澜,纵风止燎尔。"[2]北魏太武帝拓跋焘、北周武帝宇文邕都曾采取强硬手段灭佛,结果非但没有禁绝佛教徒心中的信仰,僧人所受到的迫害以及一些僧人舍身护法之举反而博得更多人对佛教的同情乃至崇信。二武死后佛教以空前的气势再次兴起,出现发展的新高潮。实践证明,用暴力强制手段解决宗教信仰问题,结果往往适得其反。对此王通极力主张调和三教分歧,提出"三教可一"主张,认为三教可以相互取长补短、逐步融合,"子读《洪范谠议》,曰:'三教于是乎可一矣。'程元、魏徵进曰:'何谓也?'子曰:'使民不倦。'"[3]他还指出,儒释道三教只是各自一种学说,思想可以对政治产生相当的影响,但并不必然地决定政治的进程和结果,关键因素在于为政者。"子曰:'《诗》《书》盛而秦世灭,非仲尼之罪也;虚玄长而晋室乱,非老庄之罪也;斋戒修而梁国亡,非释迦之罪也。《易》不云乎,苟非其人,道不虚行。'"[4]王通站在儒学的立场上,一方面渴望儒学的复兴与重振,另一方面也未像先前的儒者那样盲目排斥佛道,而是对佛道二教进行了批判和扬弃,既承认它们的价值与意义,又拒

---

[1]《文中子中说译注》卷四《周公篇》,第77页。
[2]《文中子中说译注》卷五《问易篇》,第93页。
[3]《文中子中说译注》卷五《问易篇》,第94页。
[4]《文中子中说译注》卷四《周公篇》,第76页。

斥他们的虚诞空论。他期望在容忍佛道二教独立存在的同时，儒学的复兴与发展应该借鉴、吸收佛道二教的智慧资源，从而实现"三教归儒"的最终目的，重建儒学的新体系。王通的观点和态度被后继学者不断深化阐发，形成了颇有声势的思想潮流，加之其弟子房玄龄、魏徵等在继之而来的唐王朝身居高位，从而影响了唐代对于三教的认识与政策。

隋代另一位思想家颜之推对三教的认识更为深刻。他通过自己的生命感受所完成的《颜氏家训》，非但是留给子孙后代的道德箴言，同时也因其流传广泛，几乎能被社会的各个阶层所接受，从而成为重构儒家伦理的重要经典。《颜氏家训》的思想主旨是以传统的儒学道德观念及古今事例阐述教子治家、立身扬名的道理，谆谆告诫后代守道尊德、治学修业、养生归心，是对中国传统道德观念和道德戒律的全面总结和系统整合，在此后的政治社会生活中产生了深远影响。其中，颜氏同样主张三教合一，认为三教是殊途同归。

> 原夫四尘五荫，剖析形有；六舟三驾，运载群生；万行归空，千门入善，辩才智惠，岂徒七经、百氏之博哉？明非尧、舜、周孔所及也。内外两教，本为一体，渐积为异，深浅不同。内典初门，设五种禁；外典仁、义、礼、智、信，皆与之符。仁者，不杀之禁也；义者，不盗之禁也；礼者，不邪之禁也；智者，不酒之禁也；信者，不妄之禁也。至如畋狩军旅，燕享刑罚，因民之性，不可卒除，就为之节，使不淫滥尔。归周、孔而背释宗，何其迷也！[1]

---

[1] 王利器撰：《颜氏家训集解》卷五《归心第十六》，中华书局1996年版，第368页。

可见，其甚至认为在义理方面佛教多有胜过儒学之处，颜之推对佛教普度众生、教人向善的功能十分推崇，佛教对人的心、性、欲、情等思维和感觉有多侧面、多层次地剖析，而儒学还没有达到这样深入的探讨，因此其认为儒学应该借鉴佛教心性理论以完善自身的思想体系。以王通、颜之推等为代表的隋代思想家对于儒学的反思与对三教融合的态度为唐代整体学说思想发展开启了端绪，也奠定了基本的格调，甚至可以说为宋明理学的哲学体系形成点燃了一盏灯。

玄奘等高僧西行求法，大量地翻译佛经、筹建寺院，佛教各宗派逐渐繁盛、佛学思想体系基本形成，加之各阶层信众规模空前，佛教在唐代可以说是一个发展上的"黄金时代"。虽然此时官方的意识形态、官修典籍、政令典章、科举取士、学校教育等在形式上仍是以儒家思想为指导思想，但实际上在佛道思想的严重挑战之下，儒家思想已然并非一家独尊。儒家思想在不断吸收借鉴佛道二教思想体系理论和思维方式的过程中获得了新的发展，焕发了新的活力。因此，唐代居主导性的思想学说是以儒家为形式上的主体，儒释道逐步融合的思想形态。

如唐初魏徵奉命修《隋书》时其在《经籍》序中谈到对儒学的认识：

儒之为教大矣，其利物博矣！笃父子，正君臣，尚忠节，重仁义，贵谦让，贱贪鄙，开政化之本源，凿生民之耳目，百王损益，一以贯之。虽世或污隆，而斯文不坠，经邦致治，非一时也。涉其流者，无禄而富；怀其道者，无位而尊。[1]

魏徵的这段话表明了儒学对于国家政事教化乃至于对国家

---

[1]《隋书》卷七十五《儒林》，第1705页。

长久安定所具有的重要价值。李唐取天下之后,深知欲保证国家长治久安就必须依赖儒家思想,并采取了诸多重儒的举措,"及高祖建义太原,初定京邑,虽得之马上,而颇好儒臣。"〔1〕武德元年(公元618年),唐高祖命置经学博士,诏诸州以明经入贡;武德二年(公元619年),诏建祠祀周公、孔子二圣;武德三年(公元620年),建庠序;等等。

以义宁三年五月,初令国子学置生七十二员,取三品以上子孙;太学置生一百四十员,取五品以上子孙;四门学生一百三十员,取七品以上子孙。上郡学置生六十员,中郡五十员,下郡四十员。上县学并四十员,中县三十员,下县二十员。

建国君人,弘风阐教,崇贤彰善,莫尚于兹。自八卦初陈,九畴攸叙,徽章互垂,节文不备。爰始姬旦,匡翊周邦,创设礼经,尤明典宪。启生人之耳目,穷法度之本源,化起《二南》,业隆八百,丰功茂德,冠于终古。暨乎王道既衰,颂声不作,诸侯力争,礼乐陵迟。粤若宣父,天资睿哲;经纶齐、鲁之内,揖让洙、泗之间,综理遗文,弘宣旧制。四科之教,历代不刊;三千之文,风流无歇。惟兹二圣,道著群生,守祀不修,明褒尚阙。朕君临区宇,兴化崇儒,永言先达,情深绍嗣。宜令有司于国子学立周公、孔子庙各一所,四时致祭。仍博求其后,具以名闻,详考所宜,当加爵土。是以学者慕向,儒教聿兴。〔2〕

李世民执政时期亦是如此,如武德四年(公元621年),开文学馆以招纳天下名士,以杜如晦、房玄龄、于志宁、姚思廉、

---

〔1〕《旧唐书》卷一百八十九《儒学上》,第4940页。
〔2〕《旧唐书》卷一百八十九《儒学上》,第4940页。

陆德明、孔颖达、许敬宗等所号的"十八学士"多为儒家学者，且深获李世民信赖。贞观二年（公元628年）重订儒学圣祀及教育体系；贞观十四年（公元640年）诏优异前代名儒及其子孙；贞观二十一年（公元647年）诏祀历代先儒，配享孔庙；等等。

于时海内渐平，太宗乃锐意经籍，开文学馆以待四方之士。行台司勋郎中杜如晦等十有八人为学士，每更直阁下，降以温颜，与之讨论经义，或夜分而罢。[1]

停以周公为先圣，始立孔子庙堂于国学，以宣父为先圣，颜子为先师。大征天下儒士，以为学官。数幸国学，令祭酒、博士讲论。毕，赐以束帛。学生能通一大经已上，咸得署吏。又于国学增筑学舍一千二百间，太学、四门博士亦增置生员，其书算合置博士、学生，以备艺文，凡三千二百六十员。其玄武门屯营飞骑，亦给博士，授以经业；有能通经者，听之贡举。是时四方儒士，多抱负典籍，云会京师。俄而高丽及百济、新罗、高昌、吐蕃等诸国酋长，亦遣子弟请入于国学之内。鼓箧而升讲筵者，八千余人。济济洋洋焉，儒学之盛，古昔未之有也。[2]

梁皇侃、褚仲都，周熊安生、沈重，陈沈文阿、周弘正、张讥，隋何妥、刘炫，并前代名儒，经术可纪。加以所在学徒，多行其疏，宜加优赏，以劝后生。可访其子孙见在者，录姓名奏闻。

左丘明、卜子夏、公羊高、谷梁赤、伏胜、高堂生、戴圣、毛苌、孔安国、刘向、郑众、杜子春、马融、卢植、郑玄、服

---

[1]《旧唐书》卷二《太宗》，第28页。
[2]《旧唐书》卷一百八十九《儒学上》，第4941页。

虔、何休、王肃、王弼、杜预、范宁二十有一人,并用其书,垂于国胄。既行其道,理合褒崇,自今有事于大学,可配享尼父庙堂。[1]

唐初,儒学作为国家正统思想的地位得到确立,并继承了自隋而来的科举取士制度,科举考试主要有"明经""进士"二科,均要求考试儒家经典。而唐初儒家经典分为三类,《礼记》《左传》为大经,《诗》《周礼》《仪礼》为中经,《周易》《尚书》《公羊》《谷梁》为小经。数百年来经学曲折流变,至唐已经相当繁杂,经义注疏参差不一。而科考取士需要一个统一的标准,亟待官方订正历代纷杂的学术观点,为科举取士指定统一的教材。由官方来进行统一经学的工作势在必行,且其目的非止于方便取士,更是为了统一天下思想。前代所传经传,其政治思想观点多元,掺杂诸如天人感应、谶纬神学、虚无玄学等思想,又有古文、今文经学门户之争,这些学风差异不利于统一的官方主流意识形态的形成。统一经学,则可以通过统一天下读书人的思想,来统一整个国家大一统的政治观念。这一时期,唐王朝统一儒学思想的举措是全方面的,最具代表性的是对儒家典籍的系统整理考定。

太宗以经籍去圣久远,文字讹谬,诏前中书侍郎颜师古于秘书省考定五经。及功毕,复诏尚书左仆射房玄龄集诸儒重加详议。时诸儒传习师说,舛谬已久,皆共非之,异端蜂起。而师古辄引晋、宋以来古本,随方晓答,援据详明,皆出其意表,诸儒莫不叹服。太宗称善者久之,赐帛五百匹,加授通直散骑常侍,颁其所定书于天下,令学者习焉。太宗又以文学多门,

---

[1]《贞观政要》卷七《崇儒学第二十七》,第216—217页。

章句繁杂，诏师古与国子祭酒孔颖达等诸儒，撰定五经疏义，凡一百八十卷，名曰《五经正义》，付国学施行。[1]

《五经》定本、《五经正义》旨在阐说儒经理论与天地人伦之根本法则之间存在一致性。其基本思想是认为天地与人伦都必须遵循同一法则和规范，而这一法则和规范是先于天地和人而存在的，是永恒不变的，儒家经典理论就是要揭示和确立法则和规范的真理性，从而确立儒家理论的正确性和正统地位。

此外，自两汉开始，经魏晋南北朝，迄于唐初，儒家各部经典历经千百年的流传，其文字的读音和含义多有舛误。隋末唐初音韵学、训诂学者陆德明鉴于经典旧音太简、微言久绝、大义愈乖，因而后人攻乎异端、竞生穿凿的现象多发，在校理群书的基础上，著《经典释文》三十卷：

> 夫书音之作，作者多矣。前儒撰著，光乎篇籍，其来既久，诚无间然。但降至已还，不免偏尚，质文详略，互有不同。……况微言久绝，大义愈乖，改乎异端，竞生穿凿……研精六籍，采摭九流，搜访异同，校之《苍》《雅》，辄撰集《五典》《孝经》《论语》及《老》《庄》《尔雅》等音，合为三帙三十卷，号曰《经典释文》。[2]

陆德明广泛参考两汉以来诸儒的训诂音训著作，考辨同异，慎重去取，以音释为主，注儒家经典十二种，另外兼取玄学，注《老子》和《庄子》。《经典释文》对于儒家经典的研习和传播来说，音、义俱明，经、注兼释，留存旧音，保存了古文异体，同时辨明了版本流变和师传家法。陆氏兼通儒释道三家理

---

[1]《贞观政要》卷七《崇儒学第二十七》，第219页。
[2] 黄焯撰：《经典释文汇校》卷一《序录》，中华书局1980年版，第1页。

论,更觉儒学尤为切实致用,在佛道二家渐盛,儒学趋于衰微的情况下,其于《经典释文》中着意恢复儒家早期正宗的传统理论,主旨即在于解决儒学经典流传中的积弊,重振儒学权威。

中唐以后,随着佛教中国化进程的加快,儒学的发展活力日渐衰微。如葛兆光所言,"七世纪中叶至八世纪中叶的中国,正处在'盛世的平庸'之中",王朝仍然按着儒家的理论和程式"在政治层面确认了王朝的合理与合法性,但在一般知识、思想与信仰的世界已经引不起任何新的兴趣"。随着王朝政权的稳定,"主流知识思想已经不再具有自我调整的能力,于是它也不再具有判断当时社会问题的洞察力。"以至于后世谈及唐代儒学的发展,似乎都被一部《五经正义》和韩愈代表了。诚然,唐代儒学在整个思想史上的光亮被后来博大的宋明理学所掩盖了,但造成这一局面的主要原因还要到当时的社会深处去探寻。"当主流的知识和思想逐渐失去了对当时社会问题的诊断和疗救能力,也失去了对宇宙和人生问题的解释和判断能力的时候,往往出现很奇怪的现象:它一方面被提升为笼罩一切、不容置疑的意识形态,一方面逐渐沦落为一种无须思考、失去思想的记诵知识,它只是凭借着政治权力和世俗利益,维持着它对知识阶层的吸引力,在一整套精致而华丽的语言技巧中,知识阶层勉强翻空出奇,维持着它的生产和再生产。"[1]

科举取士沟通了社会不同阶层的流通渠道,确切地说是使寒门庶士有了进身之阶,这无疑推动了社会流动,提高了社会活力。然而另一方面,对于一个时代的学术思想发展而言又会造成读书的功利性和寒门新贵学问原始积累的断层期。如果仅从思想学说而言,魏晋南北朝世家贵族弟子不同于后世孤寒拔

---

[1] 葛兆光:《中国思想史》(第2卷),复旦大学出版社2000年版,第84—85页。

起的底层知识分子，他们因物质条件的满足和精神生活的富裕，超越了局促的见解和偏狭的胸襟。他们所处的特定社会环境，他们具备的学术素养和世代累计的家学条件，决定了他们始终对知识和理论保持浓厚的兴趣，从而使儒学形而上的哲学思辨、抽象的义理探讨呈现持续上升之势，从而造就了三百余年的新学风和新气象。虽称玄学，但思想家辈出的文人群体以阔大的胸怀和深邃的思想开创了一个思想的光辉时代。

知识的重心从贵族文化向适应广大平民需求的世俗文化转移是一个历史趋势，科举取士制度也正是因为回应了这一历史趋势才会取得巨大的成功。科举制度在隋唐统一帝国形成后确立并发展，改变了魏晋士族门阀九品中正制，在最大程度上满足了底层知识分子对知识、地位、财富和权力欲望的追求，同时也有效地强化了王权政治的统治能力。这与魏晋南北朝时期的士族贵族政治文化及其政治环境相比有了很大变化，当时虽然士族贵族政治文化有其迂阔虚空的倾向，充斥着激烈的门阀斗争，但这一群体凭借其世袭贵族的政治地位和名门望族的文化背景，自然成为王权政治和极权思想的重要制约因素。隋唐兴起的科举制是在王权的推动下进行的，皇帝名义上是所有参加科举者的老师，考中的人也就都是天子门生，他们当中大部分人是要做官掌权的，也就是在为皇帝工作、管理天下，他们所凭借的不是高贵的世族出身，而是天子的恩典。科举是以皇帝名义实施的，科举内容及其形式也是由皇帝决定的，所有因科举取士而走上官场的新贵必须以忠诚皇帝为最高原则，"忠君"思想自此成为读书人的第一要义，其他都成了点缀。在"忠君"思想的指引下，通过科举将各级官员构建成一个严密而完善的权力组织形式，使专制的中央集权政治统治不断获得强化。科举制度下的官僚士子，许多并不具备贵族政治身份和世家大族的显赫背景,他们能跻身仕林,完全得益于科举取士制度。这就决定了对君权的依附成为其终生的命运。

在科举之路上,知识与思考不再是理想和信仰,而逐渐沦为工具,科举取士中的科考内容决定了天下读书人读书的方向。唐代科举在不同时期设立的科考内容虽时有变化,但大多侧重文学辞章之美,读书人应对科考只需专攻文学诗词格律,不必再皓首穷经。对文学修辞的重视,使科举成为士人炫耀艺术才华、展示语言表现能力的工具,科考成为遣词造句、声韵格律、对偶排比等各种文学技巧的较量,再也不是自由思想和理性知识的测度。唐代重视诗赋取士的结果是使知识分子过度关注感性思维,从而进一步削弱了理性思维的能力,对知识的功利性取向同样也限制了知识分子的创造性思维,一味在文字上的争奇斗艳,使得知识充满藻饰的意味,思想变成装潢的工具。整个社会弥漫着非学术化和去思想性的趋向,造成了古代思想史上的"一片空白"。对于造成这一局面的原因,唐玄宗也曾以科举题目的弊病为例进行分析:

夫谈讲之务,贵于名理,所以解疑辩惑,凿瞽开聋,使听者闻所未闻,视者见所未见。爰自近代,此道渐微。问礼言诗,惟以篇章为主;浮词广说,多以嘲谑为能。遂使讲座作俳优之场,学堂成调弄之室;嚚夫利口,可以骧首先鸣。太元俊才,自当俯首垂翅,舍兹确实,竞彼浮华,取悦无知,见嗤有识。[1]

致理兴化,必在得贤。强识博闻,可以从政。且今之明经进士,则古之孝廉、秀才。近日以来,殊乖本意,进士以声韵

---

[1] (清)董诰等编:《全唐文》卷二十《将行释奠礼令》,山西教育出版社2002年版,第138页。(本书以下相关内容均出自此版本)

为学，多昧古今，明经以帖诵为功，罕穷旨趣，安得为敦本复古经明行修，以此登科，非选士取贤之道也。[1]

事实上当时不乏庙堂之上的精英认识到了文人浮华之风盛行的危害。国子祭酒杨玚言称："省司奏限天下明经、进士及第，每年不过百人，窃见流外出身，每岁二千余人，而明经、进士不能居其什一，则是服勤道业之士，不如胥吏之得仕也。""诸司帖试明经，不务求述作大旨，专取难知，问以孤经绝句或年月日；请自今并帖平文。"[2]这种观点也得到了唐玄宗皇帝的认可。学者刘肃对此也大为感叹："国家革隋之弊，文笔聿修，贞观、开元，述作为盛，盖光于前代矣。自微言既绝，异端斯起，庄周以仁义为刍狗，申韩以礼乐为赘疣，徒有著述之名，无裨政教之缺。圣人遗训，几乎息矣。"[3]正如《通典》所载："初，吏部选才，将亲其人，覆其吏事，始取州县案牍疑议，试其断割，而观其能否，此所以为判也。后日月寖久，选人猥多，案牍浅近，不足为难，乃采经籍古义，假设甲乙，令其判断。既而来者益众，而通经正籍，又不足以为问，乃征僻书、曲学、隐伏之义问之，惟惧人之能知也"。[4]

安史之乱惊破盛世之梦，肃代之际，王朝开始从思想教化方面进行深层次的反思。反思的第一个问题正是科举制度，并试图从中寻找致乱的原因，其中有杨绾上疏条奏贡举之弊：

---

[1]《全唐文》卷三十一《条制考试明经进士诏》，第207页。
[2]《资治通鉴》卷二百一十三《唐纪·玄宗开元十四年至二十一年》，第6784页。
[3]（唐）刘肃撰：《大唐新语》（总论），载上海古籍出版社编：《唐五代笔记小说大观》，上海古籍出版社2000年版，第338页。
[4]（唐）杜佑撰：《通典》卷十五《选举三》，中华书局1988年版，第361—362页。（本书以下相关内容均出自此版本）

绪　论

国之选士，必藉贤良。盖取孝友纯备，言行敦实，居常育德，动不违仁。体忠信之资，履谦恭之操，藏器则未尝自伐，虚心而所应必诚。……近炀帝始置进士之科，当时犹试策而已。至高宗朝，刘思立为考功员外郎，又奏进士加杂文，明经填帖，从此积弊，浸转成俗。幼能就学，皆诵当代之诗；长而博文，不越诸家之集。递相党与，用致虚声，《六经》则未尝开卷，《三史》则皆同挂壁。况复征以孔门之道，责其君子之儒者哉！祖习既深，奔竞为务。矜能者曾无愧色，勇进者但欲凌人，以毁讟为常谈，以向背为己任。投刺干谒，驱驰于要津；露才扬己，喧腾于当代。……方今圣德御天，再宁寰宇，四海之内，颙颙向化，皆延颈举踵，思圣朝之理也。不以此时而理之，则太平之政又乖矣。[1]

但已经实行了一个半世纪的进士科举不仅仅是浅层问题，且杨绾的建议还未来得及深入实行就已因病去世。尽管唐代宗认为这的确是思想文化领域内的重要问题，下诏左右丞、诸司侍郎、御史大夫等诸臣开展了一次大讨论，给事中李广、给事中李栖筠、尚书左丞贾至、御史大夫严武均表达了与杨绾相同的观点，但之后不久唐代宗也因病去世，这次试图通过科举取士来改变风化、恢弘经术、复振儒学的尝试也不了了之。即便如此，还是可以看到此时官僚阶层已经对此问题有了较深入的认知。

今试学者以帖字为精通，不穷旨义，岂能知迁怒贰过之道乎？考文者以声病为是非，唯择浮艳，岂能知移风易俗化天下之事乎？是以上失其源而下袭其流，乘流波荡，不知所止，先

---

〔1〕《旧唐书》卷一百一十九《杨绾》，第3430—3431页。

王之道，莫能行也。夫先王之道消，则小人之道长；小人之道长，则乱臣贼子由是出焉。臣弑其君，子弑其父，非一朝一夕之故，其所由来者渐矣。渐者何？谓忠信之凌颓，耻尚之失所，末学之驰骋，儒道之不举，四者皆取士之失也。……近代趋仕，靡然向风，致使禄山一呼而四海震荡，思明再乱而十年不复。向使礼让之道弘，仁义之道著，则忠臣孝子比屋可封，逆节不得而萌也，人心不得而摇也。〔1〕

进士者时共贵之，主司褒贬，实在诗赋，务求巧丽，以此为贤。不唯无益于用，实亦妨其正习；不唯挠其淳和，又长其佻思。自非识度超然，时或孤秀，其余溺于所习，悉昧本源。欲以启导性灵，奖成后进，斯亦难矣。故士林鲜体国之论，其弊一也。又人之心智，盖有涯分，而九流七略，书籍无穷。主司征问，不立程限，故修习之时，但务钞略。比及就试，偶中是期，业无所成，固由于此。故当代寡人师之学，其弊二也。疏以释经，盖筌蹄耳。明经读书，勤苦已甚，既口问义，又诵疏文，徒竭其精华，习不急之业。而当代礼法，无不面墙，及临人决事，取辨胥吏之口而已。〔2〕

太平君子唯门调户选，征文射策，以取禄位……大者登台阁，小者任郡县，资身奉家，各得其足，五尺童子，耻不言文墨焉。是以进士为士林华选，四方观听，希其风采，每岁得第之人，不浃辰而周闻天下，故忠贤隽彦韫才毓行者，咸出于是。而桀奸无良者或有焉，故是非相陵，歙称相腾，或扇结钩党，私为盟歃，以取科第，而声名动天下；或钩摭隐匿，嘲为篇咏，以列于道路，迭相谈訾，无所不至焉。〔3〕

---

〔1〕《旧唐书》卷一百一十九《杨绾》，第3432—3433页。
〔2〕《通典》卷十七《选举五》，第419—420页。
〔3〕《通典》卷十五《选举三》，第358页。

绪　论

　　以上例举杨绾、贾至、赵匡、沈既济的分析是当时朝廷君臣对中唐政治变迁的深刻反省，代表了一大批社会精英的普遍认知。在这一关于科举制度的辩论中，他们普遍感知到了"末学驰骋，儒道不举"的状况。因此，大都主张改变一味取巧的取士之途，恢弘儒教，复振经术之学，使"礼让之道弘，仁义之道著""逆节不得而萌也，人心不得而摇也"。这一番论议对当时的思想界产生了一定的影响，相当长的一段时间里，王朝统治集团确实感到官方据以为基础的儒学、经学思想受到"末学"的剧烈冲击，但关于如何摆脱这种思想危机，王朝的精英们一直处在困惑之中。

　　就像葛兆光评价的那样，知识在这个时代逐渐教条化与简约化。历史似乎有这样的惯例，大凡主流知识与思想已经在权力的支持下成了垄断性的政治意识形态，作为考试的内容、升迁的依据，并与个人的利益直接发生关系时，这种知识与思想会很快成为一些教条，并很快地简约化成为一种供人复述与背诵的内容。同时，传递与复制这种僵硬而且教条的知识或思想的简约化文本，也会很快随着教育、考试与社会交际的需要而大量被传钞、背诵。[1]这时，士人的生活不再是传统尊崇的俭朴和庄重，而是奢华和轻浮；理想也不再是超越世俗之上的清高和洒脱，而是世俗的地位和财富；依赖取得社会声望的资本，也不再是知识的渊博和思想的深刻，而是文辞的华丽和想象的丰富。记忆与背诵的能力成了评价一个人的重要标准，词汇与韵律的娴熟成了博取声望的有力工具。[2]后世所言"盛唐气

---

[1]　葛兆光：《中国思想史》（第2卷），复旦大学出版社2000年版，第85—86页。

[2]　葛兆光：《中国思想史》（第2卷），复旦大学出版社2000年版，第93页。

象"更多地指的是政权的一统、经济的繁荣、社会的开放和诗歌的鼎盛,如果从儒学思想的发展来看,这的确算不上"盛唐气象"。

与儒学形成鲜明对比的是佛道二教的思想学说在隋唐时期出现了空前的发展,特别是佛学,在其中国化的过程中,逐步完善了自身的理论体系。正如前文所言,佛学的发展成为唐代学说思想的时代特点。一方面是官方的支持为佛道二教的发展创造了宽松的政治环境。另一方面,佛学特别是禅宗思想中的"明心见性""见性成佛",弥补了儒家学说在心性论方面的不足,对官僚士大夫产生了巨大的吸引力,包括白居易、柳宗元、刘禹锡、李翱在内的非常多的学者注重汲取禅宗心性学说,在满足个体精神需求的基础上,为儒学发展特别是宋明理学的形成开辟了新渠。

关于思想学说在中国古代史上几个不同发展阶段的认识,学界有一个基本的概括,那就是先秦子学、汉代经学、魏晋玄学、唐代佛学、宋明理学以及清代朴学,可见佛教思想在唐代社会文化制度构建中的重要作用。正如有学者所言,长期以来许多学者都将法制视为国家权力的工具,故论述中国法制发展时,注意所及多为法律与国家权力的关联性,其范畴可推广至人与公共生活的关系,归结而言,即政治社会的秩序问题。因此在对犯罪学说思想的探讨中也通常以"异贵贱""别尊卑"等儒家礼义作为出发点,这种社会秩序视角下的"罪"之探讨固然具有极其重要的一面,但也不可否认"自然"与"人文"衔接的相关论述才是法制史关怀的重点。[1]换言之,唐代政治法律制度构建的根基并不是一种规范性的行为准则构建,而是

---

[1] 甘怀真:"《唐律》'罪'的观念",载《中西法律传统》2008年。

一种道德教化的铺开,因此在分析一个特定历史时期的犯罪思想问题时就无法不与当时时代背景下既定秩序背后的人文理念相联系,唯有如此才能更好地探索作为一种理念上的"罪"之根源。

佛教于两汉之际传入中国,一开始其发展依附于方术,魏晋时期依附于玄学,而其学说体系真正的发展是在隋唐。隋唐时期,佛教完成了本土化过程,形成了既不同于印度佛教又不同于本土思想学说的具有中国传统思想特质的佛教学说体系,使得佛教学说成为唐代乃至之后各代思想发展中的一项重要组成因子。唐代高僧中出现了一大批思想家和学者,许多坚持儒家正统思想的思想家和士大夫也积极借鉴佛家思想来充实和完善儒家学说,所以说,有唐一代主流思想学说是与佛教不可分割的。有鉴于此,在本章节中即试图以佛教思想为切入点来对唐代的犯罪学思想进行一些相关的分析与说明。

三、唐代佛学对于心性论——罪因问题的考察

以上用如此长的篇幅来赘述唐代的历史背景和思想文化,是为我们讨论唐代犯罪学学说塑造一个基本的语境。正如有学者论及,"罪"是佛教的重要观念,也是中国古代刑法史的重要命题之一。从"罪"的出现与演变来看,"罪"的观念在中国古代社会早已有之,但其发展变化在相当程度上受宗教尤其佛教的影响。[1]加之佛教的罪是根源于人的内心状态,是"无明"产生的结果,也就是说它具有强烈的主观色彩,[2]这就特别表现为唐代犯罪学学说的核心乃是以心性作为犯罪原因进行

---

[1] 周东平、李勤通:"论佛教之'罪'在中国古代的法律化及其限度",载《厦门大学学报(哲学社会科学版)》2017年第6期。

[2] 周东平、姚周霞:"论佛教对中国传统法律中罪观念的影响",载《学术月刊》2018年第2期。

探讨的基础性问题。

先秦诸子虽多谈性善性恶，却并未在哲学层面对心性论进行过多的讨论。孔子只讲了"性相近也，习相远也"，孟子称"道性善，言必称尧舜"，认为"恻隐之心，人皆有之。羞恶之心，人皆有之。恭敬之心，人皆有之。是非之心，人皆有之"，[1]仁义礼智是善的本始，为人人所固有，故人性本善，而恶是后天环境的影响之结果。荀子则以为心性之本质是无所谓善恶的"本始材朴"，是自然之性，它既有转化为恶的可能，也有发展为善的机会。后学多认为荀子说"性恶"，其实荀子所言性恶指的是人天生的本能，即与生俱来的自然欲望，"故圣人之所以同于众，其不异于众者，性也；所以异而过众者，伪也"，能行，能止，能为，即是君子，小人循性而不知为，君子明天人之分，化性起伪。所以荀子才说："人无礼义则乱，不知礼义则悖。然则生而已，则悖乱在已。用此观之，人之性恶明矣，其善者伪也。"[2]以董仲舒为代表的汉儒提出了"性三品"说，董仲舒结合天人感应说提出人性有上、中、下之别的观点。他认为"人副天数"，人是天的副本，人的身体和性情都来源于天，"天两有阴阳之施，身亦两有贪仁之性"。[3]人性之上中下分别为"圣人之性""中民之性"和"斗筲之性"，所谓"圣人之性"是天生的善性，是一般人先天不可能、后天不可及的；"中民之性"即万民之性，"有善质而未能善"，须通过教化才能成善；"斗筲之性"则是无"善质"的，生来即"恶"，教而不善，只

---

[1] 焦循撰：《孟子正义》卷二十二《告子上》，中华书局1987年版，第757页。

[2] （清）王先谦：《荀子集解》卷十七《性恶篇第二十三》，中华书局1988年版，第439页。

[3] （清）苏舆撰，钟哲点校：《春秋繁露义证》，中华书局1992年版，第296页。

能采用刑罚来强制其不为恶。东汉王充也指出"善恶不均,故有黄赤黑之别,上中下之差"。[1]荀悦亦主张"性三品"说,将人分为君子、中人、小人,他认为情是性的外在表现,性是情的本源,性内情外。性感于外而发为情、情不能自明善之行为性,需由智圣之人教化引导而成,性的善质待教而彰显,性的恶质需刑罚来消抑。

君子以情用,小人以刑用。荣辱者,赏罚之精华也。故礼教荣辱以加君子,化其情也;桎梏鞭朴以加小人,治其刑也。君子不犯辱,况于刑乎?小人不忌刑,况于辱乎?若夫中人之伦,则刑礼兼焉。教化之废,推中人而坠于小人之域;教化之行,引中人而纳于君子之途。[2]

从佛教史上来看,心性之善恶也即心性染净说,自始存在心性本净说和性本不净说两种观点。在原初佛教时期,佛学从对人生痛苦的解脱出发,对于人生、人心存在状态主要持否定态度,故而心性论有众生心本性不净的认知。但同时为了阐明众生解脱的依据和可能,原始佛教后期也出现了"心性本净"思想的萌芽。《增一阿含经》中有"心性极清净"的说法,《南传大藏经》中"增支部"亦有记载:

诸比丘!心者,是极光净者,却为客随烦恼所杂染。
诸比丘!心者,是极光净者,能从客随烦恼得解脱。[3]

---

[1] 黄晖撰:《论衡校释》卷三《本性第十三》,中华书局1990年版,第142页。
[2] (汉)荀悦撰:《申鉴》卷一《政体》,上海古籍出版社1990年版,第2—3页。
[3] 叶庆春译:元亨寺版汉译《南传大藏经·增支部经典》一集第五《向与隐覆之品》,CBETA电子佛典集成,N19n0007。

诸比丘！心者，是极光净者，却为客随烦恼所杂染，而无闻之异生不能如实解，故我言无闻之异生不修心。

诸比丘！心者，是极光净者，能从客随烦恼得解脱，而有闻之圣弟子能如实解，故我言有闻之圣弟子修心。[1]

由此可知，原初佛教的心性论认为心本清净，心本然的清净性与心本性为烦恼所染着后的本性不同，也即心的本性清净性始终不变，而烦恼起灭不定，具有偶然性，此心是主，烦恼为客尘，贪嗔痴等烦恼有时起、有时不起，而且最终可去除，因此说是客，而心始终是明净的，自然就是主。在这意义上，无论众生还是圣人都是一样的。两者所不同的是众生清净之心为烦恼客尘所覆，清净性不显，而圣人可去除烦恼，清净心就显现出来。圣人心与众生心从根本上说并无差别，二者是同一本然清净之心。而圣人心与众生心的差别在于有无烦恼尘垢、智慧的达悟以及能否如实知见心性之本净。圣人的修行过程就是一个心的清净性开显的过程，换言之，是去除客尘烦恼垢的过程。可见原初佛教说"心本清净"主要是指心本来清净，肯定众生心本来清净，烦恼杂染系客尘所染，因而要求得"心解脱"。这种观点首先肯定烦恼、惑业对于心的外在性，才有了众生心本来具有从烦恼惑业中解脱出来的可能。然而这一时期的佛学还没有将它作为与生灭心相对应的"性体"，主要是从由染转净的解脱论来阐明的，因而还不具有本体论含义。所以说原初佛教虽提出了"心性本净"这个命题，但并没有深入地进行阐释与探讨。

部派佛学时期，心性的染净问题成为各派讨论的热点，心

---

[1] 叶庆春译：元亨寺版汉译《南传大藏经·增支部经典》一集第六《弹指品》，CBETA电子佛典集成，N19n0007。

性论体系逐步成形。一方面"心本性清净"的学说更为自洽。另一方面,"心本性非净"的思想经上座部佛教系统的阐述而成为与"心本性清净"相对立的另一重要心性说。为了解决原初佛教时期心性染净对立的问题,部派佛学不再笼统谈心性,而是降之分为"性"与"相"两个概念:"性"也即"心本性""心自性""心自然""心本然",是不依外在条件而起的固有的永恒不变的本质、本原;"相"则指由外在条件和合而起、呈现于人的面前、可以分别认识的现象。从原初佛教的"心本清净"发展为"心性本清净",包括之后佛学在中国的发展都是在这一意义上阐发心性论的。

谓或有执心性本净,如分别论者。彼说心本性清净客尘烦恼所染污故相不清净。为止彼执,显示心性非本清净客尘烦恼所染污故相不清净。若心本性清净客尘烦恼所染污故相不清净者,何不客尘烦恼本性染污与本性清净心相应故其相清净?若客尘烦恼本性染污,虽与本性清净心相应,而相不清净,亦应心本性清净,不由客尘烦恼,相不清净,义相似故。又,此本性清净心为在客尘烦恼先生?为俱时生?若在先生,应心生已住持烦恼,若尔,应经二刹那住,有违宗失;若俱时生,云何可说心性本净?汝宗不说有未来心可言本净。为止如是他宗异执及显自宗无颠倒理,故作斯论。如世尊说心解脱贪、嗔、痴,何等心得解脱?有贪、嗔、痴心耶?离贪、嗔、痴心耶?答离贪、嗔、痴心得解脱。问离贪、嗔、痴心本来解脱,何故复说得解脱耶?答:虽曰烦恼本来解脱,而依行世及在相续,今得解脱。谓若身中烦恼未断,心未行世不在相续,以心不能自在行世在相续,故不名解脱。若自身中诸烦恼断,尔时此心自在行世在相续故,名得解脱。有作是说,贪、嗔、痴相应心得解脱。问谁作是说,答分别论者。彼说染污不染污,心其体无异。

谓若相应烦恼未断，名染污心，若时相应烦恼已断，名不染心。[1]

　　心性清净，为客尘染。凡夫未闻故，不能如实知见，亦无修心。圣人闻故，能如实知见，亦有修心。心性清净，离客尘垢。凡夫未闻故，不能如实知见，亦无修心。圣人闻故，能如实知见，亦有修心。[2]

　　而其中，各部派如大众部、分别论者、说一切有部等观点有所不同。大众部诸派别主张"心性本净"说，认为心本性是清净的，但由随烦恼所染覆，说为不净。分别论者如前所述将心分为了体与相，心体本来清净，不管有无烦恼所染，都是如此，而心相会变化，有烦恼"相应"而起时，心相为染，若断除烦恼，心相则非染，此时心体与心相皆为非染，体相二分的心性论实际已具有本体论的意味。说一切有部提出了相反的观点，"心性本净"说认为心有体（性）、相，心体本然是明净的，为烦恼（随眠）染时，认为按照"心性本净"观点，心体的清净是不变的，而心相则可为不净，如此，心就被分割为二元相悖的"净体"与"染相"，而心体与心相本应一致，不可背离。因为如果本净之心先生，而烦恼后起，则净心应可住两刹那，乃至更长时间，这违背了分别论者自己所主张的法刹那生灭的宗旨；若心与烦恼俱时生，说心性本净而不说心性非本净，则说不通。既然本净心先生与俱时生皆不成立，则心性本净说是不成立的。

　　该部派进一步提出了自己的主张，即将众生心分为本性心

---

〔1〕 五百大阿罗汉等造，（唐）玄奘译：《阿毗达磨大毗婆沙论》卷二十七《杂蕴第一中补特伽罗纳息第三之五》，CBETA 电子佛典集成，T27n1545。
〔2〕 （姚秦）昙摩耶舍，昙摩崛多译：《舍利弗阿毗昙论·绪分假心品第七》，CBETA 电子佛典集成，T28n1548。

与客性心两类,前者是无记心,而后者是无记心所余的心,容有善、染,而其中的染心即为与烦恼相应的心。在心相续流转的过程中,众生多住本性心,即无记心,"心性本净"论者即是将无记心说为清净,而将客性心中的染心称为烦恼所染之心。

若尔此经依何密意?依本、客性密作是说。谓本性心必是清净,若客性心容有染污。本性心者,谓无记心,非戚非欣任运转位诸有情类多住此心。一切位中皆容有故;此心必净非染污故。客性心者,谓所余心。非诸有情多分安住,亦有诸位非皆容有。断善根者,必无善心;无学位中必无染故;此心有染非唯净故。如言:河水本性澄清,有时客尘坌少令浊。如是但约心相续中住本性时说名为净,住客性位容暂有染。此释与教、正理无违。宁杂染心本性是净,至除染位名得解脱。[1]

从中提出了"心性本净"之明净性即是无记性,从而在法的染、净性外再建无记性,将心之明净性归为无记之非染非净性,心之体与相是相应的、一致的。"一切随眠皆是心所,与心相应有所缘境;一切随眠皆缠所摄,非一切缠皆随眠摄"。[2]由于烦恼与心相应,在与烦恼相应起时,心本性就与烦恼本性一致,众生的心本性就不再清净。众生的心本性非为清净,就与圣人的心本性完全不同。圣人的清净心性也不是本来具有的,而是通过修行从众生的杂染心性修炼而来,故该部的心性论主张"心性非本净"或"心本性非净"。

这两种对立的心性论学说与思维模式在整个佛教心性思想史上不断交织碰撞,成为后世佛教心性论的发展基础。

---

[1] 尊者众贤造,(唐)玄奘译:《阿毗达磨顺正理论》卷七十二《辩贤圣品第六之十六》,CBETA 电子佛典集成,T29n1562。
[2] 世友菩萨造,(唐)玄奘译:《异部宗轮论》,CBETA 电子佛典集成,T49n2031。

随着大乘佛教的兴起，其对部派佛教时期的实体论进行了批判，提出的空与缘起相应的中道思想将传统的解脱中心论引向觉悟中心论。他们开始在"空"的思想基础上从一切法本性清净角度重新诠释"心性本净"说，将原来心性论中纯粹的染、净解脱论引向了以空、有本体论为中心的心性学说。早期大乘佛教主张一切法空、无相、无所得，一切法本来清净。

佛告诸天子："诸法以空为相，以无相、无作、无起、无生、无灭、无依为相。"[1]

佛言："天王。如来法性在有情类蕴界处中，从无始来展转相续，烦恼不染本性清净，诸心意识不能缘起，余寻伺等不能分别，邪念思惟不能缘虑，远离邪念无明不生，是故不从十二缘起说名无相，非所作法无生无灭无边无尽自相常住。"[2]

从而心亦是空，无相、无作，虽有种种虚妄忆想分别烦恼生起而不受染着，本然离垢，性常清净。至龙树（也即中国佛教天台宗所称的初祖）创立中观行派，提出"一切法无自性，即自性空"的观点，主张自性本来无有，因此本来就是空的。

菩萨方便者，非十八空故令色空，何以故？不以空相强令空故，色即是空；是色从本已来常自空，色相空故，空即是色；乃至诸佛法亦如是。[3]

---

[1]（后秦）鸠摩罗什译：《小品般若波罗蜜经》卷五《摩诃般若波罗蜜相无相品第十三》，CBETA 电子佛典集成，T08n0227。

[2]（唐）玄奘译：《大般若波罗蜜多经》卷五百六十九《第六分法性品第六》，CBETA 电子佛典集成，T07n0220。

[3][印] 龙树菩萨造，（后秦）鸠摩罗什译：《大智度论》卷四十四《释幻人无作品第十一》，CBETA 电子佛典集成，T25n1509。

心自性本空，客尘烦恼自性亦空，虽然心从相上看似乎为客尘烦恼所染，但实际上空不可染，本来清净。当然，自性空的心亦现种种相，当无明烦恼起时，心呈杂染相；若除去烦恼，则心显现本净相。

> 如虚空相常清净，烟云尘雾，假来覆蔽不净；心亦如是，常自清净，无明等诸烦恼客来覆蔽故，以为不净，除去烦恼，如本清净。行者功夫微薄，此清净非汝所作，不应自高，不应念。何以故？毕竟空故。[1]

中观派通过真俗二谛的思想来讨论心性说，从真谛的角度提出：心，乃至一切无明烦恼，皆无自性，本来是空，也即"心性本净"；从俗谛的角度提出：一切法虽无自性，但由众生的忆想分别，当烦恼现起时，心现起种种相，则为不净。可以认为是通过修行去除烦恼客尘，恢复本来清净。一切法性空，本净的空相为一切众生与诸佛所平等共具，空性逐步演化为佛性，并进一步发展为如来藏说。在这一发展过程中，自性清净心与佛性、如来藏相结合，将自性清净心、佛性、如来藏统一为一切善法、染法的根本，以此为基础，建立轮回与解脱学说。

中国佛学正是在这样的理论基础上讨论心性染净的，就如同儒学中以"性善论"为主流一样，佛学中亦以"心性本清净"为主流。

(一) 天台宗对于心性的考察

隋唐佛家讨论心性，以天台宗开其大要。天台宗是中国佛教史上创立较早的佛教宗派之一，因奉《法华经》为主要经典，

---

[1] [印] 龙树菩萨造，(后秦) 鸠摩罗什译：《大智度论》卷四十四《释三假品第七》，CBETA 电子佛典集成，T25n1509。

故也称法华宗。天台宗自认本宗传法世系有"东土九祖",分别为:龙树、慧文、慧思、智𫖮、灌顶、智威、惠威、玄朗、湛然,而该宗思想虽称出自龙树,实则启蒙于北齐慧文,而实际由陈隋之际的智𫖮创宗立派,因其常住浙江天台山,故名天台宗。从心性论而言,慧文阅《大智度论》至卷二十七,恍然大悟,证得"一心三智"之妙旨。又读《中论》至《四谛品》之偈:"众因缘生法,我说即是无,亦为是假名,亦是中道义。"而顿悟空有不二中道之义。遂承龙树之教而建宗风,树"一心三观",启天台之源。其中关于心性问题的观点主要有天台三祖慧思提出的"性具染净"学说。

次明不空如来藏者。就中有二种差别:其一,明具染净二法,以明不空。其二,明藏体一异,以释实有。第一明染净二法中,初明净法,次明染法。初明净法中复有二种分别:其一,明具足无漏性功德法,其二,明具足出障净法。……次明具足染法者,就中复有二种差别,一明具足染性,二明具足染事。……问曰:"若心体本具染性者,即不可转凡成圣。"答曰:"心体若唯具染性者,不可得转凡成圣。既并具染净二性,何为不得转凡成圣耶?"问曰:"凡圣之用既不得并起,染净之性何得双有耶?"答曰:"一一众生心体、一一诸佛心体,本具二性,而无差别之相。一味平等,古今不坏。但以染业熏染性故,即生死之相显矣;净业熏净性故,即涅槃之用现矣。然此一一众生心体依熏作生死时,而不妨体有净性之能;一一诸佛心体依熏作涅槃时,而不妨体有染性之用。依是义故,一一众生,一一诸佛,悉具染、净二性。法界法尔,未曾不有,但以熏力起用,先后不具。是以染熏故,息称曰转凡;净业起故,说为成圣。然其心体二性,实无成坏。是故就性说故,染、净并具;依熏论故,凡、圣不俱。是以经言:"清净法中,不见一法增。"即

是本具性净，非始有也。烦恼法中，不见一法减，即是本具性染，不可灭也。〔1〕

天台宗的实际创立者智顗在慧思"性具染净"学说的基础上提出了"性具善恶"学说。虽然染净与善恶有相通之处，但因为染净是印度佛学概念，而善恶则是中国传统哲学概念，所以两者实际上存在较大差别。智顗创"性具善恶"示现了佛教中国化的进程。智顗在《观音玄义》中全面阐述了"性具善恶"学说，他认为众生与佛既同具染、净二性，也必然同具善、恶二性。不仅众生性具善恶，佛也同样性具善恶。一阐提虽断"修善"但仍具"性善"；佛虽断"修恶"，但本具"性恶"。因此，在性具善恶方面，众生与佛平等如一，莫分高下。就性而言，它本具善恶，永恒不变。

问：缘了既有性德善亦有性德恶否？

答：具。

问：阐提与佛断何等善恶？

答：阐提断修善尽，但性善在；佛断修恶尽，但性恶在。

问：性德善恶何不可断？

答：性之善恶但是善恶之法门。性不可改，历三世无谁能毁，复不可断坏。譬如魔虽烧经，何能令性善法门尽？纵令佛烧恶谱，亦不能令恶法门尽。如秦焚典坑儒，岂能令善恶断尽耶？

问：阐提不断性善，还能令修善起。佛不断性恶，还令修恶起耶？

答：阐提既不达性善，以不达故，还为善所染，修善得起，

---

〔1〕（后魏）慧思说：《大乘止观法门》卷一，CBETA 电子佛典集成，T46n1924。

广治诸恶。佛虽不断性恶，而能达于恶，以达恶故，于恶自在，故不为恶所染，修恶不得起，故佛永无复恶。以自在故，广用诸恶法门化度众生，终日用之，终日不染，不染故不起。那得以阐提为例耶？若阐提能达此善恶，则不复名为一阐提也……性善不断还生善根，如来性恶不断还能起恶，虽起于恶，而是解心无染，通达恶际即是实际，能以五逆相而得解脱，亦不缚不脱行，于非道通达佛道。阐提染而不达，与此为异也。[1]

阐提虽具性恶，但同时不断性善，故阐提如能修善，也可成佛，而阐提之所以未能成佛，是因为阐提"断修善尽"；佛虽具性善，但同时不断性恶，佛能通达于恶，于恶自在无碍，所以不为恶染，不起修恶，从而不会转凡。所以说"阐提断修善而不断性善，佛断修恶而不断性恶"。智𫖮提出"性具善恶"的最终目的并非哲学上的解释，而是为了开示实践实行之道路。其"性具善恶"论本身即是在缘因了因上来说的，是对五时教之涅槃时钝根众生而开设的法门，通过对缘因了因根源的阐释，以引导众生悟入非缘非了的正因佛性。所以说，必须从理论和实践两个层面来理解这一学说，讨论心性是为了实行，"阐提断修善尽"而"如来断修恶尽"，但众生毕竟未入善恶之"性相即"的境界。众生在当下的生存状态，性之善恶仍是对立统一的存在，其面对的仍是现实世间十界差别。善相对于恶而言，只有断修恶尽，才能达于至善，进入佛的境界。如来断修恶尽而不断性恶，故能以大乘之悲愿，广开方便法门，"以自在故，广用诸恶法门，化度众生。终日用之，终日不染"。而众生则需要以如来所指示的道路，进行严格的实修实行，完成修善而断恶，去无明而明法性，断烦恼而入涅槃的止观修行。智𫖮实际

---

[1]（隋）智𫖮说，灌顶记：《观音玄义》卷上，CBETA 电子佛典集成，T34n1726。

上已经在哲学层面上把佛教的心性论与中国传统哲学的心性理论进行了融合，从而进一步提出了"一念无明法性心"这一哲学命题。

印度佛教经典《大乘起信论》中就曾提出过"一心二门"思想。所谓一心，谓众生心即如来藏心，万法源出于此，最终复归于此。它包摄一切世间法和出世间法，类似于哲学语境中的感触界与智思界，或者形而下与形而上。心真如，也即心之本体，为"一法界大总相法门体"，近似于"无垢识""寂灭心"，不生不灭，无有差别，"离言说相，离名字相，离心缘相，毕竟平等，无有变异，不可破坏"，离诸规定，故说真如；心生灭，指的是心产生万法的逻辑功能，此时心别名为"如来藏"或"阿赖耶识"，阿赖耶识能摄一切法，能生一切法。法有染净，染法谓有生灭易变现象的"感触界"，净法谓无生灭变易现象的"智思界"。众生以无明故，由净而染，以觉悟故，复由染返净。故"三界虚伪，唯心所作""心生则种种法生，心灭则种种法灭"。

> 依于一心有二种门，所谓心真如门、心生灭门。此二种门各摄一切法，以此展转不相离故。心真如者，即是一法界大总相法门体，以心本性不生不灭相。一切诸法皆由妄念而有差别，若离妄念则无境界差别之相……心生灭门者，谓依如来藏有生灭心转。不生灭与生灭和合，非一非异，名阿赖耶识。此识有二种义，谓能摄一切法、能生一切法。[1]

由"一心"生出"二门"，由如来藏自性清净心生出无漏

---

[1] [印]马鸣菩萨造，(唐)实叉难陀重译：《大乘起信论》卷上，CBETA电子佛典集成，T32n1667。

清净法这是很好理解的，但又是如何从如来藏自性清净心生出有漏染污的生灭法的呢？就像如何从性善生出恶念一样，牟宗三用"无明"来解释这一过程，"这完全是因为无明的插入，即所谓的'无明风动'所导致。因为我们的真心虽然本来清净，但只要一昏沉，只要一念忽然不觉，随即堕入无明。而无明是无根的，亦没有一实体，它只是我们于忽然一念不觉时所呈现出来的一种昏沉相。《大乘起信论》将无明比作风，无明风一吹动，平静的心湖就会兴起波浪。波浪并不是水的本性，波浪之兴源于风吹水动，然而风是没有根的，只是空气的振动，所以风一停止，波浪也就随之而消失"。牟宗三继而用康德的思想体系进行解释，按照康德的观点，我们的意志不是神圣意志，而我们的格言与道德法则亦常不能相合，这是为什么呢？这乃是因为我们有感性；由于我们有感性，所以常为物欲所牵引，因而有无明，有昏沉，这即表示人是有限的存在，所以人的意志不是神圣的意志。至于上帝则无感性，上帝的意志是神圣的，上帝是毫无阻碍的。康德所说的"感性"，照儒家讲，则是人的私欲，如王阳明所说的"随躯壳起念"。我们平常都顺着我们的躯壳起念，而非顺着良知起念。本来我们若顺着良知起心动念，则无一念昏沉的无明，亦不会有"平地起土堆"的情形。可是我们有躯壳，我们有感性私欲，所以才有无明昏沉。正如波浪必须凭借同质的水才能起现，而生死流转法之所以必须依止于如来藏自性清净心，也是同样的道理。[1]《大乘起信论》的这一学说为佛学与中国传统儒学中心性论的融合提供了理论空间，智颛提出的"一念无明法性心"将佛学与中国传统心性论进行融通或者说将佛学中国化向前推动了一大步。

---

[1] 牟宗三撰：《中国哲学十九讲》，上海古籍出版社2005年版，第230—231页。

若约识为唯识论者,破外向内。今观明白十法界法,皆是一识。识空十法界空,识假十法界假,识中十法界亦中。专以内心破一切法,若外观十法界,即见内心,当知若色若识,皆是唯识;若色若识,皆是唯色。今虽说色心两名,其实只一念无明法性,十法界即是不可思议,一心具一切因缘所生法。一句名为"一念无明法性心"。若广说四句成一偈,即因缘所生心,即空,即假,即中。[1]

可见,天台宗基本肯定了带有"原罪"色彩的"性恶",尽管此说并不与荀子之性恶相同,但却因此解释清了佛教教人忏悔的基础,提醒僧众必须如实修行,认真忏悔。

(二)华严宗对于心性问题的讨论

在判教上尊《华严经》为最高经典的华严宗同样是从《大乘起信论》来构建其哲学理论体系的。华严宗用"法界缘起"说作为基本理论来解释宇宙发生和人生现象,依据"法界缘起"说明宇宙万物圆融无碍的关系。所谓"法界缘起"即是指宇宙和人类的存在方式以及它们所依据的本原和究竟的本质。由缘起所决定的所有现象之间相互依存以及这种依存所反映的现象与本质之间的相互容摄是"法界缘起"所要讨论的核心。法界作为"总相",其"包事包理",不仅具有作为现象最终依据的本体意义,而且也成为一切现象之形成的原初意义。作为本体,其"本寂无诸相""真实平等常清净";作为本原,其通过缘起而"示现种种所行事"。华严宗以"法界缘起"说为出发点和基础,提出了四法界、六相圆融、十玄无碍等一系列学说,构成了其理论体系。

---

[1] (隋)智𫖮说:《四念处》卷四,CBETA电子佛典集成,T46n1918。

今此一乘所托之事相，即是彼所现道理，更无异也。具足一切理事、教义及上诸法门，无不摄尽者也，宜可如理思之。此上十门等解释，及上本文十义等，皆悉同时会融，成一法界缘起具德门。普眼境界谛观察余时，但在大解、大行、大见闻心中。然此十门随一门中即摄余门，无不皆尽，应以六相方便而会通之，可准。[1]

法藏所言"具德"，指具足无边功德，世间万事万物皆由一真法界派生，则一真法界所具无边功德反映了如来的圆满德性。也就意味着宇宙万法均由真如、法性随缘生起，以真如为理体，圆融无碍。此虽与天台宗所倡的世间万物万象并非由真如、法性随缘而生，而是本来具足的"一念三千"说存在差别，但华严宗的法界缘起也可以从真如或法性随缘生起世间万法的角度阐明外在世界及其本质，也即"性起"。以"性起"阐述"缘起"，实际上华严学说已经接受或者说吸收了天台宗的"性具"思想。此后，华严宗的思想逐步向天台宗趋近，虽仍用"性起"之名，则已有"性具"之实，如华严四祖澄观则直接提出了"性恶"说。

谓如世五蕴从心而造，诸佛五蕴亦然。如佛五蕴，余一切众生亦然，皆从心造。然心是总相，悟之名佛；成净缘起，迷作众生。成染缘起，缘起虽有染净，心体不殊，佛果契心，同真无尽，妄法有极，故不言之。若依旧译云：心、佛与众生，是三无差别，则三皆无尽，无尽即是无别之相。应云：心、佛与众生，体性皆无尽，以妄体本真，故亦无尽。是以如来不断

---

[1]（唐）法藏述：《华严一乘教义分齐章》卷四，CBETA 电子佛典集成，T45n1866。

性恶,亦犹阐提不断性善。[1]

> 真妄交彻,即凡心而见佛心。……真,谓理也,佛也。妄,谓惑也,生也,亦生死涅槃。言交彻者,谓真该妄末,妄彻真源,故云交彻。如波与湿,无有不湿之波,无有离波之湿。若论交彻,亦合言。即圣心而见凡心,如湿中见波。故如来不断性恶,又佛心中有众生等。若依此义,合云真妄交彻,凡圣互收。[2]

澄观借天台宗"性具善恶"而言"性恶"的逻辑,提出"真妄交彻"而言"性恶",这与二宗皆宗《大乘起信论》有着密切关联。

(三) 禅宗对于心性问题的讨论

中唐以后,禅宗大盛。上至唐皇室、士大夫,下至儒生及社会底层民众,谈佛论禅者遍处皆是。禅宗能将佛教传播推向前所未有的鼎盛时期,主要原因在于其对一直沿着印度传统佛教发展的理论体系进行了彻底的中国化改造,吸收儒、道思想意蕴,形成中国佛学。作为改革传统佛学的倡导者慧能又将心性论向前推进了一大步。

慧能所倡导的心性论的起点,是将人的心性一元化。他同样以《大乘起信论》的"一心二门"思维方式为起点,认为人的本心既是真心、清净、觉悟,又是妄心、染污、烦恼,真心与妄心并非对立。智慧本性与烦恼妄念是不可分离的,二者同时集于人心,但是前者是不生不灭、固定不变的,后者则是不

---

[1] (唐)澄观撰:《大方广佛华严经疏》卷二十一《夜摩宫中偈赞品第二十》,CBETA 电子佛典集成,T35n1735。
[2] (唐)澄观述:《大方广佛华严经随疏演义钞》卷一,CBETA 电子佛典集成,T36n1736。

断生灭变化的，因此烦恼妄念是可以克服的，无论人们心中充满多少烦恼妄念，都不能使人们心中的觉悟智慧本性改变，它就是人的本性。这一理论起点为禅宗进一步契入中国传统思想体系做好了准备。慧能在《坛经》中反复谈到"人性本净"：

> 师示众云："此门坐禅，元不著心，亦不著净，亦不是不动。若言著心，心原是妄。知心如幻，故无所著也。若言著净，人性本净。由妄念故，盖覆真如；但无妄想，性自清净。起心著净，却生净妄。妄无处所，著者是妄。净无形相，却立净相，言是功夫，作此见者，障自本性，却被净缚。[1]

智慧的觉悟本来是清净的，但是它被人们心中的烦恼、妄念等所掩盖，于是人们便成为迷失自己本性的众生，而不能成为现实的佛。烦恼妄念是妨碍人们觉悟解脱的心理障碍，必须加以克服。

北宗神秀将"心"分为净心、染心二种，而慧能认为只有一心，即真如佛心，并强调真心就在众生当前的现实心中，在自心之中，在妄心之中。于是便有定慧"体一不二"说以及"真如是念之体，念是真如之用"的"无念"说，这是其从体用关系上进行的阐释。

> 于空无我中了见自心，有二种差别。云何为二？一者染心，二者净心。其净心者，即是无漏真如之心；其染心者，即是有漏无明之心。二种之心，法尔自然，本来俱有，虽假缘合，本不相生。净心恒乐善因，染体常思恶业。若真如自觉，不受所染，则称之为圣，遂能远离诸苦，证涅槃乐。若随缘造业，受

---

[1]（元）宗宝编：《六祖大师法宝坛经·坐禅第五》，CBETA 电子佛典集成，T48n2008。（本书以下相关内容均出自此版本）

具缠缚，则名之为凡，于是沉沦三界，受种种苦。[1]

慧能认为，无明烦恼与真如佛性同是先天具有，"菩提本自性，起心即是妄。净心在妄中，但正无三障"。[2]从而最终提出了"染净一体、善恶一体、迷悟一体"的心性论学说。善与恶同为众生心性所具，真心、清净、觉悟即是佛性、性净心；妄心、染污、烦恼即是自心、具体心。关键在于从"正见"还是"邪见"来观照，即自心中邪见烦恼愚痴众生，将正见度。

真如自性是真佛，邪见三毒是魔王，邪迷之时魔在舍，正见之时佛在堂。性中邪见三毒生，即是魔王来住舍，正见自除三毒心，魔变成佛真无假。法身报身及化身，三身本来是一身，若向性中能自见，即是成佛菩提因。[3]

故在其看来之所以有"染心"，并不是"心体"，其明确主张众生不应离妄求真，而是即妄求真，"起心即是妄，净心在妄中"。[4]

人我是须弥，邪心是海水，烦恼是波浪，毒害是恶龙，虚妄是鬼神，尘劳是鱼鳖，贪嗔是地狱，愚痴是畜生。[5]

在慧能看来，自性具足成佛的一切，只能向自己内心去寻觅，"菩提只向心觅，何劳向外求玄；听说依此修行，西方只在目前"。[6]

---

[1]（梁）菩提达摩撰：《观心论》，CBETA 电子佛典集成，T85n2833。
[2]（元）宗宝编：《六祖大师法宝坛经·般若第二》，CBEAT 电子佛典集成，T48n2008。
[3]《六祖大师法宝坛经·付嘱第十》。
[4]《六祖大师法宝坛经·般若第二》。
[5]《六祖大师法宝坛经·疑问第三》。
[6]《六祖大师法宝坛经·定慧第四》。

善知识，常行十善，天堂便至。除人我，须弥倒；去邪心，海水竭；烦恼无，波浪灭；毒害忘，鱼龙绝。自心地上觉性如来，放大光明，外照六门清净，能破六欲诸天。自性内照，三毒即除，地狱等罪，一时消灭。内外明彻，不异西方。不作此修，如何到彼？[1]

其所言"觅"，也即"念"，"念"有正念、妄念之分。圣凡之间，只在"一念之差"，正念则智，妄念则迷。修炼的工夫就在于用正念，从真如本体上觉悟佛性。

迷人修福不修道，只言修福便是道，布施供养福无边，心中三恶元来造。拟将修福欲灭罪，后世得福罪还在，但向心中除罪缘，各自性中真忏悔。忽悟大乘真忏悔，除邪行正即无罪，学道常于自性观，即与诸佛同一类。[2]

而到最后，连这染净、真妄、善恶也一并只是方便法门，其实都是虚空。

善知识，世界虚空，能含万物色像，日月星宿，山河大地，泉源溪涧，草木丛林，恶人善人，恶法善法，天堂地狱，一切大海，须弥诸山，总在空中。世人性空，亦复如是。

善知识，自性能含万法是大，万法在诸人性中。若见一切人恶之与善，尽皆不取不舍，亦不染著，心如虚空，名之为大，故曰"摩诃"。[3]

以上所述为隋唐之际佛家心性论的概略，其大体勾勒出此

---

[1]《六祖大师法宝坛经·疑问第三》。
[2]《六祖大师法宝坛经·忏悔第六》。
[3]《六祖大师法宝坛经·般若第二》。

一时代罪恶之因的佛教哲学阐释。而佛学理论对于灭罪的学说，主要体现在忏与戒两个方面，一个是针对消除内心之恶的"忏"，一个是消除外在恶行的"戒"。

四、唐代佛学对于忏法、律法——罪的治理问题的探讨

（一）忏法——灭心中贼

"忏"是梵文忏摩音译之略，意为忍、悔、容恕，指请求他人宽恕自己的罪过。正如有学者论及，印度佛教通过西域传入中原之前，汉地典籍、文化并无关于罪和忏悔的论述。"罪"这个词是有的，但指的是"犯上作乱"或"偷鸡摸狗"一类行为，尤其不是指先验或超验的"原罪"。忏悔一词，则完全没有。[1] 忏法本是印度佛教实践的内容之一，从原始佛教开始，忏悔作为一门与戒律密切相关的修持法门便得到广泛运用和不断发展，在《长阿含经》《中阿含经》《杂阿含经》等经典中都有论述。《鼻奈耶》中有"上座比丘当向下座比丘忏悔，下座比丘当向上座忏悔，当相恕过"[2] 的记载，当比丘犯罪时，释尊为令其行忏悔或悔过，定期每半月举行布萨，并定夏安居的最终日为自恣日。

> 言忏摩者，此方正译当乞容恕、容忍，首谢义也。若触误前人，欲乞欢喜者，皆云忏摩，无问大小，咸同此说。若悔罪者，本云阿钵底提舍那，阿钵底是罪，提舍那是说，应云说罪。云忏悔者，忏是西音，悔是东语，不当请恕，复非说罪，诚无由

---

[1] 刘再复、林岗："论汉传佛教的忏悔及其罪意识 从佛教诸忏法到禅宗'无相忏悔'"，载《中国文化》2012年第1期。
[2]（姚秦）竺佛念译：《鼻奈耶》卷八《波逸提法之二》，CBETA电子佛典集成，T24n1464。

致。[1]

早期经典中有佛陀说戒的记载,如《四分律僧戒本》载:"善护于口言,自净其志意,身莫作诸恶,此三业道净,能得如是行,是大仙人道。"[2]又如《华严经》载:"我昔所造诸恶业,皆由无始贪嗔痴,从身语意之所生,一切我今皆忏悔。"[3]再后来就形成了由说戒仪轨与戒法典文结合而成的"戒经"。

诸大德,我今欲说戒,众集现前默然听,善思念之。若有犯者当发露,无犯者默然。默然故,当知僧清净。若有他举者,即应如实答。如是诸比丘在于众中乃至三唱,忆念有罪当发露。不发露者,得故妄语罪,佛说故妄语是障道法。彼比丘自忆念知有罪,欲求清净当发露,发露则安隐,不发露罪益深。[4]

观心无心,从颠倒想起;如此想心,从妄想起。如空中风,无依止处。如是法相,不生不灭。何者是罪?何者是福?我心自空,罪福无主。一切法如是,无住无坏。如是忏悔,观心无心,法不住法中,诸法解脱,灭谛寂静。如是想者,名大忏悔,名庄严忏悔,名无罪相忏悔,名破坏心识。行此忏悔者,身心清净不住法中。犹如流水,念念之中,得见普贤菩萨及十方佛……佛告阿难:如是行者,名为忏悔;此忏悔者,十方诸佛、诸大菩萨所忏悔法。[5]

---

[1] (唐)义净译:《根本说一切有部毗奈耶》卷十五《破僧违谏学处之二》,CBETA电子佛典集成,T23n1442。

[2] (唐)道宣撰:《四分律比丘含注戒本》,CBETA电子佛典集成,T40n1806。

[3] (唐)实叉难陀译:《大方广佛华严经》卷四十九《普贤行品》,CBETA电子佛典集成,T10n0279。

[4] (唐)道宣撰:《四分律比丘含注戒本》,CBETA电子佛典集成,T40n1806。

[5] (宋)昙摩蜜多译:《佛说观普贤菩萨行法经》,CBETA电子佛典集成,T09n0277。

绪 论 ❖

　　随着印度佛教传到中国，汉地译经中便借忏摩中带有"悔"的含义，确立"忏悔"之说，忏法也成为佛教中国化的组成部分之一。忏悔虽是儒释思想合流的产物，但已经并不只是印度佛教所传的忏悔的原意，而是增加了不少中国佛教徒的理解，成为一种带有明显中国特点的学说和仪式。佛教各宗各派不仅发扬忏悔约束恶心、消障灭罪的功用，而且对其中蕴含的大乘佛教含义进行更深层次的阐发，赋予了大乘菩萨精神和智慧求解脱的思想，提出如知万法皆虚，如实知自心才是真正的忏悔，真正做到永息恶业，解脱成道。

　　与此同时，印度佛教经典中的忏悔灭罪经典被陆续译出，如《阿阇世王经》《舍利弗悔过经》等均是早期忏罪经典。两晋以降，鸠摩罗什译《思惟略要法》、法众译《大方等陀罗尼经》、竺难提译《请观世音菩萨消伏毒害陀罗尼咒经》、昙无谶译《金光明经》、昙摩蜜多译《观普贤菩萨行法经》等，忏罪经典译本日益丰富。由于中国儒、道二教均有祠祀仪典的传统，所以忏悔思想很自然地被民众所接受，并且逐渐地仪式化，并形成了一套专门用于忏悔的仪式——忏法，随之也陆续产生许多忏仪及忏悔文。[1]这一过程到智𫖮时基本确定了一个共识性的认识。

　　夫忏悔者，忏名忏谢三宝及一切众生，悔名惭愧改过求哀。

---

[1] 其中，忏仪如《金光明斋》《三七普贤斋忏》《慈悲道场忏法》《众经忏悔灭罪方法》《呪用杨枝净水缘记》《弥勒六时忏悔法缘记》《普贤六根悔法》《虚空藏忏悔记》《方广陀罗尼七悔法缘记》《金光明忏悔法》等；忏悔文如《十恶忏文》《总忏十恶偈文》等；道宣《广弘明集》载有：《净住子净行法门》《礼忏文》《摩诃般若忏文》《金刚般若忏文》《谢勒为建涅槃忏启》《六根忏文》《悔高慢文》《胜天王般若忏文》《妙法莲华经忏文》《金光明忏文》《大通方广忏文》《虚空藏菩萨忏文》《方等陀罗尼斋忏文》《药师斋忏文》《婆罗斋忏文》《无碍会舍身忏文》《群臣陈武帝忏文》等。

我今此罪，若得灭者，于将来时，宁失身命，终不更造如斯苦业。如比丘白佛：我宁抱是炽然大火，终不敢毁犯如来净戒。生如是心，唯愿三宝证明摄受，是名忏悔。复次，忏名外不覆藏，悔则内心克责；忏名知罪为恶，悔则恐受其报。如是众多，今不广说。举要言之，若能知法虚妄，永息恶业，修行善道，是名忏悔。[1]

这里将忏悔的含义界定为修持者对自己恶思想、恶行为感到惭愧，诚心改过，祈请诸佛三宝加持灭罪。在更深层次上对自己犯罪行为产生的果报感到恐慌，内心反省，责备自己。忏是知道自己的行为有违善法，通过内心反省做到外不覆藏。从内心到外表都能够做到坦坦荡荡，心无挂碍。

忏法最初形成体系大抵也始于智顗，即天台忏法。智顗将大乘佛教的理观与忏悔相结合，制作了《法华三昧忏仪》《方等三昧忏法》《请观音忏法》《金光明忏法》四部忏法。其中，《法华三昧忏仪》直接影响到天台宗以及之后忏法的基本模式，打造出以大乘般若空观为本的忏悔法门。乃至今天佛教所流行的忏法仪轨，如《水陆仪轨》《净土忏》《药师忏》《地藏忏》《大悲忏》等，也几乎都是天台宗仪轨的延续与发展。

智顗的忏法思想直接渊源于其师慧思的末法思想，慧思认为在当时的末法环境下，必须把忏悔和灭罪提到佛教修行的重要地位。如慧思曾反复阐述"忏悔破戒障道重罪""忏悔一切障道重罪"的重要性，他认为末法的出现从根本上是源于人类自身的堕落，是人们违背佛陀教诲而生起恶心、实施恶行，所以众生皆要自觉忏悔灭罪，这一观点也成为天台学说形成的思想渊源。

---

[1]（隋）智顗说：《释禅波罗蜜次第法门》卷二《分别禅波罗蜜前方便第六之一》，CBETA 电子佛典集成，T46n1916。

"忏"名陈露先恶,"悔"名改往修来。佛智遍照,佛慈普摄,我以身、口,投佛足下,愿世间眼,证我忏悔。我无始无量,遮佛道罪;无明所偏,不识正真;从三界系,动身、口、意,起十恶罪;三宝六亲,四生五道,作不饶益事;破发三乘心人,造五七逆;自作教他,见作随喜;应现后生,受诸苦恼。如三世菩萨求佛道时忏悔,我亦如是。伤己昏沉,无智慧眼。发是语时,声泪俱下,至诚至真,五体投地。如树崩倒,摧折我人,众恶倾珍,是名忏悔。[1]

智顗在《金光明经文句》中对忏悔的文意做了十种解释,也即"十番释名"。

忏者,首也;悔者,伏也。如世人得罪于王,伏款顺从不敢违逆,不逆为伏,顺从为首。行人亦尔,伏三宝足下,正顺道理,不敢作非,故名忏悔。又忏名白法,悔名黑法,黑法须悔而勿作,白法须企而尚之,取舍合论,故言忏悔。又忏名修来,悔名改往。往日所作恶、不善法鄙而恶之,故名为悔;往日所弃一切善法,今日已去,誓愿勤修,故名为忏。弃往求来,故名忏悔。又忏名披陈众失,发露过咎,不敢隐讳;悔名断相续心,厌悔舍离。能作所作合弃,故言忏悔。又忏者名惭,悔者名愧;惭则惭天,愧则愧人;人见其显,天见其冥;冥细显粗,粗细皆恶,故言忏悔。又人是贤人,天是圣人,不逮贤圣之流,是故忏悔。又贤圣俱是人天,是第一义天,第一义天是理,贤圣是事,不逮事理,俱皆忏悔。又惭三乘之圣天,愧三乘之贤人,不逮此天人,故名惭愧,惭愧名忏悔。又三乘贤圣皆是人,第一义为天,约此人天惭愧,故名忏悔。又三乘贤圣

---

[1] (隋)智顗说:《摩诃止观》,CBETA 电子佛典集成,T46n1911。

尚非菩萨之贤，况菩萨之圣，今惭愧三十心之贤，十地之圣，故名惭愧忏悔。总此贤圣皆是人，第一义理名为天，约此人天论惭愧，故名忏悔。又三十心去自判圣人，十信是贤人，约此贤圣论惭愧忏悔。总此贤圣皆名人，第一义理名为天，约此人天论惭愧忏悔，合十番释名也。[1]

如前文所述及，在天台宗的实修理论中，以止观并重为核心。为了达致止观，首先必须持戒，然众生无法清净持戒，不免犯戒造罪，有罪则必须忏悔罪业。

罪有三品：一者违无作起障道罪，二者体性罪，三者无明烦恼根本罪。通称罪者，摧也。现则摧损行人功德智慧，未来之世三途受报，则能摧折行者色心，故名为罪。[2]

可知其所为第一种罪是违无作起障道罪，是指修行者违犯戒律，依戒相而定罪业的声闻戒法；第二是体性罪，这是罪业缘起感果的体性，如比丘犯杀生戒，虽经作法忏，除去障道罪，但却不能除去杀报业缘的体性罪；第三是无明烦恼根本罪，是指罪源的根本来自无明烦恼。[3]从而根据此三种罪，又提出了三种忏悔法。

一明作法忏悔者，破违无作障道罪；二明观相忏者，破除体性恶业罪。故摩诃衍论云：若比丘犯杀生戒，虽复忏悔得戒清净，障道罪灭而杀报不灭，此可以证前释后，当知观相忏悔用功既大，能除体性之罪；三观无生忏悔罪灭者，破除无明一

---

[1] （隋）智𫖮说：《金光明经文句》卷三，CBETA 电子佛典集成，T39n1785。
[2] （隋）智𫖮说：《释禅波罗蜜次第法门》卷二《分别禅波罗蜜前方便第六之一》，CBETA 电子佛典集成，T46n1916。
[3] 心皓法师：《天台教制史》，厦门大学出版社 2007 年版，第 99 页。

切烦恼习因之罪，此则究竟除罪本源。[1]

其继而在《次第禅门》中详细地解释了三种忏悔法：作法忏悔是依作法而获得罪障的清净，谓身礼拜、口称唱、意思惟，三业依法披陈罪过，求哀忏悔。依据戒律如法忏悔罪业，不需要见种种相，也不需要智慧观空；观相忏悔是专注心念，在静心中见各种种相。谓定心运想，于道场中，或见佛来摩顶，或见光现，或见花飞，或梦见诸瑞相，或闻空中声，对此诸相，随获一种，罪即消灭。这是依修订法，且大多属于大乘的忏悔法门；观无生忏悔主要是从观罪性本空的究竟义为中心，认为一切罪业，皆从一念无明心性所生，若明白了"心性本空，罪福无相"，则"一切法皆悉空寂"，罪也随之消灭。以上三种忏悔法中，作法、取相二忏为事忏，无生忏为理忏。理忏为正，事忏为助。如果能做到正助实践，则可以事理兼运，即可无罪不灭，无福不生。

天台宗的忏悔理论通过忏仪制度精巧地处理了神圣性与世俗性的关系，更重要的是能够把佛教忏法与中国传统儒道文化中的规范仪典相融合，推动了佛教的本土化，天台宗忏法也成为后来中国佛学体系中忏悔思想的核心。

随着唐代禅宗大盛，其对于忏悔也逐步形成了自身独特的阐释体系。早期禅宗的忏法是建立在达摩及其弟子依据般若中观和佛性理论建立起来的大乘禅法基础之上的，其忏悔思想主要体现在《二入四行论》中。

又言：与弟子忏悔。答：将你罪来，与汝忏悔。又言：罪

---

[1] （隋）智顗说：《释禅波罗蜜次第法门》卷二《分别禅波罗蜜前方便第六之一》，CBETA电子佛典集成，T46n1916。

无形相可得，知将何物来？答：我与汝忏悔竟，向舍去。意谓有罪须忏悔，既不见罪，不须忏悔。[1]

出于对大乘佛教忏悔观的继承与发展，所以强调罪性空，既然罪体为空，无形相可得，也就无须要人为自己忏悔。罪障本来无相，本心是本来自性清净，所以自觉罪性空，成为灭罪的正途。

善男子！令诸众生持是经者，心常在定不失本心。若失本心，当即忏悔，忏悔之法是为清凉。
阿难言：忏悔先罪不入于过去也？佛言：如是，犹如暗室，若遇明灯，暗即灭矣。善男子！无说悔先所有诸罪，而以为说入于过去。阿难言：云何名为忏悔？佛言：依此经教入真实观，一入观时，诸罪悉灭。[2]

道信吸收了智𫖮修忏悔即是行观法的思想，发展了早期禅宗的忏悔理论，他把心、佛、实相三者等同起来，认为念心也就是念佛、念实相。既然一切烦恼都是由妄想而生，所以修习禅定应该从断除妄念、杂念上下功夫。

《普贤观经》云：一切业障海，皆从妄想生，若欲忏悔者，端坐念实相。是名第一忏悔。摒除三毒心、觉观心。念佛心心相续，忽然澄寂，更无所缘念。[3]

自神秀与慧能分北南二宗，神秀、普寂等继承了达摩以来

---

[1] [日] 椎名宏雄：天顺本《菩提达摩四行论》第四十四《随心诸法有无门》，载吴言生主编：《中国禅学》（第2卷），中华书局2003年版，第29页。
[2]《金刚三昧经》，CBETA电子佛典集成，T09n0273。
[3]（唐）净觉集：《楞伽师资记》第五《唐朝蕲州双峰山道信禅师》，CBETA电子佛典集成，T85n2837。

绪　论 ❖

传统禅法对于忏悔的理解，认为修禅的根本原理就是收摄六根、消灭六贼、去除执著、破除烦恼、摆脱无明染心，让众生清净佛性显现出来，从而证得解脱。而三聚净戒、六波罗蜜、焚香燃灯、六时行道、持斋礼拜等都是有为功德，都是不究竟的，只有反观自心，通过有为事相的修习而悟入无为真如的理性，才是真正的修行，而观心才是真正的忏悔。

又问：三界六趣，广大无边，若唯观心，云何免彼之苦？答曰：三界业报，唯心所生，本若无心，则无三界。三毒者，贪为欲界，嗔为色界，痴为无色界。由此三心，结集诸恶，业报成就，轮回不息，故名三界。又三毒造业轻重，受报不同，分归六处，故名六趣。[1]

而南宗慧能则提出了"无相忏悔"的观点，自性本来清净，本来空寂，是超越于有形世界的，所谓善与恶、净与染，都是因"思量"而从自性中化现，一切不离自性，一切本来清净，没有什么可取舍、可忏悔的。但众生迷于自性，所以自性成为轮回中的有形我。而自性就是法身，自性具足三身佛，故自性中具足忏悔，只要除却诸"杂心"即可，所以"无相忏悔"也称为"自性忏悔"，这是如来藏思想的充分发挥。

今与汝等授无相忏悔，灭三世罪，令得三业清净。
善知识，各随我语，一时道：弟子等，从前念，今念及后念，念念不被愚迷染，从前所有恶业愚迷等罪，悉皆忏悔，愿一时消灭，永不复起。弟子等，从前念今念及后念，念念不被骄诳染，从前所有恶业骄诳等罪，悉皆忏悔，愿一时消灭，永

---

[1]　（梁）菩提达摩撰：《观心论》，CBETA 电子佛典集成，T85n2833。

不复起。弟子等,从前念,今念及后念,念念不被嫉妒染,从前所有恶业嫉妒等罪,悉皆忏悔,愿一时消灭,永不复起。

善知识,以上是为无相忏悔。云何名忏?云何名悔?忏者,忏其前愆。从前所有恶业,愚迷骄诳嫉妒等罪,悉皆尽忏,永不复起,是名为忏。悔者,悔其后过。从今以后所有恶业,愚迷骄诳嫉妒等罪,今已觉悟,悉皆永断,更不复作,是名为悔。故称忏悔。凡夫愚迷,只知忏其前愆,不知悔其后过。以不悔故,前罪不灭,后过又生。前罪既不灭,后过复又生,何名忏悔?[1]

所谓罪与福,都是自性中所显现,不能以修福来灭罪,而应该"向心除罪缘,各自性中真忏悔",慧能在《无相颂》中将这一观点推向了极致。

迷人修福不修道,只言修福便是道,布施供养福无边,心中三恶元来造。拟将修福欲灭罪,后世得福罪还在,但向心中除罪缘,各自性中真忏悔。忽悟大乘真忏悔,除邪行正即无罪,学道常于自性观,即与诸佛同一类。吾祖唯传此顿法,普愿见性同一体,若欲当来觅法身,离诸法相心中洗。努力自见莫悠悠,后念忽绝一世休,若悟大乘得自性,虔恭合掌至心求。[2]

(二) 律法——对于罪的戒治

另一灭罪法门与忏法密切相关,或者说密不可分,是从同一思想渊源上形成的,只是表现形式各有侧重,这就是律法,更注重戒。佛教经典"三藏",即"经藏""律藏""论藏";实修之"戒""定""慧",即是"三学",所以说戒律是佛学中非

---

[1]《六祖大师法宝坛经·忏悔第六》。
[2]《六祖大师法宝坛经·忏悔第六》。

常重要的一个部分。

原始佛教时，释迦牟尼佛为令犯罪比丘悔过，每半月定期举行布萨。布萨，即梵语 upavasatha、巴利语 uposatha，音译作优波婆素陀、布萨陀婆等。意指长净、长养、增长、善宿、净住、长住、近住、共主、断、舍、斋、断增长，或称说戒。其通过清净戒住而增长功德，逐步发展成为佛教中的戒法戒律及一系列仪式，以夏安居的最后一天为自恣日，早期戒律中亦有提舍尼（忏悔）。布萨其实源于印度吠陀以来祭法，即在新月祭与满月祭之前一天举行预备祭。主祭人在这一天禁食安住，清净戒法，目的是净化身心，以期完善自我。到了佛陀时代，这一做法扩展至佛教之外的其他宗教类组织并被加以改造，在其组织信徒进行集会、饮食、活动的过程中，以促进信徒之间通过集体活动加深聚合力，从而扩大组织的影响。

尔时佛在罗阅城，时城中诸外道梵志，月三时集会，月八日、十四日、十五日。众人大集，来往周旋，共为知友，给与饮食，极相爱念，经日供养。[1]

摩揭陀国瓶沙王觉得这一方式对于组织建设效果很好，便建议请佛陀允许弟子们也开展这样的活动，佛陀默然应允。于是佛教信徒们开始在每月八日、十四日、十五日集会。为了给形式上的集会注入实质内容，佛陀和弟子开始在这一天说法，并制定出了相关的规则，逐步形成了禅坐和说戒两个法门。《四分律》载："时诸比丘夜集欲坐禅。佛言：听"[2]，这是佛教禅坐的开始。此外，佛陀早期弟子素质较高，而后来跟随佛陀

---

[1] （后秦）佛陀耶舍译：《四分律》卷三十五《受戒揵度之五》，CBETA 电子佛典集成，T22n1248。（本书以下相关内容均出自此版本）

[2] 《四分律》卷三十五《受戒揵度之五》。

出家的弟子素质参差不一，必须确立明确的规矩和纪律，所以在集会和说法的过程中还要加入说戒的成分。

尔时，世尊在闲静处思维，作是念言："我与诸比丘结戒，说波罗提木叉。中有信心新受戒比丘，未得闻戒，不知当云何学戒。我今宁可听诸比丘集在一处说波罗提木叉戒"。[1]

尔时，世尊在瞻婆国伽伽河侧，十五日说戒时，世尊露地坐，众僧前后围绕。时，阿难，初夜过中夜初，从座起，偏露右肩，脱革履，右膝着地，合掌白佛言："初夜已过，愿世尊说戒。"世尊默然。阿难见世尊默然，还就座。阿难，初夜中夜已过，从座起，偏露右肩，脱革履，右膝着地，合掌白佛言："初夜中夜已过，愿世尊说戒。"世尊默然。阿难见世尊默然，还就座。阿难，初夜过，中夜过，后夜已过，明相出，众鸟鸣。阿难从坐起，偏露右肩，脱革履，右膝着地，合掌白佛言："初中后夜已过，明相已出，众鸟鸣，众僧坐久，愿世尊说戒。"佛告阿难："众中有不净者。若众中有不净者，欲令如来于中说戒者，无此理也。"时，阿难默然还坐。[2]

本来佛陀亲自说略教诫，目的是让犯有罪行的比丘能够深刻忏悔，从而通过说戒来解脱比丘之罪。但如果犯了罪的比丘不进行发露、忏悔，破坏了布萨的纪律和意义，佛陀就拒绝为他解罪。以上所记载的就是佛陀最后一次说戒。"此如来最后说戒，何以故？有犯者不得与说戒，有犯者不得闻说戒。不得向犯戒者解罪，有罪者不得受他解罪"，[3]依照这一原则，佛陀自此不再自己说戒，让僧团的一位上座自行说戒，"自今已去，汝

---

[1]《四分律》卷三十五《受戒揵度之五》。
[2]《四分律》卷三十六《说戒揵度下》。
[3]《四分律》卷三十六《说戒揵度下》。

等自作羯磨说戒"〔1〕。自此，僧团需要自己说戒，便把佛陀十余年来亲自说戒中形成的"善护于口言"的偈颂等整理为基本戒条，加之自己的理解演论，相传有二百五十条，即所谓"比丘有二百五十戒""比丘尼戒三百四十八"。随着佛教僧团的不断扩大，戒律也日趋完善。到了部派佛教时期，不同部派的律藏形成了不同的版本，但基本上都遵循了"五篇"的基本框架，逐步形成戒法体系。

具体而言，部派分裂之后的律藏，主要有五部：一是昙无德部，即法藏部。因将一部律藏分为四部分，故又名《四分律》，昙无德即意为"法镜""法藏"。二是萨婆多部，即说一切有部。因将一部律藏分十次诵出，故又名《十诵律》。三是弥沙塞部，即化地部。因将一部律藏分为五部分，故又名《五分律》。弥沙塞即意为"不著有无观"。四是迦叶毗部，即饮光部。这部律藏并未在中国内地传播。五是婆蹉富罗部，即犊子部。据道宣考证，"婆粗罗部，律本未传，藏中见列僧祇部者，乃是根本大众所传"，〔2〕所以僧祇律是大众部所传律藏，非犊子部所传。

戒学传入中国，比经学、论学都要晚，而且因其多为小乘教法，与以大乘教法为主的中国佛教不适应，所以戒律体系发展较慢。较早将戒律经典在中国进行翻译和传播的是三国时期的昙柯迦罗，他在三国魏齐王嘉平年间来到洛阳。此时，"魏境虽有佛法而道风讹替，亦有众僧未禀归戒"，看到中土僧众的混乱局面，昙柯迦罗决心重整戒律。首先译出摩诃僧祇的戒本《僧祇戒心》一卷，主张僧众应严格遵循佛制，禀受皈戒，又会

---

〔1〕《四分律》卷三十六《说戒揵度下》。
〔2〕（唐）道宣撰：《续高僧传》卷二十三《明律下》，中华书局2014年版，第885页。（本书以下相关内容均出自此版本）

同其他印度僧人建立了受戒制度和仪规,中国的佛教戒律,从此正式建立。

迦罗既至,大行佛法。时有诸僧共请迦罗译出戒律,迦罗以律部曲制,文言繁广,佛教未昌,必不承用。乃译出《僧祇戒心》,止备朝夕。更请梵僧立羯磨法受戒。中夏戒律,始自于此。[1]

昙柯迦罗所译《僧祇戒心》对于授戒、忏悔等一系列仪范进行规制,随着戒学在中国的初步确立,各小乘各部派的戒律纷纷传入,但《四分律》《十诵律》《五分律》《摩诃僧祇律》等小乘戒律的戒法一般都比较苛繁,而且只是在僧尼中传授,因此对社会的影响也就有限。在这一背景之下,以菩萨戒为核心的大乘佛教戒律经典相继传入。后秦时鸠摩罗什译出《梵网经》二卷,又名《菩萨戒本》,对十重戒和四十八轻戒进行阐释。同时,竺佛念译出《菩萨璎珞本业经》二卷,也属大乘戒律。北凉时,昙无谶译出《菩萨地持经》十卷、《优婆塞戒经》七卷,详细阐述大乘菩萨戒。这些大乘戒律的译出,为中国佛教戒律体系的形成和发展奠定了基础。

无论是小乘戒律还是大乘菩萨戒,都规定了"四波罗夷法",其中,小乘佛教以淫、盗、杀、妄语等四种行为为重罪,另有一些小乘律典,则将根本戒归纳为"五戒",即戒杀、戒盗、戒淫、戒妄语、戒酒,犯有其中之一项者即当摈出僧团,这属佛教内部最严厉的处分。而大乘佛教戒律则更侧重限制受戒者的思想动机,而不是行为的实际后果。衡量受戒者思想动

---

[1] (梁)慧皎撰,汤用彤校注,汤一玄整理:《高僧传》卷一《魏洛阳昙柯迦罗》,中华书局1992年版,第13页。(本书以下相关内容均出自此版本)

机纯正与否,在"大乘"的名义下,其戒律对于受戒者的行为而言相对自由。所以,"大乘菩萨戒"的主要受持者是王室、贵族和一般居士,但为了统治的需要,国家倡导并在僧侣中推行的仍然是比较保守和严格的小乘戒律。

为了适应中国社会以儒学为主流的思想观念,部分佛教徒开始有意地将佛教戒律与儒家道德规范相结合,主张用佛教戒律作为教化民众的手段,并用佛教的"五戒"比附儒家的"五常",以"十善"遏制"十恶"。在实践中,将佛教戒法与道教的斋醮、儒家的祭祀混合在一起的现象也很多见。南朝梁高僧慧皎便指出:"当知入道即以戒律为本,居俗则以礼义为先。《礼记》云:道德仁义,非礼不成。教训正俗,非礼不备。经云:戒由平地,众善由生。三世佛道,藉戒方住。"[1]把佛教戒律与儒家伦理结合起来,佛教戒律思想在中国得到了更加广泛的传播,也逐步被历代统治者所接受和利用。

自南北朝以降,在僧尼中逐步形成了以小乘佛教《四分律》为宗和以大乘佛教菩萨戒为宗的两条发展路线,而在广大僧众中,尤以《十诵》《四分》等小乘戒律为主。自《十诵律》译出之后,逐步流行。

> 虽复诸部皆传,而《十诵》一本最盛东国。以昔卑摩罗叉律师,本西土元匠,来入关中,及往荆、陕,皆宣通《十诵》,盛见《宋录》。昙猷亲承音旨,僧业继踵弘化。其间璩、俨、隐、荣等并祖述猷业,列奇宋代。而皆依文作解,未甚钻研。其后智称律师,竭有深思。凡所披释,并开拓门户,更立科目。齐梁之间,号称命世,学徒传记,于今尚焉。[2]

---

[1]《高僧传》卷十一《明律》,第443页。
[2]《高僧传》卷十一《明律》,第443页。

一大批精于《十诵》的著名律师为弘传《十诵律》做出了突出贡献。如南朝律学大家僧祐就十分推崇《十诵律》，搜访古今与《十诵律》有关的佛教人物九十余人，为他们作传。

初集律藏，一轨共学，中代异执，五部各分。既分五部，则随师传习，唯萨婆多部偏行齐土，盖源起天竺，流化罽宾，前圣后贤，重明叠耀。或德升住地，或道证四果，或显相标瑞，或晦迹同凡，皆秉持律仪，阐扬法化。旧记所载，五十三人。自兹以后，睿哲继出，并嗣徽于在昔，垂轨于当今。季世五众，依斯立教，遗风余烈，炳然可寻。[1]

道宣则在《续高僧传》中记述了《四分律》的弘传情况。

自律藏久分，初通东夏，则萨婆多部《十诵》一本，最广弘持。寔由青目律师敷扬晋世，庐山慧远赞击成宗，尔后璩、颖分镳而命路，祐、瑗波腾于释门，澄一江淮，无二奉矣。而恨受遵《四分》，随依《十诵》，可为商之。其次传本，则昙无德部《四分》一律，虽翻在姚秦，而创敷元魏。是由赤髭论主初乃诵传，未展谈授，寻还异域，此方学侣，竟绝维持，逮及覆聪，方开学肆。[2]

可见最初被广泛传播的是《十诵》，随后《四分律》才逐步受到重视。北魏末，慧光对《四分律》进行了系统研究和大力推传，他曾被佛陀禅师赞为"此沙弥非常人也"，并告诫他"若受大戒，宜先听律。律是慧基，非智不奉。若初依经论，必

---

[1]（梁）僧祐撰，苏晋仁、萧炼子点校：《出三藏记集》卷十二《萨婆多部师资记目录序第六》，中华书局1995年版，第466页。
[2]《续高僧传》卷二十三《明律下》，第885页。

轻戒网,邪见灭法,障道之源"。[1]慧光广泛研习了《四分》等诸部律,便开始集中研究和宣讲《四分律》,先后撰有《四分律疏》《仁王七戒》《僧制十八条》等,并删定《羯磨戒本》,在僧侣中广为奉行,奠定了《四分律》学的基础。慧光也因此被尊为"光统律师",道宣赞其"《四分》一部,草创基兹"。其弟子道云、道晖、洪理、道乐、昙隐等均对《四分律》的研究和弘传做出了重要贡献,逐步形成了律学学统。《续高僧传》载:"学士道云早依师禀,奉光遗命,专弘律部,造疏九卷,为众所先,成匠极多,流衍弥远。加以威容严肃,动止有仪,谈吐慈和,言行相检。又,光门人道晖者,连衡云席,情智傲岸,不守方隅,略云所制以为七卷,间以意会,锥度推焉。故谚云:云公头,晖公尾,洪理中间者,所以是也。"[2]诸弟子中尤以道云的成就和贡献最大,并且其弟子洪遵、道洪分别在其门下开出"律宗三家"。

洪遵著有《四分律疏》八卷。通过其努力,终于使《四分律》逐步取代了当时关中通行的《僧祇律》,故其对《四分律》在关中地区的弘传起过重要作用。

先是关内素奉僧祇,习俗生常,恶闻异学,乍讲《四分》,人听全稀,还是东川,赞击成务。尊欲广流法味,理任权机,乃旦剖《法华》,晚扬《法正》,来为闻经,说为通律。屡停炎燠,渐致附宗,开导《四分》,一人而已,迄至于今,僧祇绝唱。[3]

洪遵弟子有洪渊,洪渊传弟子法砺,法砺为相部律宗的创

---

[1]《续高僧传》卷二十二《齐邺下大觉寺释慧光传三》,第821—822页。
[2]《续高僧传》卷二十二《齐邺下大觉寺释慧光传三》,第823—824页。
[3]《续高僧传》卷二十二《隋西京大兴善寺释洪遵传十一》,第840页。

始人。法砺之后，相部宗下分出由怀素所创的东塔宗。

道洪著有《四分律钞》，其弟子中最具代表的是智首。智首深感当时小乘各部律相互混杂的问题颇重，便综合各家学说，著《五部区分钞》二十一卷。又以道云《四分律疏》为基础，撰成《四分律疏》二十卷。智首研习、推广律学三十余年，对整个唐代律学的发展起着举足轻重的作用。《续高僧传》赞其"始于隋文末纪，终于大渐之前，三十余载，独步京辇，无敢抗衡，敷演所被，成匠非一。所以见迹行徒知名唐世者，皆是首之汲引，寔由匡弼之功"。[1]智首弟子道宣创立南山律宗。

自此，法砺创相部律宗，怀素创东塔宗，道宣创南山律宗，合称律宗三家，其间互有争论，数传之后，相部、东塔两宗逐渐衰微，南山律宗独盛，绵延不绝，其思想也成为唐代律学的代表。

上文所述为律宗传承源流，但正如忏法在中国的发展自智顗开始体系化，与之一体两面的戒法也是自智顗开始理论化，从根本上将戒法的规范与坐禅实相止观结合，为戒法实践化奠定了基础，而至道宣则初步形成了完整的理论体系和仪式化的规则体系。智顗提出了止观实修二十五方便，用以解释忏悔与持戒的重要性。他指出"具五缘"最重要的就是"持戒清净"，持戒清净可生起禅定及苦集灭道，获得止观实修的理想效果。其所谈的持戒清净包含"不作诸恶"和"作已能悔"两方面。所谓"不作诸恶"，是指诸信众所受的三归、五戒以及出家人所受十戒、比丘或比丘尼所受的具足戒；作已能悔，是指虽毁损轻戒而犯罪但能如法忏悔，或毁犯重戒但能礼拜忏悔的情形。智顗认为，忏悔与持戒可以"令罪消灭，不障止观"，并且提出

---

[1]《续高僧传》卷二十三《唐京师弘福寺释智首传一》，第855页。

了犯戒忏悔者的具体十法，[1]从而达到"助成其忏"的目的。

上文已经述及，戒法在隋唐的发展多依《四分律》为正宗，同时以大乘佛教的菩萨戒为旨归，天台、华严、法相、禅宗等主要宗派都主张受持大乘菩萨戒。所以，这一时期戒律发展的主题就是小乘佛教的《四分律》和大乘佛教的菩萨戒两条发展路线逐步合流，这一工作由道宣基本完成，作为南山律宗开山之祖，其以《四分律》为基础，参考其他各部律典，综合各家之所长，会通大乘和小乘，形成中国本土化的律学体系。

道宣著有《四分律删繁补阙行事钞》十二卷、《四分律拾毗尼义钞》六卷、《四分律删补随机羯磨疏》二卷、《四分律比丘含注戒本疏》三卷、《四分比丘尼钞》六卷，合称"南山五大部"。在律学理论上，道宣把印度佛教教法判为"化教"和"制教"二部，所谓"化教"即化益之教，用以教化众生，促之生起智慧、获得解脱的教法，大抵相当于大、小乘经论部分；所谓"制教"或称"行教"，意指正误之教、制戒之教，用以禁诫众生，对其行为加以制御，促之行止规范，也就是律藏部分。化教和制教从原因与规范两个方面所进行的阐释，是佛教关于犯罪原因与犯罪治理思想的理论框架基础。道宣对"化教"与"制教"的二分实际上是要把戒律提升到与经论并列的层面，确立律藏的重要地位。此外，道宣进一步将化教分为"性空教""相空教""唯识圆教"三教，性空教包括一切小乘教法；相空教包括《般若经》等大乘经典；唯识圆教则包括《华严》《楞伽》《法华》《涅槃》等大乘经典，又在三教划分的基础上复建"性空""相空""唯识"三观，与之相应将制教为"实法宗"

---

[1] 所谓十法，是指者明信因果、者生重怖畏、者深起惭愧、者求灭罪方法、者发露先罪、者断相续心、者起护法心、者发大誓愿、者常念十方诸佛、者观罪性无生十种方法。

"假名宗""圆教宗"三宗，最终将律宗归属为圆教宗，成为与原来空、有二宗并列的第三宗，律宗地位进一步提高。唯识圆教本属大乘，而《四分律》原本属于小乘范畴，道宣的思想已经明显将二者推向融合。早在慧光时，便提出《四分律》从形式上看属于小乘，而从内容上看则应属于大乘的观点，但直至道宣时，其在《四分律删补随机羯磨疏》中才将这一观点进行了充分的阐释。道宣极力吸收其他诸部律本，并能以大乘为旨归，目的即在于会通融合诸部律学乃至大小乘佛学。

在完成基础理论框架构建的基础上，道宣进一步对律学逻辑体系进行了细化。律宗的教理分为戒法、戒体、戒行、戒相四科，称"戒四别"。戒法，指佛陀制定不可杀、盗、淫、妄等戒律，作为行者规范、禁戒之法。凡五戒、八戒、十戒、具足戒、三聚净戒、十重戒、四十八轻戒等律法，通称戒法；戒体，指僧众领受戒法后，心中产生对戒法的信念和奉持戒法的意志，在意识中通过认同而发得戒之体性；戒行，即发得戒体后，受持佛陀所制之律法，能随顺戒体，动作身、口、意三业而不违法；戒相，即持戒表现出来的相状差别。如持五戒、十戒，乃至二百五十戒，不同戒中各有差别，按其持犯之轻重，各有不同的相状。

对律学各宗而言，主要的分歧在于对戒体的认识，也即对僧众实际发挥作用的尊崇和规制是什么，到底是精神性的心法，还是物质性的色法。如怀素所创的东塔宗依据《俱舍论》的观点，以"无表业"为戒体，主张色法戒体论。《俱舍论》载："毗婆沙师说有实物，名无表色，是我所宗。"[1]这一学说上可溯至自说一切有部，认为戒体是依四大而生起的无见无对的实

---

[1] [印]尊者世亲造，（唐）玄奘译：《阿毗达磨俱舍论》卷十三《分别业品第四之一》，CBETA电子佛典集成，T29n1558。

色,它摄受于色蕴之中,故称"无表业"或"无表色"。而法砺所创相部律宗则依据《成实论》的观点,认为戒体既无形质,故非色,又无缘虑,故非心,从而提出戒体非色非心论。《成实论》载:"无作法非心,今为是色,为是心不相应行","色是恼坏相,是无作中恼坏相不可得故,非色性。"[1]并认为戒体既非心,也非色,即戒体非色非心论。而道宣南山律宗则以《四分律》为主要论据,提出了心法戒体论。认为僧徒从师受戒,首先要在心中接受戒法,并由此而产生一种防罪止恶的自律心,也即对于戒法的信念和奉持戒法的意志,所谓"戒体,即谓出生众行之本。"[2]北宋元照在学习道宣思想学说时将其理解为"戒体者,所谓纳圣法于心胸",[3]意指戒体作为受戒者行动的依据,必先领纳于受戒者的内心,表现为一种特殊的心理遵行状态。道宣提出的这一戒体思想源于他对唯识学的推崇,他早年曾为长安西明寺上座,参加玄奘译场,负责润文,因此其思想也深受唯识学说影响。在他所立的三教三宗中,都表现出对"唯识圆教"和"唯识圆宗"的推崇。其戒体论也主要以唯识学思想作为立论基础。

唯识观认为人心识之外的万有现象皆是由人心识自体所变现而来,除心识之外,万有现象皆非实在,故说"唯识无境"。瑜伽行派认为世界上的一切现象都是由人们精神的总体"识"所转变显现出来的,奉行"万法唯识""三界唯心",提出了唯识学的核心概念"八识",认为每一众生身中都具有"八识",

---

[1] [印]诃梨跋摩造,(后秦)鸠摩罗什译:《成实论》卷七《无作品》,CBETA电子佛典集成,T32n1646。

[2] (唐)道宣撰:《四分律删繁补阙行事钞》卷中《随戒释相篇第十四》,CBETA电子佛典集成,T40n1804。(本书以下相关内容均出自此版本)

[3] (宋)元照撰:《四分律行事钞资持记》卷上一《释标宗篇》,CBETA电子佛典集成,T40n1805。

即眼识、耳识、鼻识、舌识、身识、意识、末那识和阿赖耶识。前五识称为感识，都是向外追求，其所追求的境物，皆是五识各自所变现的。意识则以了别法为相，可以对此物与彼物进行分别，五识皆闭时，意识则可以单独发生作用。末那识不关外境，是"有我"之心。而以上每一识各有其种子，这些种子又都含藏在阿赖耶识中。阿赖耶识被看作为根本识，前七识均依第八识阿赖耶识才得以转起。《华严经》云："三界虚妄，但是一心作，十二缘分，是皆依心"。识即是心，唯识即是唯心，"世界是心不是物"。末那识不是真实的，即无我；意识不是真实的，故无相；无我无相，故眼、耳、鼻、舌、身、意空。空，故种子灭，于是阿赖耶识断。阿赖耶识断，即种子心断，于是心不是生起的心，不在因果之中，便是"真如"。[1]在这一点，儒佛两家其实是统一的，如废名所说的，"儒佛两家实在是最好的朋友"，"究其极儒佛应是一致，所谓殊途而同归"，"由儒家的天理去读佛书，则佛书处处有着落，其为佛是大乘。因为天理便是性善，而佛书都是说业空，业空正是性善了"。[2]所以佛家讲断恶修善，儒家讲去私欲致良知。

可以说，唐代以后中国佛教各宗派都与唯识学有着密切的关系，而律宗与之关系更为密切。唯识学解决了规则的合理性、合法性问题，属于"立法者"的角色，而律宗则充当了"执法者"的角色。律宗的心法戒体论认为身、口、意三业都是由心所作，僧众从佛法中所获得的戒体就是心法，防罪止恶的作用由此心法而生。对于所生罪恶，律宗从修习角度对佛所制的全部戒律分为"止持"和"作持"两个维度。所谓止持，就是从罪恶产生的根源上防止受戒者造作身、口、意等恶业的戒律，

---

[1] 废名著，止庵编订：《阿赖耶识论》，辽宁教育出版社2000年版，第56页。
[2] 废名著，止庵编订：《阿赖耶识论》，辽宁教育出版社2000年版，第7页。

由此而保持戒体，也就是"诸恶莫做"，"欲了妄情，须知妄业，故作法受，还熏妄心，于本善识，成善种子，此戒体也。"[1]

后世弘一在《南山律在家备览略编》中对罪恶产生的根源对律宗的思想进行了进一步的阐述：

> 事钞云，起业要托三毒而生。然毒之所起，我心为本。此义广张，行人须识，如忏法中具明业相。资持释云，前示业本。业无自性，必假缘生。缘虽众多，不出心境，由境发毒构造成业。境是外缘，毒从内发，故明起业惟推三毒。毒从我生，我即妄计，即斯妄计是业之本，故名妄业。经云：一切业障海，皆从妄想生。谛求妄本毕竟无依，但是一心随缘不觉，以不觉故，硜然计我。由我起毒，因毒生业。业成感果，果全是苦。苦即生死，流浪出没，造受更资，如是亿劫，莫知所止。从本至末，就果推因，少识妄源，粗知苦本。[2]

弘一又引资持的话，问：何者为相？答：如后释戒，三科束之：一所犯境，二成犯相，三开不犯，总为相矣。更以义求，亦为三别：一犯与不犯，二犯中有轻重不同，三有方便根本差别。统论其相，不出心境。[3]针对这一逻辑，道宣说："言止持者，方便正念，护本所受，禁防身口，不造诸恶，目之曰止；止而无违，戒体光洁，顺本所受，称之曰持。"[4]纵观《四分律》的前半部分，主要内容是解释僧、尼二众的"别解脱戒"，

---

[1]（唐）道宣疏，（宋）元照述：《四分律删补随机羯磨疏济缘记》卷三，CBETA 电子佛典集成，X41n0728。

[2] 弘一大师：《南山律在家备览略编》，南林出版社 2007 年版，第 109—110 页。

[3] 弘一大师：《南山律在家备览略编》，南林出版社 2007 年版，第 99—100 页。

[4]《四分律删繁补阙行事钞》卷中《持犯方轨篇第十五》。

其中包括比丘戒中的四波罗夷、十三僧残、二不定、三十舍堕、九十单提、四提舍尼、百众学法、七灭诤，以及比丘尼戒中的八波罗夷、十七僧残，三十舍堕、百七十八单提、八提舍尼、百众学法、七灭诤等，都属止持范畴。而作持指鼓励受戒僧众造作身、口、意等善业的戒律，由此而保持戒体。作持，也就是"众善奉行"。观《四分律》的后半部则主要解释受戒、说戒、安居、自恣、皮革、衣、药、迦絺那、拘睒弥、赡波、呵责、人、覆藏、遮、破僧、灭诤、比丘尼、法、房舍、杂等二十种婆犍度，皆属作持。道宣说："作持，恶既已离，事须修善，必以策勤三业，修习戒行，有善起护，名之为作。"[1]可见，止持的功能在于遏止恶业的造作，作持的用意在于鼓励善业的修习。

佛教心性论对染净、善恶的讨论揭示了罪产生的心性根源，佛教也正是依赖这些对人生超验的和现世的"定罪"，来确立一系列忏悔除罪的宗教仪轨。也就是说，佛教教义论述罪业，重点显然不在追求罪性之究竟所以然，或者说即便倾向于阐明罪业的究竟性质，也是以这个究竟性质来开示救赎"消业"的途径。那么这种对罪的探讨更多的就是谈论到罪业的成因、种类，而关注的重点是忏悔能灭除罪障的确切无疑性质。[2]也正是在这样一种逻辑下，忏法、戒法对悔罪、治罪体系进行了逻辑架构与制度设计，进而对中国传统法律文化当中的犯罪思想进行了哲学本体论层面的理论塑造。

---

[1]《四分律删繁补阙行事钞》卷中《持犯方轨篇第十五》。
[2] 刘再复、林岗："论汉传佛教的忏悔及其罪意识 从佛教诸忏法到禅宗'无相忏悔'"，载《中国文化》2012年第1期。

上 篇

第一章
妖言谋反罪的犯罪学考察
——以佛教僧人群体为例

一般认为，谋反罪在中国传统社会中系指谋危社稷，违反天常，反对君王的行为，其以维护专制统治为中心，经过充分的文化整合，才形成了系统的制度及理论体系和实现方式。[1] 作为中国传统儒家伦理的最高价值指向——忠君思想在法律层面的最直接表达，谋反犯罪在历朝历代都往往被视为最严重的犯罪形式。因此，其所受到的法律惩治通常也是最为严格且残忍的。但如若细察史籍中记载的大量以谋反为名的法律实践，又可发现，许多谋反犯罪案例的具体表征往往并非与法律规定紧密相连，甚至较之其他罪名，谋反罪的适用可能是自由裁量幅度最大的犯罪类型之一。换言之，在法律实践中，谋反犯罪似乎并非仅指代那些具体侵犯皇权的行为表达，而更多地体现为最高统治者用以维护自身统治权威性的众多工具性手段中最为有效且方便的方式。正如有学者所言，谋反罪作为一个罪名，可以通过将其从犯罪行为与法定刑之间严格的一一对应关系之中剥离出来考察"谋反"，则谋反是指图谋反叛，即谋害皇帝、

---

[1] 柳正权："中国传统社会中谋反罪的文化整合"，载《法学评论》2011年第3期。

危害国家的行为。[1]也就是说，作为一种犯罪类型的谋反犯罪，其主要关注点并不在于外部的具体行为表达，而在于统治者对相关人员进行具有强制力之主观判断的法律授权。

《唐律疏议·贼盗》"谋反大逆"条规定："诸谋反及大逆者，皆斩；父子年十六以上，皆绞；十五以下及母女、妻妾（子妻妾亦同）、祖孙、兄弟、姊妹若部曲、资财、田宅，并没官；男夫年八十及笃疾、妇人年六十及废疾者，并免（余条妇人应缘坐者，准此）；伯叔父、兄弟之子，皆流三千里，不限籍之同异。"唐代对谋反罪的法律规定大概可以分为三个层级，第一个是谋反未行，但在处理上即同真反。"人君者，与天地合德，与日月齐明，上祗宝命，下临率土。而有狡竖凶徒，谋危社稷，始兴狂计，其事未行，将而必诛，即同真反"；第二个是已行谋反但行而未果。"即虽谋反，词理不能动众、威力不足率人者，亦皆斩"。但这种谋反未果的情形当中还有一些例外处理方法："谓结谋真实而不能为害者。若自述休征、假托灵异、妄称兵马、虚说反由，传惑众人而无真状可验者，自从祅法"，[2]即按妖言罪处理；第三个是《唐律疏议·贼盗》"口陈欲反之言"条所载的"诸口陈欲反之言，心无真实之计，而无状可寻者"，即口头上有造反的言词，但是没有确切的计划。这段文字说明，对于任何谋反的行为以及任何谋反的想法，唐律都是严令禁止的，即使是这样也要"流二千里"。[3]此外还有妖言类犯罪也通常与谋反犯罪配套存在。《唐律疏议·贼盗》"诸造祅

---

[1] 任东仁："唐代'谋反罪'的立法与实践"，吉林大学2018年硕士学位论文。

[2] 岳纯之点校：《唐律疏议》卷十七《贼盗》，上海古籍出版社2013年版，第270—271页。（本书以下相关内容均出自此版本）

[3] 《唐律疏议》卷十七《贼盗》，第274页。

第一章 妖言谋反罪的犯罪学考察

书袄言"条:"诸造妖书及妖言者,绞(造,谓自造休咎及鬼神之言,妄说吉凶,涉于不顺者)。疏议曰:造祆书及祆言者,谓构成怪力之书,诈为鬼神之语。休,谓妄说他人及己身有休征。咎,谓妄言国家有咎恶。观天画地,诡说灾祥,妄陈吉凶,并涉于不顺者,绞。"[1]可见,对妖言罪的惩治也是比较严厉的。方潇曾指出,唐代对天文仪器及图书资料等通天手段都要予以保密,[2]如《唐六典》载:"凡玄象器物,天文图书,苟非其任,不得与焉",[3]再如《旧唐书·天文志下》记载开成五年(公元840年)敕,"司天台占候灾祥,理宜秘密"。[4]如果利用这些玄象器物"言涉不顺",那么也同样按照妖言罪处理。《唐律疏议·职制》"玄象器物"条:"诸玄象器物、天文、图书、谶书、兵书、七曜历、《太一》、《雷公式》,私家不得有,违者徒二年","若将传用,言涉不顺者,自从造祆言之法。"[5]

按照任东仁的分析,唐代谋反罪的犯罪主体主要集中于三类人群,分别是皇族宗室成员、官僚体系中职位较高的官员和其他人员。这些人往往要么在朝廷身居较高的职位,要么身份生来尊贵,要么出于特定的时代背景之下。[6]按照这种思路可以看出,谋反罪作为一种法定犯罪类型,其多呈现为政治斗争的法律形式表达。无论是哪一主体,如果其谋反行为成立,那么在新兴政权的视角下,这一行为无论如何也很难会被后世定

---

[1] 《唐律疏议》卷十八《贼盗》,第292—293页。
[2] 方潇:"'天机不可泄漏':古代中国对天学的官方垄断和法律控制",载《甘肃政法学院学报》2009年第2期。
[3] 《唐六典》卷一,第303页。
[4] 《旧唐书》卷三十六《天文下》,第1336页。
[5] 《唐律疏议》卷九《职制》,第161页。
[6] 任东仁:"唐代'谋反罪'的立法与实践",吉林大学2018年硕士学位论文。

义成为一种法律意义上的谋反。而之所以会在史料当中以谋反犯罪的形式对相关事件进行记载，原因就在于这是一种建立在特定政权合法性基础上而对政治斗争结果进行的负面评价。如果仅仅将视角局限在法律框架内，就很难窥探谋反作为一种犯罪类型的犯罪学意义。正因如此，在法律意义上来看，谋反罪的司法过程多表现为未严格经过司法审判，程序性弱化，且使用"讨伐"等特殊的刑罚执行方式把前一司法环节几近吸收。[1]因此，本章试图将视角集中在特定人群——佛教僧人身上进而观察其谋反行为的具体犯罪意义。

唐代法律在许多方面给予了僧道群体一定的法律特权。然而对危及皇权和国家安全的重大犯罪，实际上照样严惩不贷，僧道只要犯下危及皇权的罪行，一律按照唐律治罪，而没有特别法可遵。《天圣令》狱官令之唐令第十一条："诸道士、女冠、僧、尼犯罪徒以上及奸、盗、诈脱法服，依律科断，余犯依僧道法"，[2]也就是说，僧人一旦触犯了量刑为徒罪及其以上的犯罪，以及奸、盗、诈脱法服之罪，就不再适用专门的宗教法——《道僧格》了。需要指出的是，"诈脱法服"的断句有学者疑为"诈、脱法服"，[3]因为僧尼如果犯奸罪是要比常人加重处罚的；如果犯盗罪，"弟子若盗师主物及师主盗弟子物等，亦同凡盗之法"，而常人卑幼盗尊亲属财是减等处罚，所以

---

[1] 参见任东仁："唐代'谋反罪'的立法与实践"，吉林大学2018年硕士学位论文。

[2] 天一阁博物馆、中国社会科学院历史研究所天圣令整理课题组校订：《天一阁藏明钞本天圣令校证（附唐令复原研究）》（上册），中华书局2006年版，第342页。

[3] 详见张径真："法律视角下的隋唐佛教管理研究"，中国社会科学院研究生院2012年博士学位论文；赵晶："唐代《道僧格》再探——兼论《天圣令·狱官令》'僧道科法'条"，载《华东政法大学学报》2013年第6期；池建华："道法互动：唐代道教与法律的关系研究"，上海师范大学2015年硕士学位论文。

僧尼师徒之间犯盗罪也比常人更重,但是僧道如果辄着俗服,则还俗。也就是说,当僧尼面临着奸、盗犯罪的指控时,是有可能通过脱掉法服失去僧道身份从而减轻处罚的,而这种情况则应当是被法律禁止的。但如果将诈、脱法服视为两种犯罪情况,那"脱法服"被明确规定为还俗,依律还是依"僧道法"并没有什么显著的不同。不过尽管对具体的条文内容诸多学者仍有争议,但众学者在此条文的基础上对唐代佚失的法律文献《道僧格》中的"准格律"条进行了相对比较统一的复原,即在不适用特别法而直接适用唐律的诸多罪名中最具有代表性的便是妖言谋反类犯罪。

对于唐代有僧人参与的妖言谋反类犯罪已有学者进行过相关介绍,[1]但诸位学者所提及的具体案例略有差别,如陈登武所收录的案例中,高宗永徽四年(公元653年)睦州陈硕贞案与开元三年(公元715年)相州崔子嵒案被推测与弥勒信仰有关,但其中并无僧人参与的记载。对此,学界也存有争议,如李斌城认为睦州陈硕贞是利用道教组织发动民众造反。[2]本章为便于分析,兹将所见唐代有僧人参与的妖言谋反类犯罪的记载举例如下:

案例一(昙晟案):

武德元年(公元618年),"怀戎沙门高昙晟因县令设斋,士民大集,昙晟与僧五千人拥斋众而反,杀县令及镇将,自称

---

[1] 详见郑显文:《唐代律令制研究》,北京大学出版社2004年版,第259—261页;陈登武:"从内律到王法:唐代僧人的法律规范",载《政大法学评论》2009年第111期;张海峰:"唐代佛教与法律",华东政法大学2012年博士学位论文。

[2] 详见李斌城:"隋唐五代农民起义与宗教及儒家的关系",载中国唐史学会编:《唐史学会论文集》,陕西人民出版社1986年版,第305页。

大乘皇帝，立尼静宣为耶输皇后，改元法轮。遣使招开道，立为齐王。开道以众五千人归之，居数月，袭杀昙晟，悉并其众"。[1]

案例二（道澄案）：

武德二年（公元619年），"（刘）武周进逼介州，沙门道澄以佛幡縆之入城，遂陷介州"。[2]

案例三（志觉案）：

武德四年（公元621年），"志觉，太原人，为沙门，死经十日而苏，言多妖妄，谓总管李仲文曰：'公五色光，见有金狗自卫'。仲文答曰：'关中十五已上，并事洛阳。亢阳不雨，谷食腾涌，天意人事，表里可知。若为计，今其时也。'高祖固疑之，及唐俭使太原，又言于高祖曰：'仲文信惑妖邪，自谓应谶及言龙附己，即于汾州置龙游府；又娶陶氏之女，以应桃李之歌。'高祖追仲文赴朝，以罪伏诛"。[3]

案例四（法雅案）：

贞观三年（公元629年），"裴寂字玄真，蒲州桑泉人也"，"有沙门法雅，初以恩倖出入两宫，至是禁绝之，法雅怨望，出妖言，伏法。兵部尚书杜如晦鞫其狱，法雅乃称寂知其言，寂对曰：'法雅惟云时候方行疾疫，初不闻妖言。'法雅证之，坐

---

[1]《资治通鉴》卷一百八十六《唐纪·高祖武德元年》，第5833—5834页。
[2]《资治通鉴》卷一百八十七《唐纪·高祖武德二年》，第5858页。
[3]（宋）王钦若等编：《册府元龟》卷九二二《妖妄二》，中华书局1960年版，第10888页。（本书以下相关内容均出自此版本）

是免官,削食邑之半,放归本邑"。[1]

案例五(僧人自焚案):

高宗年间,"郎余令,定州新乐人也","时有客僧聚众欲自焚,长史裴照率官属欲往观之。余令曰:'好生恶死,人之性也。违越教义,不近人情。明公佐守重藩,须察其奸诈,岂得轻举,观此妖妄。'照从其言,因收僧按问,果得诈状"。[2]

案例六(白铁余案):

弘道元年(公元683年),"绥州步落稽白铁余,埋铜佛于地中,久之,草生其上,绐其乡人曰:'吾于此数见佛光。'择日集众掘地,果得之,因曰:'得见圣佛者,百疾皆愈。'远近赴之。铁余以杂色囊盛之数十重,得厚施,乃去一囊。数年间,归信者众,遂谋作乱。据城平县,自称光明圣皇帝,置百官,进攻绥德、大斌二县,杀官吏,焚民居。遣右武卫将军程务挺与夏州都督王方翼讨之,甲申,攻拔其城,擒铁余,余党悉平"。[3]

案例七(法澄案):

长寿二年(公元693年),"法师讳法澄,字元所得,俗姓孙氏,乐安人也","及法师将扶汝南,谋其义举,坐入宫掖","中宗和帝知名放出,中使供承,朝夕不绝"。[4]

---

[1]《旧唐书》卷五十七《裴寂》,第2285—2288页。
[2]《旧唐书》卷一百三十九《郎余令》,第4961—4962页。
[3]《资治通鉴》卷二百三《唐纪·高宗弘道元年》,第6413—6414页。
[4]周绍良主编:《唐代墓志汇编》(下册),上海古籍出版社1992年版,第1362页。

案例八（理中案）：

长寿三年（公元694年），"姚璹字令璋，散骑常侍思廉之孙也"，"时新都丞朱待辟坐赃至死，逮捕系狱。待辟素善沙门理中，阴结诸不逞，因待辟以杀璹为名，拟据巴蜀为乱。人密表告之者，制令璹按其狱。璹深持之，事涉疑似引而诛死者，仅以千数。则天又令洛州长史宋元爽、御史中丞霍献可等重加详覆，亦无所发明。逮系狱数百人，不胜酷毒，递相附会，以就反状。因此籍没者复五十余家，其余称知反配流者亦十八九，道路冤之"。[1]

案例九（贺玄景案）：

景云二年（公元711年），"有长发贺玄景，自称五戒贤者。同为妖者十余人。于陆浑山中结草舍，幻惑愚人子女，倾家产事之。绐云至心求者必得成佛。玄景为金簿袈裟，独坐暗室，令愚者窃视，云佛放光，众皆慑伏。缘于悬崖下烧火，遣数人于半崖间披红碧纱为仙衣，随风飞扬。令众观之，诳曰：'此仙也。'各令着仙衣以飞就之，即得成道。克日设斋，饮中置莨菪子，与众餐之。女子好发者，截取为剃头，串仙衣，临崖下视，眼花恍惚，推崖底，一时烧杀，没取资财。事败，官司来检，灰中得焦拳尸骸数百余人。敕决杀玄景，县官左降"。[2]

案例十（明悟案）：

先天元年（公元712年），"玄宗废后王氏，同州下邽人"，

---

[1]《旧唐书》卷八十九《姚璹》，第2902—2904页。
[2]（唐）张鷟撰：《朝野佥载》卷五，载上海古籍出版社编：《唐五代笔记小说大观》（上册），上海古籍出版社2000年版，第65页。

"后兄守一以后无子,常惧有废立,导以符厌之事。有左道僧明悟为祭南北斗,刻霹雳木书天地字及上讳,合而佩之。且祝曰:'佩此有子,当与则天皇后为比。'事发,上亲究之,皆验"[1]

案例十一(惠范案):

开元元年(公元713年),"太平公主者,高宗少女也。以则天所生,特承恩宠",[2]"太平公主依上皇之势,擅权用事,与上有隙","及僧惠范等谋废立,又与宫人元氏谋于赤箭粉中置毒进于上"。[3]

案例十二(王怀古案):

开元三年(公元715年),"王怀古,玄宗开元初谓人曰:'释迦牟尼佛末,更有新佛出。李家欲末,刘家欲兴。今各当有黑雪下其州,合出银城。'敕下诸道按察使捕而戮之"[4]

案例十三(怀照案):

开元七年(公元719年),"李尚隐,其先出赵郡,徙贯万年","俄出为蒲州刺史。浮屠怀照者,自言母梦日入怀生己,镂石著验,闻人冯待征等助实其言。尚隐劾处妖妄,诏流怀照播州"。[5]

案例十四(法坚案):

建中四年(公元783年),"浑瑊,皋兰州人也","邠宁节

---

[1] 《旧唐书》卷五十一《后妃上》,第2177页。
[2] 《旧唐书》卷一百八十三《太平公主》,第4738页。
[3] 《资治通鉴》卷二百一十《唐纪·玄宗开元元年》,第6681—6682页。
[4] 《册府元龟》卷九二二《妖妄二》,第10889页。
[5] 《新唐书》卷一百三十《李尚隐》,中华书局1975年版,第4498—4499页。

度使韩游瑰与庆州刺史论惟明统兵三千,自乾陵北过,赴醴泉以拒朱泚。会谍报泚已出兵,帝遽令追游瑰兵,才至奉天,贼军果至","贼大修攻具,以僧法坚为匠师,毁佛寺房宇以为梯橹。是月,贼自丁未至辛未,四面攻城,昼夜矢石不绝,瑊随机应敌,仅能自固"。[1]

案例十五（惟晓案）：

大历年间,"自信安洪光、东阳捍狼山僧惟晓等,结连数郡,荧惑愚甿。破其巢窟,伏戎自殚,山越一清"。[2]

案例十六（李广弘案）：

贞元三年（公元787年）,"李广弘者,或云宗室亲王之胤。落发为僧,自云见五岳、四渎神,已当为人主。贞元三年,自邠州至京师,有市人董昌者,通导广弘,舍于资敬寺尼智因之室。智因本宫人。董昌以酒食结殿前射生将韩钦绪、李政谏、南珍霞,神策将魏修、李修,前越州参军刘昉、陆缓、陆绛、陆充、徐纲等,同谋为逆。广弘言岳渎神言,可以十月十日举事,必捷。自钦绪已下,皆有署置为宰相,以智因尼为后。谋于举事日夜令钦绪击鼓于凌霄门,焚飞龙厩舍草积;又令珍霞盗击街鼓,集城中人;又令政谏、修、修等领射生、神策兵内应;事克,纵剽五日,朝官悉杀之。事未发,魏修、李修上变,令内官王希迁等捕其党与斩之,德宗因禁止诸色人不得辄入寺观"。[3]

---

[1]《旧唐书》卷一百三十四《浑瑊》,第3703—3705页。

[2]《全唐文》卷五三《检校尚书左仆射同中书门下平章事上柱国晋国公赠太傅韩公行状》,第3184页。

[3]《旧唐书》卷一百四十四《韩游瑰》,第3920页。

案例十七（圆净案）：

元和十年（公元815年），"缁青节度使李师道阴与嵩山僧圆净谋反，勇士数百人伏于东都进奏院，乘洛城无兵，欲窃发焚烧宫殿而肆行剽掠。小将杨进、李再兴告变，留守吕元膺乃出兵围之，贼突围而出，入嵩岳，山棚尽擒之。讯其首，僧圆净主谋也。僧临刑叹曰：'误我事，不得使洛城流血'"。[1]

案例十八（道峦案）：

元和年间，"僧道峦属火于顶，加钳于颈，以苦行惑民，人心大迷，信脱衣辍食，竭产施与，甚为民病，公付史以鞠之，果验奸秽，遂杖杀以释民惑"。[2]

案例十九（欢欢案）：

长庆二年（公元822年），"欢欢，景公寺僧也，穆宗长庆二年，以妖言惑众，下伏内鞠之，多引中人无验竟杖杀之，其坐死者数人"。[3]

案例二十（亳州妖僧案）：

宝历二年（公元826年），"李德裕字文饶，赵郡人"，"亳州言出圣水，饮之者愈疾。德裕奏曰：'臣访闻此水，本因妖僧诳惑，狡计丐钱。数月以来，江南之人，奔走塞路。每三二十家，都顾一人取水。拟取之时，疾者断食荤血，既饮之后，又二七日蔬飨，危疾之人，俟之愈病。其水斗价三贯，而取这益

---

[1]《旧唐书》卷十五《宪宗下》，第454页。
[2] 吴钢主编：《全唐文补遗》（第4辑），三秦出版社1997年版，第133页。
[3]《册府元龟》卷九二二《妖妄二》，第10891页。

之他水，沿路转以市人，老疾饮之，多至危笃"。[1]

案例二十一（沙门改塔案）：

文宗年间，"文宗时，有沙门能改塔，履险若平。换塔杪一柱，人以为神。上闻之曰：'塔固当人功所建，然当时匠者岂亦有神？'沙门后果以妖妄伏法"。[2]

案例二十二（贺兰进兴案）：

开成四年（公元839年），"先是蓝田县百姓贺兰进兴，聚集乡村百姓为念佛会，因之妄有妖语，军镇捕捉，横及无辜，以要财贿，贫者多至自诬。及付台之后，皆望有所申明"。[3]

案例二十三（大慈寺僧案）：

乾符元年（公元874年），"高燕公镇蜀日，大慈寺僧申报堂佛光见。燕公判曰：'付马步使捉佛光过。'所司密察之，诱其童子，具云：'僧辈以镜承隙日中影，闪于佛上。'由此乖露，擒而罪之"。[4]

案例二十四（弥勒会妖人案）：

僖宗年间，"青城县弥勒会妖人窥此声势，乃伪作陈仆射行李，云山东盗起，车驾必谋幸蜀，先以陈公走马赴任。乃树一魁妖，共翼佐之。军府未喻，亦差迎候。至近驿，有指挥索白

---

[1]《旧唐书》卷一百七十四《李德裕》，第4509—4516页。
[2]（宋）王谠撰，周勋初校证：《唐语林校证》卷六《补遗》，中华书局1987年版，第607页。
[3]《册府元龟》卷五四七《谏诤部·直谏》，第6566页。
[4]（宋）孙光宪撰：《北梦琐言·逸文》卷三《大慈寺佛光》，载上海古籍出版社编：《唐五代笔记小说大观》，上海古籍出版社2000年版，第1983页。

马四匹，察事者觉其非常，乃羁縻之。未供承间，而真陈仆射亦连辔而至，其妖人等悉擒缚，而俟命颍川，俾隐而诛之。识者曰：'陈仆射由阉官之力，无涓尘之效。盗处方镇，始为妖物所凭，终以自贻诛灭，非不幸也'"。[1]

案例二十五（功德山案）：

僖宗年间，"汴中有妖僧功德山，远近桑门皆归之。至于士庶，无不降附者。能于纸上画神寇，放入人家，令作祸祟。幻惑居人。""有滑州有一僧，颇善妖术，与功德山无异，公私颇患之，时中书令王铎镇滑台，遂下令曰：南燕地分有灾，宜善禳之。"遂自公衙至于诸军营，开启道场，延僧数千人。僧数不足，遂牒汴州，请功德山一行徒众悉赴之"，"洎入营，悉键门而坑之，方袍而死者数千人。衙中只留功德山已下首长，讯之，并是巢贼之党。将欲自二州相应而起，咸命诛之"。[2]

一、佛教僧人妖言谋反类犯罪的主体倾向

在得出结论之前，首先需要对昙晟案进行特别说明：在以上所有案例中，只有昙晟案的记载中存有"昙晟与僧五千人拥斋众而反"的字眼，也就是说只有昙晟案是以僧团集体的形式参与谋反犯罪的。但刘淑芬曾根据《旧唐书》《新唐书》以及《资治通鉴》中的不同记载而对昙晟案的这一人数提出质疑，其认为即使此斋会参与的僧人有五千人之多，这些僧众也未必完全

---

[1]（宋）孙光宪撰：《北梦琐言》卷四《妖人伪称陈仆射》，载上海古籍出版社编：《唐五代笔记小说大观》，上海古籍出版社2000年版，第1830页。
[2]（宋）李昉等编：《太平广记》卷二百八十七《功德山》，中华书局1961年版，第2285—2286页。（本书以下相关内容均出自此版本）

赞同昙晟之谋。[1]除此之外，还需要注意到昙晟案发生的时间为武德元年（公元618年）。唐朝建立之初，其影响力仅限于长安周围的关中地区，此时李渊虽然在长安建极，但东都洛阳方面却是立越王杨侗为皇帝。之后洛阳的隋政权又将帝位禅让给了王世充，建立郑国，年号为"开明"。后来秦王李世民在嵩山少林寺僧兵的帮助下击败了王世充，才最终进据洛阳。也就是说，唐王朝最终名副其实地统一全中国的时间是在武德四年（公元621年）左右。那么在分析唐代整体的佛教僧人犯罪问题时，武德元年（公元618年）发生的这场僧团叛乱就有必要进行特别对待。在这前后的一段时间内，整个中国正处在战事集中的状态之下，一些小型的地方武装势力难以完全消除，如同时期的沙门慧琎就曾"统众自卫"，"大业末历，郊垒多虞，禅定一众，雅推琎善能御敌，乃揔集诸处人畜，普在昆池一庄，多设战楼，用以防拟，琎独号令，莫敢当锋"。[2]换言之，如果王世充的郑国最终统一了天下，那么帮助秦王的少林寺僧团无疑也就成了一个叛乱的团体。恰恰是少林寺僧兵的这种帮助让唐政府认识到了僧团的力量，因此，武德四年（公元621年）刚刚平定了王世充之后其便下敕："伪乱地僧，是非难识，州别一寺，留三十僧，余者从俗"。[3]

如上所述，如果暂时不把昙晟案计算在内，那么其他所有案例都是僧人以个人的身份发起或者参与的妖言谋反类犯罪。有的案例虽然也是聚众，但所聚之众并没有说明全部是僧人，如白铁余案。再如李广弘案，李广弘本身是僧人，但在其谋反

---

[1] 刘淑芬："中古佛教政策与社邑的转型"，载荣新江主编：《唐研究》（第13卷），北京大学出版社2007年版，第254页。
[2] 《续高僧传》卷二十三《唐京师普光寺释慧琎传二》，第858页。
[3] 《续高僧传》卷二十五《唐京师胜光寺释慧乘传四》，第940页。

第一章 妖言谋反罪的犯罪学考察

案当中,除了尼僧智因之外,其他的大部分参与者是朝中军官,而并不是佛教僧团组织。对贺兰进兴案的处理更是从反面进一步说明了这一问题。贺兰进兴仅仅是组织了一个小型的民间念佛会,但却被冠以谋反的罪名,以至于"军镇捕捉,横及无辜,以要财贿,贫者多至自诬。及付台之后,皆望有所申明",其中,可以看到官府对佛教僧人及其信众团体聚众行事的监控及惩处力度,文宗开成四年(公元839年)的该案与武德元年(公元618年)的昙晟案之间无疑形成了鲜明的对比。此时的佛教已经成为国家行政管理当中的必然组成部分,而再也无法组成强有力的"自主"僧团了。如严耀中曾提到,早在十六国之后,中国就基本上没有超出单个寺院规模的僧团组织。[1] 武乾也曾提到唐朝以前,对邪教的法律惩禁往往扩大为大规模的宗教迫害运动;唐朝以后,则只惩首从,而不问信众。[2] 这一方面反映出历朝历代国家在宗教管理政策上的变化,而从另一方面也可以看到,宗教团体自唐代为分界线,之后再也无法像前代一样强有力地组织教团。英国汉学家杜德桥(Glen Dudbridge)也曾根据对《广异志》的研究提到,唐代对佛教控制的国家政策竟能无远弗届地到达偏远山区,从而推向国家统治政策的落实,显然超越人们的想象。[3] 张践也提到隋唐时期已不再发现佛教高僧与谋军国的记载。[4] 以上这些学者的观点无疑都指向同一个事实,那就是时至唐代,宗教教权已然臣服于封建王权的统

---

[1] 严耀中:《佛教戒律与中国社会》,上海古籍出版社2007年版,第456页。
[2] 武乾:"中国古代对巫术邪教的法律惩禁",载《法学》1999年第9期。
[3] Glen Dudbridge, *Religious Experience and Lay Society in Tang China*,转引自陈登武:"从内律到王法:唐代僧人的法律规范",载《政大法学评论》2009年第111期。
[4] 张践:《中国古代政教关系史》,中国社会科学出版社2012年版,第673页。

摄之下，也就是说，唐代僧人妖言谋反类犯罪并不是佛教僧团的集体意识，而一般只是个别僧人的单独行为。

二、佛教僧人妖言谋反类犯罪背后政治势力的博弈

许多有僧人参与的妖言谋反犯罪都涉及政治斗争，与其说他们是谋反犯罪的参与者，倒不如说他们是政治斗争的牺牲品。如惠范案，僧人惠范被认定为太平公主集团的主犯之一，"有胡僧惠范，家富于财货，善事权贵，公主与之私"，这里提到僧人惠范本来就"善事权贵"，是一个热心参与政治活动的僧人。事实上惠范在参与太平公主谋逆案之前就早已经频繁地参与到政治斗争当中，如《资治通鉴》载："胡僧惠范以妖妄游权贵之门，与张易之兄弟善，韦后亦重之。及易之诛，复称惠范预其谋，以功加银青光禄大夫，赐爵上庸县公，出入宫掖，上数微行幸其舍。"[1]这段记载中有一点非常值得注意，本来惠范"与张易之兄弟善"，但在张易之兄弟失势之后却又能因为"复称惠范预其谋"而得到加官进爵，由此可见，僧人惠范的"墙头草"功夫非常高明。太平公主被赐死后，"籍其家，财货山积，珍奇宝物，侔于御府，马牧羊牧田园质库，数年征敛不尽。惠范家产亦数十万贯"[2]所以与其说僧人惠范犯了谋反罪，倒不如说他是在政治投机中失误而最终导致身败名裂，武德二年（公元619年），协助刘武周攻克介州的道澄也是如此。武则天时期的尼僧法澄案更鲜明地说明了这一现象。法澄于长寿二年（公元693年）因汝南王谋反连坐才被没为宫婢，其本身并没有参与到谋反活动当中，其到中宗时被平反，后来成了绍唐寺及兴圣寺寺主。郭启瑞在分析唐前期的谋反类犯罪时也明确提出了其中

---

[1]《资治通鉴》卷二百八《唐纪·中宗神龙元年》，第6585页。
[2]《旧唐书》卷一百八十三《太平公主》，第4740页。

的政治优先性。[1]再如法雅案，法雅之所以出"妖言"是因为其本来受到恩宠，后来又被禁绝，所以才导致"怨望"。并且，在法雅案的审理当中，更多的关注点在于与法雅有密切交往的裴寂是否知情。由此可见，官员是否与僧人的"妖言"相结合才是统治者关注的重点所在。陈登武在分析欢欢案时也指出，其"多引中人"应该是与朝中宦官多有往来，欢欢如何妖言惑众因史料不足而无法详知，但与宦官来往当属事实，被"杖杀"甚至有同坐死者，或与"阿党"有关。[2]严耀中在谈及李广弘案时也提到，这种军官与僧尼的合谋至少是在宦官与佛教结合的氛围背景下进行的。[3]再如理中案、明悟案，皆是如此。不过需要提及的是，也有僧人陷入政治事件之中而又能明哲保身的情形。如文宗时甘露之变后，当事人李训前往终南山投靠高僧宗密。

时宰臣李训酷重于密，及开成中伪甘露发，中官率禁兵五百人出阁，所遇者一皆屠戮。时王涯、贾餗、舒元舆方在中书会食，闻难作，奔入终南投密。唯李训欲求剪发，匿之，从者止之，训改图趋凤翔。时仇士良知之，遣人捕密入左军，面数其不告之罪，将害之。密怡然曰："贫道识训年深，亦知其反叛，然本师教法，遇苦即救，不爱身命，死固甘心。"中尉鱼恒志嘉之，奏释其罪。朝士闻之，扼腕出涕焉。[4]

---

[1] 郭启瑞："唐代前期（公元618年—公元755年）反逆案的处置"，载《第五届唐代文化学术研讨会论文集》，丽文文化事业股份有限公司2001年版，第653页。
[2] 陈登武："从内律到王法：唐代僧人的法律规范"，载《政大法学评论》2009年第111期。
[3] 严耀中："唐代内侍省宦官奉佛因果补说"，载《唐研究》（第10卷），北京大学出版社2004年版，第69页。
[4] （宋）赞宁撰：《宋高僧传》卷六《唐圭峰草堂寺宗密传十一》，中华书局1987年版，第125—126页。

与积极参与政治斗争不同,宗密的这种"遇苦即救"的佛教慈悲确实是一个冠冕堂皇且有充分说服力的理由。

关于为何政治动乱当中经常会有佛教僧人的参与,安史之乱中史思明的一个举动或许能提供一个合理的解释。《资治通鉴》中引"蓟门纪乱"载:

> 乾元二年(公元759年)四月癸酉,思明僭位于范阳,建元顺天,国号大燕,立妻辛氏为皇后,次子朝兴为皇太子,长子朝义为怀王。六月,于开元寺造塔,改寺名为顺天。[1]

意大利汉学家富安敦(Antonino Forte)曾据此敏锐地观察到,史思明企图创立一个新的以当时年号(顺天)为名的官寺网络。因为他宣布新的燕国建立并企图推翻唐王朝,他同样企图以新的顺天寺的官寺网络取代此前由玄宗设立的开元官寺就显得十分自然。[2]官寺对于政治合法性与宗教正统性之间的关系已经不证自明。[3]孙昌武也曾提到,唐代有在特定寺院里举行一些政治性活动的传统。[4]除了官寺制度,国忌行香也是该问题的极佳体现,魏严坚就曾提到唐代国忌设斋行香是佛界与俗世互为拉抬,两相互利的活动。[5]有时候,皇帝甚至会以行政命令的手段去干涉佛教宗派的内部传承。如神会,就被德宗钦定为禅宗七祖,"故德宗皇帝,贞元十二年(公元796年),

---

[1]《资治通鉴》卷二百二十一《唐纪·肃宗乾元二年》,第6585页。

[2] Antonino Forte, Chinese State Monasteries in the Seventh and Eighth Centuries, p. 218,转引自聂顺新:"唐代佛教官寺制度研究",复旦大学2012年博士学位论文。

[3] 聂顺新:"唐代佛教官寺制度研究",复旦大学2012年博士学位论文。

[4] 孙昌武:"唐长安佛寺考",载荣新江主编:《唐研究》(第2卷),北京大学出版社1996年版,第35页。

[5] 魏严坚:"圣俗之间:唐政权运作下的长安佛事",载《台中技术学院通识教育学报》2007年第1期。

敕皇太子,集诸禅师,楷定禅门宗旨,搜求传法傍正。遂有敕下,立菏泽大师为第七祖。内神龙寺,见在铭记。又御制七代祖师赞文,见行于世"。[1]这种做法一方面表现出了政权对教权全方位的管控,另一方面也能看到教权与政权紧密结合,互为辅助的功用。韩国学者任大熙曾提到宗教组织在对一般人进行教化的同时,也是对王朝的国家支配正当性进行宣传。常有佛教僧人的身影出现于各类政治活动中,或许正是一种试图用宗教信仰为政权构建合法性与正统性的行为。甚至宗教与政治之间的这种紧密关系也并不仅限于中国古代的佛教,在很多不同的时代与地域背景下,宗教的利益始终同世俗的利益和需求纠缠在一起;宗教可以成为塑造社会秩序的力量,同时也能为反抗和统治提供合法化证明。而其中最为人熟知的莫过于武则天与《大云经》《宝雨经》。而孙英刚在谈及唐中宗与佛教时也提到佛法与王法总是一对不可分割的孪生兄弟,宗教要依靠王法的扶持来发扬光大,反之,王权也要利用宗教来宣扬自己统治的合法性,维护自己的统治。[2]再如垂拱四年(公元688年),越王李贞及其子琅琊王李冲起兵反武则天时曾"令道士及僧转读诸经,以祈事集"。[3]此外,李斌城在谈及五代十国时期的佛教时,也明确指出统治者们多将佛教作为实现个人政治野心的工具。[4]再如志觉案,陈登武曾对该谶语进行解说,志觉告诉李仲文"有金狗自卫",是想为李仲文塑造"金德"理论,以

---

[1] 张春波释译:《禅门师资承袭图》,佛光文化出版公司1996年版,第44页。

[2] 孙英刚:"长安与荆州之间:唐中宗与佛教",载荣新江主编:《唐代宗教信仰与社会》,上海辞书出版社2003年版,第144页。

[3] 《旧唐书》卷七十六《越王贞》,第2662页。

[4] 李斌城:"五代十国佛教研究",载荣新江主编:《唐研究》(第1卷),北京大学出版社1995年版,第49页。

承唐代土德。[1]"左道"在政治生活中俨然已成权力正当性的重要依据,[2]谶言本就是与政治紧密结合的,所谓祥瑞与灾异往往在一线之间,除了观念和常识的影响,政治立场的向背往往决定了对这些"异象"的界定和解释。[3]志觉的谶言只是为李仲文提供了一个假设,李仲文的种种附和决不会简单仅因几句谶言而起,也就是说如果没有李仲文的笃信与加以运用,那么志觉的谶言也就毫无效力可言。并且,高祖决定诛杀李仲文的理由也不止谋反谶言这一项而已,如根据雷艳红的研究,高祖处死李仲文的原因还与并州收复后被突厥趁机霸占,李仲文处理不当,因此其被怀疑与突厥通谋有关。[4]

三、佛教僧人妖言谋反类犯罪的谋财起因

有时候,史籍中记载的僧人妖言谋反犯罪并没有一个明确的目的与缘由。如僧人自焚案、沙门改塔案、大慈寺僧案等,其动机无非是试图制造出一些人为的"灵异",从而吸引更多的信众。当然,其中极可能还存在着敛财的因素。陈玺也提到在唐代司法实践中,妖妄惑众或聚敛资财等行为,一般可纳入广义妖妄犯罪范畴。[5]以亳州妖僧案为例,亳州妖僧之所以要制造出"圣水疗疾"的谎言,最根本的目的便是敛财。而根据记

---

[1] 陈登武:"从内律到王法:唐代僧人的法律规范",载《政大法学评论》2009年第111期。

[2] 曾德雄:"谶纬的起源",载《学术研究》2006年第7期。

[3] 孙英刚:"'洛阳测影'与'洛州无影':中古知识世界与政治中心观",载陈金华、孙英刚编:《神圣空间:中古宗教中的空间因素》,复旦大学出版社2014年版,第223页。

[4] 雷艳红:《唐代君权与皇族地位之关系研究》,中国社会科学出版社2014年版,第21页。

[5] 陈玺:"唐代惩禁妖妄犯罪规则之现代省思",载《法学》2015年第4期。

载，最后他也确实达到了其敛财的目的。再看白铁余案也是如此，白铁余煞费心机的埋铜佛、包裹铜佛无非是为了得到更多的施舍，此后的谋反情节想必并非是白铁余最初的设想。在白铁余案的记述中用到了"遂"字，由此可以推测谋反的情节应该是在当事人依靠妖言而获得了巨大财富之后的贪得无厌所导致。相比之下，与此类似的贺玄景案就显得要残忍的多，而贺玄景虽然手段极为残忍，但其目的与前述两案并没有本质上的区别。最值得玩味的是唐末的功德山案，从记载来看，功德山及滑州妖僧、大慈寺僧等并没有什么本质区别，只是故弄玄虚吸引信众而已，当然其中也可能有收敛钱财的目的。王铎用计将两伙人马集合到一起随即询问出其有要谋反叛乱的意图，实在是有些牵强。这几个案例都凸显了一个事实：唐代许多僧人或者是以佛教名义而为的许多妖言谋反案，在最初都仅仅是出于谋财的目的而已。王清淮在研究中国古代邪教问题时也曾指出，依靠宗教致富，为几乎所有民间宗教教主的行教基本宗旨。[1]美国学者高士达（Blaine Gaustad）在对中国18世纪民间宗教教派的研究中也提到，其聚敛和使用金钱的三种方法之一即据为己有，"一个成功的教派头目能够通过他们信徒的捐赠，维持一种相当富足的生活方式，这一点的确是很清楚的"。[2]白铁余等人算不算民间宗教教主还有待分析，但他们都想要利用宗教进行敛财是没有疑问的，陈明更是戏称亳州妖僧是历代诡言圣水可愈疾中"最具市场经济头脑进行品牌开发"的人。[3]

---

[1] 王清淮等：《中国邪教史》，群众出版社2007年版，第243页。
[2] [美] 高士达撰，郝雪琴译："为财神，还是为弥勒——关于中国清朝中期民间宗教各派中的钱财及其使用"，载社会问题研究丛书编辑委员会编：《宗教、教派与邪教——国际研讨会论文集》，广西人民出版社2004年版，第477页。
[3] 陈明："沙门黄散：唐代佛教医事与社会生活"，载荣新江主编：《唐代宗教信仰与社会》，上海辞书出版社2003年版，第254页。

法国学者谢和耐（Jacques Gernet）也曾对此问题有深入的研究，其认为民间僧侣、游方和尚、不注重伦理规则和恣意从事各种赚钱不净业的出家人与统治阶层所想象的那种佛教出家人相差甚远。有一个佛教阶层统统都是云游和尚与从事玩弄诡计和巫术的行家、占卜师、巫师、驱邪祓魔者和庸医，他们都在民间以玩弄巫术为生。质言之，似乎是一些经济因素才引起了这一伪滥僧侣阶级的形成和发展。[1]他还例举了僧人道英，"大业九年（公元613年），尝任直岁，与俗争地，遽斗不息，便语彼云：'吾其死矣。'忽然倒仆，如死之僵。诸俗同评：'道人多诈。'以针刺甲，虽深不动，气绝色变，将欲洪胖。傍有智者，令其归命：'誓不敢诤，愿还生也。'寻言起坐，语笑如常"，[2]道英运用了某种"灵异"的戏法成功地解决了圣光寺的一些田产纠纷，其实这种做法与上文中的刘龙子、亳州妖僧们并没有本质的区别，问题的关键可能就在于刘龙子、亳州妖僧等人造成的影响太大，以至于他们自己都没能够清醒地认清局势，然后就或主动或被动地被定性成了妖言谋反犯罪。

除了以上三点，有学者还指出僧人妖言谋反类犯罪与弥勒信仰存有一定联系。弥勒在佛教中代表"未来佛"，象征末世应运而生，以济苦难众生的佛菩萨。从魏晋南北朝以来，由于时局动荡、暴乱四起、民不聊生，弥勒佛应运而生的"末世思想"格外受到庶民重视，因而广泛流传。相对地，就有人利用弥勒佛号召群众，遂行政治抗争或革命，形成教乱。但需要说明无论是佛教僧团内部还是国家管理层面，"白衣长发"的弥勒信仰都被认为是佛教异端，如S.1344号《开元户部格残卷》载咸亨

---

[1] [法]谢和耐著，耿昇译：《中国5—10世纪的寺院经济》，上海古籍出版社2004年版，第300—302页。

[2]《续高僧传》卷二十六《唐蒲州普济寺释道英传三十一》，第1026页。

五年（公元674年）七月十九日敕文："长发等，宜令州县严加禁断"。[1]再如玄宗开元三年（公元715年）的《禁断妖讹等敕》更是明确提到，"释氏汲引，本归正法；仁王护持，先去邪道。失其宗旨，为般若之罪人；成其诡怪，岂涅槃之信士"。[2]这无疑是将"白衣长发"的弥勒信仰与正统佛教作出了明确的区分。王清淮也明确提出，从世俗的观点看，它们根本不是佛教，其"教义"和行为与佛教没有关系，只是恶意利用佛教进行暴乱行为。[3]

---

[1] 刘俊文：《敦煌吐鲁番唐代法制文书考释》，中华书局1989年版，第277页。

[2] （宋）宋敏求编：《唐大诏令集》卷一百十三《禁断妖讹等敕》，学林出版社1992年版，第539页。

[3] 王清淮等：《中国邪教史》，群众出版社2007年版，第106页。

第二章
官吏职务犯罪的犯罪学考察

在以往对唐代官吏职务犯罪的研究中,多数学者均指出《唐律疏议》各篇中规定的犯罪种类大都与官吏的职务及各种活动有关,足见唐代统治者对吏治清明的重视程度。[1]但关于在法律实践当中对官吏犯罪的处罚究竟是从轻还是从重,以及皇帝个人的主观因素究竟会起到多大的作用的问题,不同的学者往往有着多种见解。根据胡世凯的分析,其认为以往的研究中官吏享有法律特权的一面被过分强调,而这些特权阶层,尤其是官吏的重要责任特别是渎职罪的体系却被严重忽视。[2]关于唐代官吏职务犯罪的具体法律规定,已有学者进行过非常详实的介绍,[3]本文主要将关注点放在官吏职务犯罪的具体处理实践及考量因素当中,并通过对这一过程的分析来了解唐代在处理官吏职务犯罪时的犯罪学意义。

---

〔1〕 刘小明:"《文苑英华》判文中的唐代官吏经济犯罪和司法犯罪",载《华东师范大学学报(哲学社会科学版)》2010年第6期。

〔2〕 胡世凯:《"明主治吏不治民":中国传统法律中的官吏渎职罪研究》,中国政法大学出版社2002年版,第5页。

〔3〕 可参见王清云:《汉唐文官法律责任制度》,中国人民大学出版社1989年版;胡世凯:《"明主治吏不治民":中国传统法律中的官吏渎职罪研究》,中国政法大学出版社2002年版;彭炳金:《唐代官吏职务犯罪研究》,中国社会科学出版社2008年版。

一、唐代官吏经济类犯罪的罪责指向

《唐律疏议》吸收、总结前代惩治官吏贪污、受贿犯罪的立法经验，首次提出了"六赃"的概念，"在律，正赃唯有六色：强盗、窃盗、枉法、不枉法、受所监临及坐赃。自外诸条，皆约此六赃为罪"。[1]在这六种赃罪中，受财枉法、不枉法、受所临及坐赃的犯罪主体均为官吏，这四种赃罪都属于受贿罪的范畴。另外，窃盗赃罪中的监临主守自盗相当于现代刑法中的贪污犯罪，其犯罪主体也是官吏。除此之外，官吏利用职务之便侵犯百姓财产、经商牟利等许多行为也按赃罪论处。[2]有学者曾将唐代的赃罪主要概括为以下十四种行为表现：①有所请求；②受人财为请求；③有事以财行求；④监主受财枉法；⑤事后受财；⑥受所监临财物；⑦因使受送遗；⑧贷所监临财物；⑨役使所监临；⑩监临受供馈；⑪率敛所监临财物；⑫监临之官家人有犯；⑬受旧官属士庶馈与；⑭挟势乞索。[3]

相关法律规定如最典型的贪污犯罪，包括监临主守官吏在自己的管辖区内侵吞国家财产以及地方官吏盗取其辖区内百姓的财物，《唐律疏议·贼盗》中"监临主守自盗"条：

> 诸监临主守自盗及盗所监临财物者，（若亲王财物而监守自盗，亦同。）加凡盗二等，三十匹绞（本条已有加者，累加之）。[4]

---

[1]《唐律疏议》卷四《名例》，第88页。
[2] 彭炳金：《唐代官吏职务犯罪研究》，中国社会科学出版社2008年版，第47—48页。
[3] 姜密："论唐代的官吏贪赃问题"，载《西北师大学报（社会科学版）》2012年第2期。
[4]《唐律疏议》卷十九《贼盗》，第305页。

《唐律疏议·贼盗》"私财奴婢贸易官物"条：

诸以私财物、奴婢、畜产之类（余条不别言奴婢者，与畜产、财物同）贸易官物者，计其等准盗论（官物贱亦如之），计所利以盗论（其贸易奴婢，计赃重于和诱惑者，同和诱法）。[1]

官吏挪用官物用以牟私利也可以归属到广义上的贪污犯罪中，《唐律疏议·厩库》"监主贷官物"条：

诸监临、主守以官物私自贷若贷人及贷之者，无文记，以盗论；有文记，准盗论（文记，谓取抄、署之类），立判案，减二等。[2]

官吏非法脱漏户口或增减年龄导致赋役有出入，《唐律疏议·户婚》"里正官司妄脱漏"条：

诸里正及官司妄脱漏、增减以出入课、役，一口徒一年，二口加一等。赃重入己者，以枉法论，至死者加役流；入官者，坐赃论。[3]

那么在唐代，对官吏贪污受贿类犯罪的罪责指向主要集中在哪些方面呢？首先，在"重义轻利"观念之下，官吏的贪污行为自然是不符合道义要求的，尤其作为普通庶民的管理者，这种对社会道德性的评价也就更加凸显。如在河南县丞张季昭贷官钱案的判词中即强调，"官材必孚，名器无假。不义而富，

---

[1]《唐律疏议》卷二十《贼盗》，第313页。
[2]《唐律疏议》卷十五《厩库》，第244页。
[3]《唐律疏议》卷十二《户婚》，第196页。

闻夫子之有言；刑故无赦，著文王之作罚。临财苟得，古则耻之。陈力不能，今也宜止。黄图贵令，欲以枉法定刑；绣衣御史，断为真盗论罪"。[1]再如"尉用官布判"中也指出："单则策名秸下，述职江滨。才糜効于一身，害己深于五蠹。用公府之财，酬私门之债。亏贞节于箭岩，泪清流于镜水"。[2]官吏阶层与庶民阶层不同，不论是行为标准还是道德要求，都存在着一套单独的考量体系。尤其是在道德标准上，官吏作为国家秩序的管理者，相应地就承担着较之庶民更为全面且谨慎的道德要求。其次，虽然官吏身份是判断职务犯罪的重要衡量准则，但唐代法律更倾向于将掌握实际职权的人作为重点监督对象，且官吏犯罪的范围事实上要大于职务犯罪。[3]一般来说，非国家官吏不能单独构成贪污罪，但在特定情况下，受国家委派从事管理职务的人员也可以成为贪污罪的主体。

朝廷典刑，理当划一；官吏赃坐，不宜有殊。内外文武官犯入己赃绢三十匹，尽处极法。惟盐铁、度支、户部等司官吏，破使物数虽多，只遣填纳，盗使之罪，一切不论。所以天下官钱悉为应在，奸吏赃污多则转安，此弊最深，切要杜塞。自今以后，度支、盐铁、户部等司官吏及行纲脚家等，如隐使官钱计赃至三十匹，并处极法。除估纳家产外，并不使征纳。其取受赃，并准此一条。[4]

此处的"行纲脚家"虽然并不是国家的官吏，但因为其接

---

[1] （宋）李昉等编：《文苑英华》卷五百二十二《赃贿判》，中华书局1966年版，第2674页。（本书以下相关内容均出自此版本）
[2] 《文苑英华》卷五百二十二《尉用官布判》，第2675页。
[3] 王菲："唐律职务犯罪分析"，载《北京行政学院学报》2013年第5期。
[4] 《全唐文》卷七十六《定盐铁度支等官赃罪诏》，第487页。

受委托代为行使国家的行政管理职能，因此也被纳入贪污罪的主体范围之内。从这个角度来看，对贪污罪处理的根本出发点乃是职责标准，即行为人接受皇权的指派或委托从事特定的国家统治管理工作。正因为这种指派或委托的关系，行为人承担了某种相对应的义务。自古以来经济犯罪都呈现出这样一个特征：犯罪主体的腐败行为与实际权力滥用的结合更为密切，权力越大，导致的危害越大。因此，法律锋芒通常直接指向有职权的官吏，正是从权力的实际形式结果而考虑。[1]如在"丁受官未上，于所部假借"是否为罪的判定中，裁判者认为，"命官以贤，底禄以道。犹未莅事，胡为贿闻。无魏子之俊心，有叔鱼之黩货。即为假借，曾不内愧于躬；式冒刑典，仍欲外文其过。实叨质之自速，非监临之谓何？"[2]将考量的重点放在相关行为人的权力影响上，而并没有完全按照当下的职责归属作为审理依据。

但需要指出，广义上的国家官吏在权力与责任的指向上并不相同，从权力的角度看，官吏"代表"皇帝行使国家统治职能，其施政对象为庶民群体，但其承担责任的相对方则是赋予其权力的皇权，皇帝统治国家是没有任何错误的，如果出现错误，那也是官吏阶层在代理皇帝进行国家管理时因为没有良好地履行代理权而产生的种种错误，因此这种责任的对象乃是对其进行权力授予的皇帝。虽然其权力与责任的指向性并不相同，但可以肯定的是对贪污罪的划分标准为是否接受了皇权的指派或委托，如《唐律疏议·名例》"共犯罪造意为首"条载疏议："假有外人发意，共左藏官司、主典盗库绢五匹，虽是外人造意，

---

[1] 王毓明："唐代惩治经济犯罪的立法与实践"，载《上海政法学院学报》2006年第1期。

[2] 《文苑英华》卷五百二十二《未上假借判》，第2675页。

仍以监、主为首，处徒二年，外人依常盗从，合杖一百"。[1]即使是他人起意，但职务犯罪的惩戒点主要在于官吏没有能够良好地履行或完成皇帝对其进行的特殊赋权。至于那些没有职务在身的他人，对其进行处罚的理论基础又是另外一种逻辑。从浪费官物的犯罪规定当中也能看出这样一种区隔：《唐律疏议·厩库》"放散官物"条载："诸放散官物者，坐赃论（谓出用官物，有所市作，及供祠祀、宴会，剩多之类）"，[2]可见职权或职权所能产生的相关影响乃是官吏职务犯罪的最根本落脚点。

如上所述，正是因为唐代对官吏职务犯罪的惩处主要是因为其承担着皇权的指派或委托，所以不同时期皇权的实现限度也就成为此类犯罪惩治结果的重要影响因素。一般来说，对贪污等经济犯罪的处罚，在盛世之时是相对比较严格的。如有学者对《旧唐书》所载唐初至开元年间的官吏犯赃罪案例进行过统计，涉案官吏共20人，官位上自御史中丞下至郡守、州刺史，处死者7人，占35%；流贬者13人，占65%。其中只见一例贬后复升，除此之外无一赦免。[3]以玄宗朝为例，有许多官员因触犯赃罪而被处以严厉刑罚的记载，如吏部尚书李彭年"典选七年，卒以赃败，长流临贺郡"；[4]幽州节度使赵含章"坐赃巨万，杖于朝堂，流瀼州，道死"；[5]幽州节度使张守珪为掩盖自己部将战败的真相，对前来调查的宦官行贿，"守珪重贿仙童，归罪于白真陀罗，逼令自缢。仙童有宠于上，众宦官疾之，共发其事。上怒。甲戌，命杨思勖杖杀之。思勖缚格，

---

[1]《唐律疏议》卷五《名例》，第93页。
[2]《唐律疏议》卷十五《厩库》，第247页。
[3] 姜密："论唐代的官吏贪赃问题"，载《西北师大学报（社会科学版）》2012年第2期。
[4]《新唐书》卷四十一《李彭年》，第4245页。
[5]《资治通鉴》卷二百一十三《唐纪·开元二十年》，第6798页。

杖之数百，刳取其心，割其肉啖之。守珪坐贬括州刺史"。[1]但与此同时，当具体的贪污受贿案件呈现在盛世帝王面前时，皇帝个人有时又会出于一些综合因素的考量而做出不同的处理，如太宗时期长孙皇后族叔、左骁卫大将军长孙顺德监奴受人馈绢事发，太宗"惜其功，不忍加罪，遂于殿庭赐绢数十匹，以愧其心。大理少卿胡演进曰：'顺德枉法受财，罪不可恕，奈何又赐之绢？'太宗曰：'人生性灵，得绢甚于刑戮；如不知愧，一禽兽耳，杀之何益！'"。[2]这里同时也反映了前文笔者所提及的在职务犯罪中官吏的道德标准要高于庶民的潜在逻辑。

不过从总体来看，唐前期关于赃罪的处理还是基本上维持了法律规定范围内的标准，当皇帝出于个人的情感因素而试图对涉案官员进行较之法律规定更为严厉的处罚时，往往会受到相应的制约。如贞观二年（公元628年），侍御史张玄素弹奏庆州乐蟠县令叱奴骘盗官粮，"上令决之，中书舍人杨文瓘执据律不合死，上曰：'仓粮朕之所重，若不加罚，恐犯者更多。'尚书右丞魏徵对曰：'陛下设法，与天下共之。今若改张，多将法外畏罪。且复有重者，何以加之'"；[3]贞观七年（公元633年），"贝州鄃县令裴仁轨，私役门夫，上欲斩之。殿中侍御史李乾佑奏曰：'法令者，陛下制之于上，率土遵之于下，于天下共之，非陛下独有也。仁轨犯轻罪而致极刑，便乖画一之理。臣忝宪司，不敢奉制'"。[4]再如开元十年（公元722年）的裴景仙案。

---

[1]《资治通鉴》卷二百一十四《唐纪·开元二十七年》，第6838页。
[2]《旧唐书》卷五十八《长孙顺德》，第2308页。
[3]（宋）王溥撰：《唐会要》卷五十八《尚书左右丞》，中华书局1955年版，第998页。（本书以下相关内容均出自此版本）
[4]《唐会要》卷四十《臣下守法》，第722页。

冀州武强县令裴景仙，犯乞取赃积五千匹。事发，上大怒，令集众杀之。大理寺卿李朝隐奏曰："景仙缘是乞赃，罪不至死……有断自天，处之极法。生杀之柄，人主合专；轻重有条，臣下当守。枉法者，枉理而取，十五匹便抵死刑；乞取者，因乞为赃，数千匹止当流坐。若今乞取得罪，便处斩刑，后有枉法当科，欲加何辟？所以为国惜法，斯守律文，非敢以法随人，曲矜仙命"。[1]

可能是出于德礼之治的指导理念之故，在皇帝试图对犯罪官吏进行加重处罚时，其他的官员可以从法理或法文化的角度进行劝阻或争辩。如高宗永徽二年（公元651年），"左武侯引驾卢文操，逾垣盗左藏库物，上以引驾职在纠绳，而身行盗窃，命有司诛之。谏议大夫萧均进曰：'文操所犯，情实难原，然准诸常法，罪未至死。今致之极刑，将恐天下闻之，必谓陛下轻法律、贱人命，任喜怒、贵财物。臣之所职，以谏为名，愚臣所怀，不敢不奏。'上纳之，谓均曰：'卿职在司谏，遂能尽规，特为卿免其死。'"[2]但与此相反，如皇帝或司法者本身试图对相应犯罪官员进行宽宥处理，那么反对意见出现的概率就非常低。如贞观十六年（公元642年）十一月，广州都督党仁弘"为人所讼，赃百余万，罪当死"，大理寺五覆奏，请执行死刑。太宗哀其白首就戮，"十二月，壬申朔，上复召五品已上集于太极殿前，谓曰：'法者，人君所受于天，不可以私而失信。今朕私党仁弘而欲赦之，是乱其法，上负于天。欲席藁于南郊，日一进蔬食，以谢罪于天三日。'房玄龄等皆曰：'生杀之柄，人主得专也，何至自贬责如此？'上不许，群臣顿首固请于庭，自

---

[1]《唐会要》卷四十《臣下守法》，第724页。
[2]《唐会要》卷五十五《谏议大夫》，第949—950页。

旦至日昃"。[1]再如同玄宗时期,"陈州刺史李乐,诈盗受贿,其数甚广。法司断死,国有常刑,时属发生,特申宽典。宜免死,贬为钦州道化县尉员外置长任"。[2]不仅是在皇帝处理此类案件时会存在一些法外因素的考量,在一些判词当中也体现出了以慎刑缓罚为指导理念的主观裁量。如:

州将情为宽简,道取敦庞。必令上化用孚,将使下僚知耻。若过而能改,合道期于反经;若情不自悛,罚罪当于惩恶。[3]
先王立辟,议事以制。得情勿喜,宁失不经。故三宥以顺时,重一成而不改。永怀中典,亦谨无良。惟罚与刑,有疑俱赦。厚伦正俗,立教在宽。二罪并兴,载难上备。五听无滥,宜遵下服。既有权而适道,当恻隐而从轻。不俾少惩,将为允当。[4]

随着唐前期社会经济水平的迅猛发展,官吏贪污受贿类的犯罪标准也有着相应的变化。如《通典》载天宝元年(公元742年)二月敕,"官吏准律应犯枉法赃十五匹合绞者,自今以后,特加至二十匹。仍即编诸格律,著目不刊"。[5]姜密还曾特别指出,虽然表面上看对官吏赃罪的认定标准是降低了,但比较贞观与开元时期的绢价,前后大概增长了137.5倍,因此刑罚力度实际上是增加了183倍左右。[6]事实上随着社会客观情况的变化,国家对于赃罪的具体处理方式始终都有不同的细致性规定推出,如太和七年(公元833年)五月二十五日中书门下

---

[1]《资治通鉴》卷一百九十六《唐纪·贞观十六年》,第6182页。
[2]《全唐文》卷二十九《贬陈州刺史李乐诏》,第198页。
[3]《文苑英华》卷五百二十二《主簿取受判》,第2674页。
[4]《文苑英华》卷五百二十二《刑罚疑赦判》,第2673页。
[5]《通典》卷一百七十《宽恕》,第4414页。
[6]姜密:"论唐代的官吏贪赃问题",载《西北师大学报(社会科学版)》2012年第2期。

奏，县令"犯赃一百贯以下者，举主量削阶秩，一百贯以上者，移守僻远小郡，观察使望委中书门下听奏进止，所举人中，如有两人善政，一人犯赃，亦得赎矣，其犯赃官，永不齿录"。[1]但总体上来说，随着中央皇权控制力的衰弱态势，对官吏的惩处多少显得力不从心。周东平教授曾提到，宪宗之后，随着唐王朝逐渐衰微，官吏贪赃事件层出不穷。在被揭发的贪污案件中，虽然有一部分尚能严肃处理，但有相当多的案件都因各种因素而从宽发落，表明唐代吏治也随着大唐帝国的衰落而江河日下。[2]《资治通鉴》也曾记载，"大历以前，赋敛出纳俸给皆无法，长吏得专之；重以元（载）、王（缙）秉政，货赂公行，天下不按赃吏者殆二十年"。[3]此外，因为官吏行使国家管理职能的责任对象是皇权而不是庶民，因此对官吏贪污犯罪的惩罚是否能被严格执行在很大程度上取决于皇权的真正实现程度。如唐后期因为皇权受制于朋党、宦官等多方势力，加之进奉等制度漏洞百出，即使相关官员的贪污行为被发现，仍然存在逃脱制裁的可能性，应处极刑而得免者时有发生，多是降官遭贬，有权幸保救者，也可得到豁免。[4]如宪宗时期，"盐铁福建院官权长孺坐赃，诏付京兆府决杀，长孺母刘氏求哀于宰相，群因入对言之。宪宗愍其母耄年，乃曰：'朕将屈法赦长孺何如？'群曰：'陛下仁恻即赦之，当速令中使宣谕。如待正敕，即无及也。'长孺竟得免死长流"；[5]"会于頔、杜黄裳家私事发，连

---

[1]《唐会要》卷七十五《杂处置》，第1367页。
[2] 周东平："论唐代官吏的贪污罪"，载《中国社会经济史研究》1993年第4期。
[3]《资治通鉴》卷二百二十六《唐纪·建中元年》，第7289页。
[4] 姜密："论唐代的官吏贪赃问题"，载《西北师大学报（社会科学版）》2012年第2期。
[5]《旧唐书》卷一百五十九《崔群》，第4188页。

逮鉴虚下狱。存诚案鞫得奸赃数十万，狱成，当大辟。中外权要，更于上前保救，上宣令释放"。[1]再如敬宗时期，罗立言"为盐铁河阴院官。（宝历）二年，坐籴米不实，计赃一万九千贯，盐铁使惜其吏能，定罪止削所兼侍御史"。[2]再加之官吏本身的权力并非是自身依附性的，而是完全依附于皇权，并无独立性可言，其政治地位及其拥有的巨大权力优势只是暂时附着在他们身上，无从长久性地任意支配。所以，只要条件允许，他们必然尽可能地多捞一把。[3]

二、唐代官吏犯罪处罚手段的选择倾向

官吏作为最高统治者——皇帝在行使国家管理权时的代理阶层，承担着严格遵照皇帝的意志进行国家治理的职责。虽然在某种意义上说，官吏的具体职责并非某一特定皇帝的临时性命令，但国家运行机制的建立归根结底都是要从皇权这一根本点出发。因此，无论政治制度究竟如何发展及演变，官吏职务行为的最终依托乃是其权力的赋予者——皇帝。尽管在具体的职务内容及标准上，皇帝与高级官吏之间存在一定的博弈与权衡，但在理论上官吏始终无法跳脱出皇权的权力荫蔽。如果说谋反类犯罪是反对皇帝的犯罪，那么将官吏的失职类犯罪形容为没有良好地遵照皇帝"要求"的犯罪就可以感受到两者之间的差异与联系了。这就不难理解有学者称"对法官渎职罪的刑罚，至少在理论上是《唐律》中最重的刑罚"，[4]因为，官吏

---

[1]《旧唐书》卷一百五十三《薛存诚》，第4090页。
[2]《旧唐书》卷一百六十九《罗立言》，第4410页。
[3] 周东平："论唐代官吏的贪污罪"，载《中国社会经济史研究》1993年第4期。
[4] 胡世凯：《"明主治吏不治民"：中国传统法律中的官吏渎职罪研究》，中国政法大学出版社2002年版，第105—106页。

故意或过失地违反职务规定而进行的职务犯罪，事实上即等同于以明确的方式违反皇帝的权威，虽然官吏职务与皇帝意愿两者之间并不总是完全一致。官吏失职类犯罪大致可以概括为两个方面：一是擅权及越权行为。二是不能正确履行职责或义务，从对官吏失职犯罪的规定中就极为贴切地展现了这样一种特点。

相关的法律规定包括官吏不严格执行制书或稽缓制书，《唐律疏议·职制》"被制书施行违者"条："诸被制书有所施行而违者，徒二年；失错者，杖一百。疏议曰：被制书，谓奉制。有所施行而违者，徒二年。若非故违而失错旨意者，杖一百"；[1]制书有误（例如旨意含糊，或因脱误文字而无法正常阅读），未先奏明皇帝而擅自改正，《唐律疏议·职制》"制书误辄改定"条："制书有误，不即奏闻辄改定者，杖八十。官文书误，不请官司而改定者，笞四十。知误，不奏、请而行者，亦如之。辄饰文者，各加二等"；[2]受制出使事毕，因他事而不返制命，《唐律疏议·职制》"受制出使不返"条："诸受制出使，不返制命，辄干他事者，徒一年半；以故有所废阙者，徒三年。余使妄干他事者，杖九十"；[3]应当向朝廷奏明的事项而未奏明，不应奏明的事情而奏明的，《唐律疏议·职制》"事应奏而不奏"条："诸事应奏而不奏，不应奏而奏者，杖八十；应言上而不言上，不应言上而言上，及不由所管而越言上，应行下而不行下，及不应行下而行下者，各杖六十"；[4]私拆制书印封（包括官文书）偷看制书，《唐律疏议·杂律》"私发官文书印封"条："诸私发官文书印封视书者，杖六十；制书，杖八十。

---

[1]《唐律疏议》卷九《职制》，第163页。
[2]《唐律疏议》卷十《职制》，第164页。
[3]《唐律疏议》卷十《职制》，第168页。
[4]《唐律疏议》卷十《职制》，第166页。

若密事，各依漏泄减二等"；[1]等等。

虽然封建官吏的重要职责之一就是迅速无误地保证圣旨和命令的贯彻执行，但与此形成鲜明呼应的是，冒死直谏在某种程度上乃是对官吏的一种正向价值判定。如德宗想任用裴延龄为宰相，谏议大夫阳城坚决反对，称"白麻若出，吾必裂之而死"，最终对德宗的行为进行了有效的阻止，"德宗闻之以为难，竟寝之"。[2]相应地，对此类行为的惩罚出现了非常明显的非罪化与道德评判标准高于行为评判标准的倾向。不过因为谏言的范围极其宽泛，即使是关于皇帝对具体官员犯罪处理的谏言也会涉及各种各样的利益关系。从宏观的文化角度分析，官员的冒死直谏行为是被褒扬的，但不同的谏言往往会导致不同的后果。如光宅元年（公元684年），内史裴炎因进谏武则天还政给睿宗而被诬陷谋反，纳言刘景先与凤阁侍郎胡元范因证明裴炎并无谋反也被连坐。

> 斩裴炎于都亭。炎将死，顾兄弟曰："兄弟官皆自致，炎无分毫之力，今坐炎流窜，不亦悲乎！"籍没其加，无甔石之储。刘景先贬普州刺史，胡元范流琼州而死。[3]

待到睿宗执政时自然又对裴炎大加褒奖。

> 故中书令裴炎，含弘禀粹，履信居贞，望重国华，才称人秀。唯几成务，绩宣于代工；偶居无猜，义深于奉上。文明之际，王室多虞，保乂朕躬，实着诚节。而危疑起衅，仓卒罹灾，

---

[1]《唐律疏议》卷二十七《杂律》，第439页。
[2]（唐）李肇撰：《唐国史补》卷上，载上海古籍出版社编：《唐五代笔记小说大观》（上册），上海古籍出版社2000年版，第173页。
[3]《资治通鉴》卷二百三《唐纪·光宅元年》，第6427页。

岁月屡迁,丘封莫树。永言先正,感悼良多。宜追贲于九原,俾增荣于万古。可赠益州大都督。[1]

可见官吏如果想要通过谏言的方式对皇帝的命令进行修正,可能会面临截然不同的结果。其既有可能得到皇帝高度的道德赞许从而实现相应主张,也有可能会因为政治博弈而导致更为严重的刑罚处置。从这个意义来说,虽然总体上官吏阶层拥有一定的政治话语,但从权力架构来看,其权力的实现仍然最终需要通过皇权的认可或授意,毕竟官吏阶层最终的权力来源是皇权。

如果严格地以现代法律标准划分,唐代对官吏失职行为的惩处手段除刑事处罚外还有行政处罚。行政处罚分为单纯的行政处罚和经济制裁两类,前者包括除名、免官、降职、削阶等,后者则主要包括夺禄、罚俸等形式。而在职务履行不当或失职类的犯罪处罚当中,唐代统治者对相关人员以行政处罚代替刑事处罚的倾向尤为明显。特别是在具体的司法实践当中,对此类职务犯罪的处理通常采取的并非都是刑事处罚。如最为典型的贡举、铨选失实,《唐律疏议·职制》"贡举非其人"条载:"诸贡举非其人及应贡举而不贡举者,一人徒一年,二人加一等,罪止徒三年(非其人,谓德行乖僻,不如举状者。若试不及第,减二等。率五分得三分及第者,不坐)。若考校、课试而不以实,及选官乖于举状,以故不称职者,减一等(负殿应附而不附,及不应附而附,致考有升降者,罪亦同)。失者,各减三等(余条失者准此)。承言不觉,又减一等。知而听行,与同罪。"[2]但在法律实践当中却存在很大出入,如早在高祖武德四

---

[1]《旧唐书》卷八十七《裴炎》,第2845页。
[2]《唐律疏议》卷九《职制》,第150—151页。

年（公元621年），山东道招抚大使郑善果即"以选举失实除名"，[1]再如武则天时期，绥州刺史陆元方擢拜天官侍郎兼司卫卿，"或言其荐引皆亲党，后怒，免官，令白衣领职"。[2]当然，此两例中前者可能因为当时国家的法律执行体系尚未完全确立，后者可能因为武则天时期的特殊吏治情况，所以会存在一定的差异性。但即使在盛世时期，也存在与此类似的案例，如天宝年间冬选，共六十四人判入等，当时御史中丞张倚之子张奭判入高等。次年正月，皇帝在勤政楼亲自复试，只有十三人稍优，张奭不措一词，因选举不实，吏部侍郎宋遥被贬为武当郡太守，苗晋卿被贬为安康太守，考官礼部郎中裴胜、起居舍人张煜、监察御史宋景、左拾遗孟国朝一并被贬官。

判入等者凡六十四人，分甲、乙、丙三科，以张奭为第一。奭，御史中丞倚之子，倚新得幸于帝，晋卿欲附之，奭本无学，故议者嚣然不平。安禄山因间言之，帝为御花花楼覆实，中裁十一二，奭持纸终日，笔不下，人谓之'曳白'。帝大怒，贬倚淮阳太守，遥武当太守，晋卿安康太守。[3]

与此相类似的还有元和六年（公元811年）十月，中书门下奏准建中元年敕："伏请所举县令，到任刑罚冤滥，及有赃犯者，其举荐官削阶及停见任、书下考"，[4]宣宗大中九年（公元855年），"吏部试宏辞举人，漏泄题目，为御史台所劾，侍郎裴谂改国子祭酒，郎中周敬复罚两月俸料，考试官刑部郎中唐扶出为虔州刺史，监察御史冯颛罚一月俸料，其登科人并落

---

[1]《新唐书》卷一百《郑善果》，第3937页。
[2]《新唐书》卷一百一十六《陆元方》，第4235页。
[3]《新唐书》卷一百四十《苗晋卿》，第4642页。
[4]《唐会要》卷六十九《县令》，第1220页。

第二章 官吏职务犯罪的犯罪学考察

下"。[1]

侯雯指出,较之其他失职行为,此类案例采取的惩罚手段有决杖处死、除名、免官、贬官、夺阶、罚俸等,但以贬官为主。即使在中唐以后,在对官吏行政过失的处罚中越来越多地使用经济制裁——罚俸,但对官员贡举、铨选失实行为的惩罚仍经常采取贬官的手段。当然,刑事及行政处罚的程度,不仅取决于政治环境的状况与当权者的主观意愿,同时也取决于社会关系及经济形势的变化以及法律制度自身的发展与完善。[2]唐代中后期,随着国家控制力的衰减以及中央财政的匮乏,罚俸开始越来越多地出现在对官员失职类犯罪的处理当中。许多失职类犯罪都是以经济制裁作为一种象征性的惩罚手段,如宪宗元和年间,卢坦任寿安令,"时河南尹征赋限穷,而县人诉以机织未就,坦请延十日,府不许。坦令户人但织而输,务顾限也,违之不过罚令俸耳。即成而输,坦亦坐罚,由是知名",[3]穆宗时京兆尹刘遵古奏事不实,"奏事之间,先须摭实,阙于详审,须示薄惩,宜罚一月俸料",[4]再如敬宗宝历二年(公元826年),江西观察使殷侑上书请于洪州宝历寺置僧尼戒坛,"敕殷侑故违制令,擅置戒坛,罚一季俸料"。[5]这里可以看出,社会上不仅对一些一般性的失职行为已经司空见惯,同时对之的惩罚方式也一般以经济制裁为主。这某种意义上反映了非常明显的失职行为非罪化倾向。宪宗朝之后,罚俸方式几乎适用于官吏失职行为的方方面面,如赴官超限、营造超期、误读尊号、

---

[1]《册府元龟》卷六百五十一《贡举·谬滥》,第7802页。
[2] 侯雯:"浅谈唐代对官吏失职行为的处罚",载《首都师范大学学报(社会科学版)》2005年第6期。
[3]《旧唐书》卷一百五十三《卢坦》,第4092页。
[4]《全唐文》卷六十五《罚刘遵古俸料诏》,第421页。
[5]《旧唐书》卷十七上《敬宗》,第519页。

铨选不当、有违反敕文、祭祀失职等。[1]彭炳金也曾指出，从唐代司法实践看，官吏贪污、受贿、玩忽职守、滥用职权等职务犯罪除了少数罪行特别严重者处以死刑或流刑以外，绝大部分都是给予行政处罚。[2]

但需要注意的是，对官吏职务犯罪处罚的非罪化与行政化并不必然地等同于从轻处理，如"左降官"作为唐代贬官中的特殊表现形式，不仅集贬官的三种形式即降职、贬为闲职和至边远地区任职于一身，而且还具有流刑的性质，行为人也是兼具罪人的身份。[3]如元和十二年（公元817年）七月敕：

> 应左降官及责授正员官等，并从到任后，经五考满，许量移。今日以前左降官等，及量移未复资官，亦准此处分。考满后，委本任处州府具元贬事例，及到州县月日，申刑部勘责，俾吏部量资望位量移官，仍每季具名闻奏，并申中书门下。其曾任刺史、都督、郎官、御史、并五品以上，及常参官，刑部检勘其所犯事由闻奏，中书门下商量处分。[4]

虽然从消极意义上说，此类贬官的广泛适用混淆了刑事犯罪与行政处罚之间的界限，但却为皇帝的自由裁量提供了充分的依据。当然这种自由裁量有时又并非完全是皇帝的个人意志体现，从另外一个角度来看，其同时也为官吏阶层争取到了更多的博弈空间，特别是唐代帝王频繁使用的赦宥活动，更是为职务犯罪的官吏们争取到了诸多的自由裁量空间。有学者就曾

---

[1] 侯雯："浅谈唐代对官吏失职行为的处罚"，载《首都师范大学学报（社会科学版）》2005年第6期。
[2] 彭炳金："唐代贬官制度研究"，载《人文杂志》2006年第2期。
[3] 彭炳金："唐代贬官制度研究"，载《人文杂志》2006年第2期。
[4] 《唐会要》卷四十《左降官及流人》，第736页。

统计《册府元龟·帝王部·赦宥》所记载的唐代大赦令文中，有42篇提到允许左降官量移近处或复旧资，[1]这种方式在中央皇权控制力已大不如前的唐后期自然也就更加得到了皇帝与官吏阶层两方的折中妥协。

三、犯罪学意义下的唐代吏治

在法律规定的角度，唐朝的官吏确实处于享有特权的地位。以"八议"为主要内容的特权制度，不但保护官吏本人，也使他们的家眷亲属据宗法原则分配到一定的特殊权益。然而在刑事处罚上给官吏以优惠特权，只是在一定范围内均衡权益、缓和内部矛盾冲突的一种策略手段。以刑律的威慑力督促官吏奉公守法以身作则，有效地进行国家的政教管理才是根本目的。[2]对官吏职务犯罪究竟是严惩还是轻罚的争议核心就体现于对官吏职务犯罪的加重性规定与官吏本身的免责特权之冲突上。但事实上两者之间的冲突非常鲜明地体现了官吏职务犯罪的犯罪意义。

一方面，对官吏职务犯罪的着重强调归根结底是为了督促官吏能够尽善尽美地代表皇帝进行国家治理，因此即使在职务执行过程中出现了种种瑕疵，但只要结果在大方向上是没有问题的，那么官吏职务犯罪的惩罚对象也就出现了虚化。如官吏断罪时误增减犯人刑罚，如果在犯人加刑之前发现并已纠正，则免于刑罚。《唐律疏议·名例》"公事失错"条载：

> 诸公事失错，自觉举者，原其罪。疏议曰：公事失错，谓

---

[1] 彭炳金：《唐代官吏职务犯罪研究》，中国社会科学出版社2008年版，第295页。

[2] 钱大群："论唐律对官吏罪责追究的制度"，载《江苏社会科学》1992年第3期。

缘公事致罪而无私曲者。事未发露而自觉举者，所错之罪得免。觉举之义，与自首有殊。自首者，知人将告减二等。觉举既无此文，但未发自言，皆免其罪，其断罪失错已行决者，不用此律。疏议曰：断罪失错已行决者，谓死及笞、杖已行决讫，流罪至配所役了，徒罪役讫，此等并为已行。官司虽自觉举，不在免例，各依失入法科之，故云不用此律。假有人枉被断徒两年，已役一年，官司然始自觉举者，一年未役者，自从举免。[1]

再如在州县管辖范围内发生强盗、谋杀案件，州县长官及佐职都将被治罪，但如果案发后三十天内能捕获罪犯，其相应的职责即相当于没有出现失误。《唐律疏议·贼盗》"部内容止盗者"条载："即盗及盗发、杀人后，三十日捕获（他人、自捕，等），主司各勿论"。[2]从这个角度还可以看到，官吏作为皇帝管理国家的代理阶层，其在一定意义上也承担了皇帝作为国家统治者的义务。如果官吏没有"代理"皇帝妥善地完成这一义务负担，那么其自然就要"代替"皇帝承担相对应的责任。但如果在合理的时间内官吏能够完成或弥补这一义务负担，那么其还是要和皇权站在同一阵营的。换言之，庶民才是国家统治的被管理群体，官吏犯罪的惩罚与否并不是因其对庶民权利的侵犯，而是由于其没有完成皇帝统治权的代理责任。

另一方面，正因为官吏在一定程度上是作为皇帝的"代理人"之身份而进行职务履行的，那么对官吏在某种程度上的保护也是对皇权尊严的维护。如对公罪与私罪的划分，"公罪，谓缘公事致罪而无私曲者"，"私罪，谓不缘公事，私自犯者。虽

---

[1]《唐律疏议》卷五《名例》，第90—91页。
[2]《唐律疏议》卷二十《贼盗》，第326页。

缘公事，意涉阿曲，亦同私罪"。[1]官吏在触犯公罪时就会因为其所履行之职务乃是代理皇帝而为，而享有一系列的减轻或免除性规定。如《唐律疏议·名例》"以官当徒"条载："诸犯私罪，以官当徒者，五品以上，一官当徒二年；九品以上，一官当徒一年。若犯公罪者，各加一年当"。[2]此外，《唐律疏议·名例》"无官犯罪"条载："卑官犯罪，迁官事发，在官犯罪，去官事发，或事发去官，犯公罪流以下，各勿论；余罪，论如律"。[3]因为对犯公罪的官员而言，其在主观上并没有获取私利的犯罪故意，对其相应的惩处乃是因其没有能够良好地履行代理皇帝进行国家管理的义务，这种管理失误当然不会追溯到皇帝的身上，那么官吏在公罪问题上或多或少就出现了一抹"代皇帝受罚"的色彩。因此虽然名义上相应官吏仍然在承担罪责，但在处理上同时也因为其是代皇帝而为的职责，故能够"沾皇权的光"得以减轻或免除相应的处罚。但如果某些官吏的职责不是管理庶民的，而是服务于皇权的，那么以上对公罪的罪责分析就毫无用处了，如《唐律疏议·职制》中"合和御药"条："诸合和御药，误不如本方，及封题误者，医绞"；"造御膳犯食禁"条："诸造御膳，误犯食禁者，主食绞"；"御幸舟船"条："诸御幸舟船，误不牢固者，工匠绞"。[4]

饶有趣味的是，随着封建社会内部矛盾的加剧，"八议""官当"等保护官吏阶层特权的制度事实上的使用频率并不是很高，相较之下，至少在法律层面上，针对官吏勤政守法的监督制度却一而再地被强调重申。但这种法律意义上的强调重申同

---

[1]《唐律疏议》卷二《名例》，第31页。
[2]《唐律疏议》卷二《名例》，第31页。
[3]《唐律疏议》卷二《名例》，第29页。
[4]《唐律疏议》卷九《职制》，第156—157页。

时又因为各方势力博弈而在具体的法律实践当中受到诸多因素的制约。尤其是皇帝个人因素的掺杂往往导致对具体的官吏职务犯罪处理结果并不尽然相同。因为在唐朝（整个帝制时代也是一样）皇帝不仅掌握最高行政和军事大权，而且掌握着最高司法权，对犯罪官吏的惩罚往往由皇帝做出最后的裁决。每个皇帝不同的性格和作风及对法律的不同态度，导致了在唐朝不同皇帝在位时期对法律的执行有不同的倾向。[1]尽管法律规定层面对官吏的制度化保护之应用并不尽如人意，但非制度化的处理却自始至终贯穿在诸多职务犯罪的认定当中，如《唐律疏议·职制》"府号官称犯名"条："诸府号、官称犯祖、父名，而冒荣居之；祖父母、父母老疾无侍，委亲之官；即妄增年、状，以求入侍，及冒哀求仕者，徒一年。"[2]但对犯讳的界定却存在着理解上的主观认定标准之不同。如《山堂肆考》："唐贾曾授中书舍人，以父名忠，固辞不受。议者以中书是曹司名，曾父名音同字别，于礼无嫌，曾乃就职。"[3]可见在一些具体问题的处理上，不同的理解会导致不同结果的产生。

更何况官吏职务犯罪本身就是作为一种皇权"代理"的形式出现，因此，在对官吏职务犯罪的处罚上，作为"被代理人"的皇帝也自然就会有更多的主观考量，这使得官吏的职务犯罪要相比其他类型的犯罪在处理结果上更具有相对的不确定性。官吏阶层虽然以皇帝"代理人"的身份与皇权站在统一战线，但其毕竟只是"代理人"，那么在官吏的身上就出现了两种相互矛盾但是又必须融合的特质，这也可能是为何在《唐律疏议》

---

[1] 胡世凯：《"明主治吏不治民"：中国传统法律中的官吏渎职罪研究》，中国政法大学出版社2002年版，第113页。
[2] 《唐律疏议》卷十《职制》，第170页。
[3] （明）彭大翼撰：《山堂肆考》卷一百三十九《人事·讳忌》，文渊阁四库全书影印本。

之中有关官吏犯罪的规定所占篇幅如此之多的原因之一。

与此同时,为了保证相关部门的官吏能够协调有效地完成皇帝的"权力委托",在职务犯罪的规定当中通常将同职部门的官吏集合成为一种"职权共同体"而进行连带式管理,《唐律疏议·名例》"同职犯公坐"条载:

> 诸同职犯公坐者,长官为一等,通判官为一等,判官为一等,主典为一等,各以所由为首(若通判官以上有异判有失者,止坐异判以上之官)。疏议曰:同职者,谓连署之官。公坐,谓无私曲。假如大理寺断事有违,即大卿是长官,少卿及正是通判官,丞是判官,府史是主典,是为四等。各以所由为首者,若主典检请有失,即主典为首,丞为第二从,少卿、二正为第三从,大卿为第四从,即主簿、录事亦为第四从。若由丞判断有失,以丞为首,少卿、二正为第二从,大卿为第三从,典为第四从,主簿、录事当同第四从。[1]

这种制度模式的用意在于将皇权的委托分派固定在具体的职责之上,而非具体的官吏人身。官吏被赋予的权力与皇帝不同,并不存在强烈的人身依附性,但在具体的行政事务处理当中,如果缺乏官吏主观方面的协调与配合,即使再精细的权责划分也未必能起到良好的现实运行功效。尽管法律试图在权责罚之间搭建一种整齐划一的联系脉络,但庞大的官吏阶层自身会因为错综复杂的权力关系而形成一种相互性的利益共同体,这种以官吏人身为组成元素的利益共同体是皇权极不愿见到的情形,但恰恰因为职权之间的关联性,这一弊端不能被完全地摒除。连带性职务犯罪必然会导致官吏之间,尤其是上下级之

---

[1]《唐律疏议》卷五《名例》,第87页。

间的利益统一。当官吏之间组成的利益共同体逐渐发展壮大，自然就会对皇权形成一定程度的制约作用，而这也是在行政权的具体行使过程中根本无法避免的事实。如在由御史台、大理寺和刑部共同审理的重大案件中，"（侍御史）又分直朝堂，与给事中、中书舍人同受表理狱讼，迭知一日，谓之'三司受事'。其事有大者，则诏下尚书刑部、御史台、大理寺同按之，亦谓此为'三司推事'"，[1]由于推事常常会得罪权贵，因此大理司直与评事多不愿出使推事。宣宗大中三年（公元849年）三月，"大理寺奏：当寺司直评事，从前不循公理，到官便求分司，回避出使，致令官职失守，劳逸不均。伏请从今以后，待次充使后，即往分司。如未出使，不在分司之限。敕旨：依奏"。[2]由此可见，明晰职责的目的之一即在于防止行政权力的人身依附，但正如皇权的人身依附一样，在封建社会当中想要完全将职权与官吏人身之间进行彻底的区隔，明显是一种不切实际的理论设想。正如上文所分析的，虽然法律制定的意图是将同职部门的官吏打造为一种"职权共同体"，以更好地履行皇权所委托的具体行政权。但从司法实践来看，官吏因同职犯公罪而连坐者绝大多数都可以免于刑事处罚，代之以贬官、罚俸等行政处罚。[3]

因此，唐代对官吏职务犯罪的惩治更多的是出于官吏没有能够正确而恰当地履行皇帝对其的"权力委托"，特别是对监临主守官吏犯罪的加重处理更是凸显了这样一种逻辑。如钱大群曾指出，正是从职权的直接行使考虑，唐代从严论处官员渎职

---

[1]《通典》卷二十四《侍御史》，第672页。
[2]《唐会要》卷六十六《大理寺》，第1150页。
[3] 彭炳金：《唐代官吏职务犯罪研究》，中国社会科学出版社2008年版，第122页。

罪的一个最大的特点是把监督的重点放在重惩握有统领管辖权力的"监临"官员的渎职犯罪上。[1]皇帝以一人之力当然无法有效地对整个国家进行事实控制，那么官吏作为皇帝与庶民之间的代理层就有着某种皇权角色的象征意义。监临主守官吏对自己辖区内的庶民的管理更加代表着皇帝对他的权力转介，因此，监临主守官吏对自己辖区内相关事务的处理不当，就会"连累"皇权的威严。从这个角度来说，监临主守官吏的失职也即意味着皇帝的失职，这种因象征意义而导致的犯罪惩戒自然就要格外的严重，这颇有一番"善则称君，过则称己"的实践意味。但如果当皇权所受牵制逐渐增多以至于无法将所有的官吏职务犯罪进行制度性惩处时，皇帝所要做出的底线性处理即将原有的"权力委托"关系进行事实解除，这种模式虽然可能没有完成法律意义上对涉案官吏的刑事处罚，但至少在行政层面实现了皇权与具体行政权的剥离。

---

[1] 钱大群："论唐律对官吏罪责追究的制度"，载《江苏社会科学》1992年第3期。

第三章
血亲复仇案的犯罪学考察

中国传统法律规定与实践当中的血亲复仇问题是一项极具复杂性的综合问题，究其根本原因，在于血亲复仇折射出了传统法律文化当中理念与文本之间的价值位阶对立。以"礼法合一"为典型特征的中国传统法律文化将忠孝理念作为法律制定的逻辑基点。正如霍存福所指出的，中国人将复仇看作是一种道德义务、道德责任。但这是儒家伦理的宣传，未必是远古先民的真实意识。[1]但与此同时，伴随着国家统治权力的逐步强大与稳固，血亲复仇的私力救济形式又成为对法律权威性的潜在冲击，因为国家制定法的权威在某种程度上也是"忠"的价值体现。虽然许多学者在探讨血亲复仇案件时，通常将"礼"与"法"之间的博弈作为背后价值位阶的概括性术语，但从皇权的角度出发，"复仇"议题既可彰显"孝"的本质，又可强化"忠"的意义，进而达到安抚人心或巩固政权的效果。因此，当国家处理"复仇"问题时，显然就不仅从礼法的对立冲突着眼，更考虑到"皇权稳定性"和当时的国家及社会状况。[2]事实上

---

[1] 霍存福：《复仇·报复刑·报应说——中国人法律观念的文化解说》，吉林人民出版社2005年版，第22页。

[2] 陈登武：《从人间世到幽冥界：唐代的法制、社会与国家》，北京大学出版社2007年版，第227页。

血亲复仇的事例在中国历史发展进程中一直都有所体现，但国家公权力对此类案例的处理却在不同历史时期呈现出不同的价值倾向。唐代在此类问题的处理上似乎是一重要的转折时期，这一方面反映了中央集权的大势所趋，另一方面也展现出法律背后价值位阶的逐步变迁。正因如此，从犯罪学意义上分析唐代血亲复仇背后的价值博弈就显得格外重要。

为论述方便，兹将唐代血亲复仇案件列举如下：

案例一（高季辅案）：

（武德初）"高季辅，德州蓨人也。祖表，魏安德太守。父衡，隋万年令。季辅少好学，兼习武艺。居母丧以孝闻。兄元道，仕隋为汲令。武德初，县人翻城从贼，元道被害，季辅率其党出斗，竟擒杀其兄者，斩之持首以祭墓，甚为士友所称。"[1]

案例二（修德案）：

（武德四年）"武德二年正月，独孤机兄弟为世充所杀，故修德报仇。……诏免修德官。"[2]

案例三（王君操案）：

（贞观年间）"太宗时，有即墨人王君操，父隋末为乡人李君则所杀，亡命去，时君操尚幼。至贞观时，朝世更易，而君操寋孤，仇家无所惮，诣州自言。君操密挟刃杀之，剔其心肝啖立尽，趋告刺史曰：'父死凶手，历二十年不克报，乃今刷愤，

---

[1]《旧唐书》卷七十八《高季辅》，第2700页。
[2]《资治通鉴》卷一百八十九《唐纪·武德四年》，第5924页。

愿归死有司。'州上状，帝为贷死。"[1]

案例四（卫无忌案）：

（贞观年间）"卫孝女，绛州夏人，字无忌。父为乡人卫长则所杀，无忌甫六岁，无兄弟，母改嫁。逮长，志报父仇。会从父大延客，长则在坐，无忌抵以甓，杀之。诣吏称父冤已报，请就刑。巡察使褚遂良以闻，太宗免其罪，给驿徙雍州，赐田宅。州县以礼嫁之。"[2]

案例五（赵师举案）：

（高宗年间）"高宗时，绛州人赵师举父为人杀，师举幼，母改嫁，仇家不疑。师举长，为人庸，夜读书。久之，手杀仇人，诣官自陈，帝原之。"[3]

案例六（周智寿案）：

（永徽年间）"永徽初，同官人同蹄智寿，父为族人所害。智寿与弟智爽，候诸涂，击杀之。相率归有司，争为首，有司不能决者三年。或言弟始谋，乃论死。临刑曰：'仇已报，死不恨。'智寿自投地委顿，身无完肤，舐智爽血，尽乃已，见者伤之。"[4]

案例七（贾强仁案）：

（高宗年间）"贾孝女，濮州鄄城人。年十五，父为族人玄

---

[1]《新唐书》卷一百九十五《孝友》，第5585页。
[2]《新唐书》卷二百五《卫孝女》，第5818页。
[3]《新唐书》卷一百九十五《孝友》，第5585页。
[4]《新唐书》卷一百九十五《孝友》，第5585页。

基所杀。孝女弟强仁尚幼,孝女不肯嫁,躬抚育之。强仁能自树立,教伺玄基杀之,取其心告父墓。强仁诣县言状,有司论死。孝女诣阙请代弟死,高宗闵叹,诏并免之,内徙洛阳。"[1]

案例八(徐元庆案):

(武后年间)"武后时,下邽人徐元庆父爽为县尉赵师韫所杀,元庆变姓名为驿家保。久之,师韫以御史舍亭下,元庆手杀之,自囚诣官。"[2]

案例九(杜并案):

(圣历二年)"杜审言雅善五言,尤工书翰,恃才謇傲,为时辈所嫉。自洛阳县丞贬吉州司户,又与群寮不叶。司马周季重与员外司户郭若讷共构之,审言系狱,将因事杀之。审言子并,年十三,伺季重等酬宴,密怀刃以刺季重。季重中刃而死,并亦见害。季重临死,叹曰:'吾不知杜审言有孝子,郭若讷误我至此!'审言由是免官归东都,自为祭文以祭并。士友咸哀并孝烈,苏颋为墓志,刘允济为祭文。则天召见审言,甚加叹异,累迁膳部员外。"[3]

案例十(曹王子案):

(武后年间)"周黔府都督谢祐凶险忍毒。则天朝,徙曹王于黔中,祐吓云'则天赐自尽',祐亲奉进止,更无别敕。王怖而缢死。后祐于平阁上卧,婢妾十余人同宿,夜不觉刺客截祐

---

[1]《新唐书》卷二百五《贾孝女》,第5820页。
[2]《新唐书》卷一百九十五《孝友》,第5585页。
[3](唐)刘肃撰:《大唐新语》卷五《孝行》,载上海古籍出版社编:《唐五代笔记小说大观》(上册),上海古籍出版社2000年版,第258—259页。

首去。后曹王破家,簿录事得祐头,漆之题'谢祐'字,以为秽器。方知王子令刺客杀之。"[1]

案例十一（张琇、张瑝案）：

（开元二十三年）"张琇者,蒲州解人也。父审素,为巂州都督,在边累载。俄有纠其军中脏罪,敕监察御史杨汪驰传就军按之。汪在路,为审素党与所劫,对汪杀告事者,胁汪令奏雪审素之罪。俄而州人翻杀审素之党,汪始得还。至益州,奏称审素谋逆,因深按审素,构成其罪。斩之,籍其家。琇与兄瑝,以年幼坐徙岭外。寻各逃归,累年隐匿。汪后累转殿中侍御史,改名万顷。开元二十三年,瑝、琇候万顷于都城,挺刃杀之。……时都城士女,皆矜琇等幼稚孝烈,能复父仇,多言其合矜恕者。中书令张九龄亦欲活之。裴耀卿、李林甫固言：'国法不可纵报仇。'上以为然"[2]。

案例十二（刘士干案）：

（贞元八年）"刘士干,玄佐养子,前为太府少卿。有乐士朝者,亦为玄佐养子,因冒刘姓,与士干有隙。及玄佐卒,或云为士朝所鸩。士干知之,及至京师,遣奴持刀于丧位,语士朝曰：'有吊客至。'因诱杀之。赐士干死。"[3]

案例十三（余常安案）：

（元和年间）"宪宗时,衢州人余常安父、叔皆为里人谢全

---

[1] （唐）张鷟撰：《朝野佥载》卷二,载上海古籍出版社编：《唐五代笔记小说大观》（上册）,上海古籍出版社2000年版,第23页。
[2] 《旧唐书》卷一百八十八《张琇》,第4933页。
[3] 该案为拟制血亲,但一并予以列举。《旧唐书》卷一百四十五《刘士干》,第3934页。

所杀。常安八岁,已能谋复仇。后十有七年,卒杀全。刺史元锡奏轻比,刑部尚书李廓执不可,卒抵死。"[1]

案例十四(梁悦案):

(元和六年)"宪宗时,……又富平人梁悦父为秦果所杀,悦杀仇,诣县请罪。诏曰:'在《礼》父仇不同天,而法杀人必死。礼、法,王教大端也,二说异焉。下尚书省议。'……有诏以悦申冤,请罪诣公门,流循州。"[2]

案例十五(谢小娥案):

(元和十二年)"段居贞妻谢,字小娥,洪州豫章人。居贞本历阳侠少年,重气决,娶岁馀,与谢父同贾江湖上,并为盗所杀。小娥赴江流,伤脑折足,人救以免。转侧丐食至上元,梦父及夫告所杀主名,离析其文为十二言,持问内外姻,莫能晓。陇西李公佐隐占得其意,曰:'杀若父者必申兰,若夫必申春,试以是求之。'小娥泣谢。诸申,乃名盗亡命者也。小娥诡服为男子,与佣保杂。物色岁馀,得兰於江州,春於独树浦。兰与春,从兄弟也。小娥托佣兰家,日以护信自效,兰寖倚之,虽包苴无不委。小娥见所盗段、谢服用故在,益知所梦不疑。出入二箧,伺其便。它日兰尽集群偷酾酒,兰与春醉,卧庐。小娥闭户,拔佩刀斩兰首,因大呼捕贼。乡人墙救,禽春,得赃千万,其党数十。小娥悉疏其人上之官,皆抵死,乃始自言状。刺史张锡嘉其烈,白观察使,使不为请。还豫章,人争聘之,不许。祝发事浮屠道,垢衣粝饭终身。"[3]

---

[1]《新唐书》卷一百九十五《孝友》,第557页。
[2]《新唐书》卷一百九十五《孝友》,第5587—5588页。
[3]《新唐书》卷二百五《谢小娥》,第5827—5828页。

案例十六（康买得案）：

（长庆二年）"云阳县角抵力人张莅负羽林官骑康宪钱。宪往征之。莅乘醉打宪将殒，宪男买德年十四，持木钟击莅首破，三日而卒。刑部奏覆，敕曰：'买德尚在童年，能知子道。虽杀人当死，为父可哀。若从沉命之科，恐失原情之意。可减死罪一等。'"[1]

一、道德评价与犯罪事实的有意识区隔

从规则的纯粹形式角度看，对复仇的不同态度是古代历史发展中的礼与法这两大规则系统发生矛盾冲突的表现。或纵或禁，是反映这两大规则系统各自要求的结果。礼的规则多同情、赞成、鼓励甚至放纵复仇，法的规则是反对并禁止复仇。[2]因此复仇在形式意义上乃是对法律尊严的一种否定，其存在表现为一种越俎代庖的权力争夺。但中国传统的"礼法合一"体制却又为血亲复仇预留了一道缝隙，因为血亲复仇虽然在形式上导致了法律权威的部分欠缺，但却从法律背后所维护的价值理念当中为法律增添了道德依据，这种相互性的道德支撑直接导致了中国在相当长的历史时期内无法有效地从理论层面找到对血亲复仇私力救济的制约依托。中国人虽有时将复仇的性质定义为"擅杀"，也即承认国家刑罚权的优先性和唯一性，但这不构成主流，没有占据绝对的地位。汉代以后的中国，仍然出现了对复仇时而允许、时而禁止的循环反复、纵禁不一的局面。[3]

---

[1]《旧唐书》卷十六《穆宗》，第497页。
[2] 霍存福：《复仇·报复刑·报应说——中国人法律观念的文化解说》，吉林人民出版社2005年版，第49页。
[3] 霍存福：《复仇·报复刑·报应说——中国人法律观念的文化解说》，吉林人民出版社2005年版，第52—55页。

时至唐代，这种道德与法律之间的二元评价开始出现了某种程度上有倾向性的分离，即道德的价值体系与法律的价值体系之间虽然仍具有极大的相互关联性（在某种意义上说，这种道德与法律的融合乃是中国传统法律文化的核心），但两者与此同时却也可以表现为一种有条件的分离状态。陈子昂对徐元庆案的评论特别能体现这种倾向性。

先王立礼以进人，明罚以齐政。枕干仇敌，人子义也；诛罪禁乱，王政纲也。然无义不可训人，乱纲不可明法。圣人修礼治内，饬法防外，使守法者不以礼废刑，居礼者不以法伤义，然后暴乱销，廉耻兴，天下所以直道而行也。

元庆报父仇，束身归罪，虽古烈士何以加？然杀人者死，画一之制也，法不可二，元庆宜伏辜。《传》曰："父仇不同天。"劝人之教也。教之不苟，元庆宜赦。

臣闻刑所以生，遏乱也；仁所以利，崇德也。今报父之仇，非乱也；行子之道，仁也。仁而无利，与同乱诛，是曰能刑，未可以训。然则邪由正生，治必乱作，故礼防不胜，先王以制刑也。今义元庆之节，则废刑也。迹元庆所以能义动天下，以其忘生而趋其德也。若释罪以利其生，是夺其德，亏其义，非所谓杀身成仁、全死忘生之节。[1]

概括地说，陈子昂将徐元庆行为的道德评价与法律评价进行了二元的剥离，一方面承认徐元庆的血亲复仇行为符合以"孝"为核心的儒家道德标准，与此同时对其行为的非法定性也加以正视，特别值得注意的是陈子昂将对法律后果的惩罚性与法律评价直接挂钩，进而在一定程度上排斥了道德评价对法律

---

[1]《新唐书》卷一百九十五《张琇》，第5585—5586页。

处罚后果的干预。

　　出现这种情况的原因在于，虽然"忠"理念的价值逻辑起点是源自于"孝"文化的铺垫，但"忠"的价值位阶在皇权政治的巩固进程中反过来凌驾在了"孝"之上，进而逐步脱离了单独的道德评判领域，作为一种社会基准意识形态而存在。这种逻辑的发展脉络直接导致了复仇问题的价值判断困境，即儒家文化当中本应是一脉相承的，最为根本的"忠""孝"价值是可能会出现对冲的。法律的君权性无疑正是"忠"理念的价值体现，因此陈子昂虽然对徐元庆的行为在道德层面予以赞赏，但仍然坚持"忠"高于"孝"的基本逻辑。[1]不过如前所说，这种道德评价与法律评价的二元划分从根本上仍未能够解决血亲复仇背后的理论困境，因为如果法律评价的道德因素与评价本身发生了背离，其就会进而对法律评价本身起到某种消解性的反作用，这种作用会为法律评价的民众认同埋下一颗不确定的炸弹，甚至会对法律评价本身的道德性造成不可估量的侵蚀，即到底是"私人的孝"损害公法，还是公法助长了"私人的孝"，这一问题与慈悲和王法间的关系都是矛盾的。[2]尽管法律作为君主权威的体现而在价值位阶上被划入到"忠"的领域而优于"孝"的价值排位，但当"忠"与"孝"发生正面冲突时，人们始终无法将作为价值起点的"孝"忽略不计。正是因

---

　　[1] 李隆献先生认为自李世民登基以后，天下归于一统，"为主"复仇之事即不复见，故李唐一代唯有"礼""法"冲突，不再出现南北朝时"忠""孝"冲突的现象。详见李隆献："隋唐时期复仇与法律互涉的省察与诠释"，载《成大中文学报》2008年第20期。笔者此处未将"礼法"与"忠孝"进行二元对立的区分，而是将法律作为"忠"的一种延伸进行阐述，因为"礼"与"法"当中都存有大量关于"忠"与"孝"的价值体现。

　　[2] [美]迈克尔·达尔比等："传统中国的复仇与法律"，载《丹东师专学报》2002年第3期。

为这种困境，此后的许多论述仍然没有能够建立起一套有效解决血亲复仇的理论支撑。例如，柳宗元即对陈子昂的观点进行了有针对性的驳斥，明确指出道德评价与法律评价悖反不但不能化解矛盾，反而会造成对两种价值的动摇，即"在奖赏一个人的同时惩罚他是没有意义的，反而扩大了对法律文字叙述的理解，它使这种控制社会的工具变得没有信用，并使每一个人——正人君子和无赖都感到盲目"。[1]然而，其着眼点乃在于案件初始的道德评价，柳宗元的观点依然没有解决当初始的杀人行为本身为不道德之时，血亲复仇的道德性正义与法律性瑕疵两者之间的矛盾调和问题。而韩愈在梁悦案中对两者的调和更加凸显了个案评判中的不确定性。总的来说，他们都试图在一个有限的法律框架内重新解释复仇，即通过将原本宽泛的范围加以缩小，而将复仇解释为一系列有限的事件。[2]但遗憾的是，复仇行为本身绝非单纯的法律行为，其背后的动机支撑甚至已经超越了法律与道德的范畴，而是一种社会文化的推动。因此，尽管这种试图将道德评价与法律评价分离后的行为"罪"化方式有助于对复仇行为进行规范制约，但想要将复仇行为的法律性进行单独剥离明显是很难实现的。

唐代虽已不像前代那样再次出现明确宽容复仇行为的法律条文，但以上所分析的理论冲突却仍然存在，甚或这种冲突因"礼法合一"的基础理念确立而更加明显，这就使得法律必须面对这样一种现实问题，如《唐律疏议·贼盗》中的"杀人移乡"条就以默许的方式为血亲复仇的范围划出了明确的界限。

---

[1] [美]迈克尔·达尔比等："传统中国的复仇与法律"，载《丹东师专学报》2002年第3期。

[2] 明辉："法律与复仇的历史纠缠——从古代文本透视中国法律文化传统"，载《学海》2009年第1期。

诸杀人应死，会赦免者，移乡千里外。其工、乐、杂户及官户、奴，并太常音声人，虽移乡，各从本色。(部曲及奴，出卖及转配事千里外人。) 疏议曰：杀人应死，会赦免罪，而死家有期以上亲者，移乡千里外为户。其有特赦免死者，亦依会赦例移乡。工、乐及官户、奴，并谓不属县贯。其杂户、太常音声人，有县贯，仍各于本司上下，不从州、县赋役者。此等杀人，会赦虽合移乡，"各从本色"。谓移乡避仇，并从本色驱使。注云"部曲及奴，出卖"，谓私奴出卖，部曲将转事人，各于千里之外。[1]

该条规定体现出了唐代法律对血亲复仇的两项关键态度：第一，法律以默许的方式对血亲复仇的主体进行了明确界定，且这种界定较之以往略带随意性的道德判断更为严格、明确。第二，法律虽然在某种程度上赞同了血亲复仇的合道德性，但从法律本身的角度坚持这种行为的罪化处理，而将后续的结果处置归纳到了量刑的具体环节。更何况《唐律疏议》当中的"祖父母为人殴击"条还规定在父母、祖父母遭殴击时，子孙还享有一种类似"解救权"的有限反击权，更为子女在尊亲属受到他人侵害的问题上增添了一种道德与法律并存的义务（尽管这种义务的限定范围非常有限）。

诸祖父母、父母为人所殴击，子孙即殴击之，非折伤者勿论，折伤者减凡斗折伤三等，至死者依常律；谓子孙元非随从者。疏议曰：祖父母、父母为人所殴击，子孙理合救之。当即殴击，虽有损伤，非折伤者无罪。"折伤者减凡斗折伤三等"，谓折一齿合杖八十之类。"至死者"，谓殴前人致死合绞，以刃

---

[1]《唐律疏议》卷十八《贼盗》，第289—290页。

杀者合斩，故云"依常律"。注云"谓子孙元非随从者"，若元随从，即依凡斗首从论。律文但称祖父母、父母为人所殴击，不论亲疏尊卑。其有祖父母、父母之尊长殴击祖父母、父母，依律殴之无罪者，止可解救，不得殴之，辄即殴者自依斗殴常法。若夫之祖父母、父母共妻之祖父母、父母相殴，子孙之妇亦不合即殴夫之祖父母、父母，如当殴者即依常律。[1]

复仇的规范化倾向直接导致国家作为公权力主体对复仇权力的收纳，即复仇的方式、范围、条件等限制性内容的出现势必将复仇的权力由私人转向国家。如霍存福所言，法律坚持由一个主体——国家实施惩罚，而此前的发展则当是被害方有资格复仇者的限定事实的不断出现。没有这样一个对复仇人范围的限制事实的不断铺垫，很难想象在一夜之间国家就将所有的惩罚权都收归了国有。[2]从这个角度来看，人们从复仇事实中抽象出来的复仇规则，实际是与法律规则同步发展的。[3]但恰恰因为这种并轨制的存在，导致即使道德评价与犯罪事实的分离仍然不能良好地解除复仇的救济途径冲突。国家一方面试图通过对血亲复仇条件的限定而争取对血亲复仇处理的规范化管理，一方面却又为血亲复仇的私力救济提供了一种切实可行的"指引"。在以上所例举的众多案例中，许多复仇者均在完成复仇行为后做出自首的表示及行为。这在一个侧面表明对道德义务与法律责任的区隔已经不仅仅是官方在处理此类案件时的一种利益权衡，在实践中也是民众在这种两难处境当中做出的一

---

[1] 《唐律疏议》卷二十三《斗讼》，第360—361页。
[2] 霍存福：《复仇·报复刑·报应说——中国人法律观念的文化解说》，吉林人民出版社2005年版，第45页。
[3] 霍存福：《复仇·报复刑·报应说——中国人法律观念的文化解说》，吉林人民出版社2005年版，第49页。

种自认为合适且正当的折中选择。虽然这种选择貌似将"忠""孝"两种价值冲突进行了适当的调节，但从行为结果上却极大地消解了法律的权威性。或者说，当事人的这种选择本身就含有对公权力的某种不信任感，因为"在复仇过程中，由于向官方妥协而造成的不确定性"一直存在。[1]用简单一点的话来说即在民众眼中，若宁可去违反一条明确的法律约束，也要实现其心中的道德义务时，这种法律约束的意义或效力来源又在哪里？

二、司法裁量对血亲复仇处理的影响

如上文所述，尽管时至唐代，对血亲复仇案件的道德评价已经开始与行为本身的犯罪意义逐渐分离，但这种强大的文化束缚使得许多司法者，甚至皇帝本人仍然可以在具体的量刑情节中改变原本的定罪评判，即复仇为审判提出了难题，当一起复仇案不可否认地合法时，唯一结论就是不能再让已失去的公正再次失去，必须给冤情以补偿。[2]特别是民众对此类案件的道德舆论导向，更是使得审判官员宁可触犯法律的界限也要为血亲复仇者寻得一丝生机。如宋人王栐在评价张琇、张瑝案时候曾指出："杨万顷杀张审素，审素二子瑝、琇为父复仇杀万顷，张九龄欲活之，李林甫必欲杀之，而二子竟服大刑。盖九龄君子，喜人为善，林甫小人，嫉人为善，好恶不同故也。苟其父罪当死，子不当复仇；父死不以罪，或非出上命，而为人所挤陷以死，可不报乎！审素之仇所当报也"。[3]有学者评论，

---

[1] [美]迈克尔·达尔比著，王立、魏彬彬译："传统中国的复仇与法律"，载《丹东师专学报》2002年第3期。

[2] [美]迈克尔·达尔比著，王立、魏彬彬译："传统中国的复仇与法律（续）"，载《丹东师专学报》2003年第1期。

[3] （宋）王栐撰：《宋朝燕翼诒谋录》卷四《报母仇免死》，中华书局1981年版，第32页。

这里的"善",不仅包括对复仇杀人评定的正义性,实牵连到以善为中心的全面的伦理价值评定。能否宽纵正义复仇者与古代复仇制度、规则联系起来,成为对执法官吏是否容许善行、与人为善,乃至忠抑或奸、君子还是小人的判定标准。[1]那么此时审理官员所面临的道德制约事实上已经远远超出了具体个案的审理公正领域,更是与其个人的道德品性紧密挂钩。

衢州余氏子,名长安,父叔二人,为同郡方全所杀。长安八岁自誓,十七乃复仇,大理断死。刺史元锡奏言:"臣伏见余氏一家,遭横祸死者,实二平人;蒙显戮者,乃一孝子。"又引《公羊传》"父不受诛,子得仇"之义,请下百僚集议其可否,词甚哀切。时裴中书垍当国,李刑部鄘司刑,事竟不行。有老儒薛伯高遗锡书曰:"大司寇是俗吏,执政柄乃小? 生,余氏子宜其死矣!"[2]

可见,即使血亲复仇行为本身的犯罪意义已然被法律所界定,但是强大的道德舆论依然使得案件在后续的处理当中充满着不确定的变数。直至清代,民众对纵仇官吏的褒奖性评价仍然并不乏见,如《冷庐杂识》载:"唐以前,复父仇不抵死者多,至唐始有抵死者……至本朝蓬莱王孝子之复父仇,竟得开释,复功名,则以典狱者贤能,能体圣天子孝治天下之意也。其谳词推原律意,尤足以维国宪而厌人心。"[3]从唐代王君操案、卫无忌案到贾强仁案,无不体现出统治者因道德甚至情感

---

[1] 王立、刘卫英:《传统复仇文学主题的文化阐释及中外比较研究》,北京师范大学出版社2011年版,第49页。
[2] (唐)李肇撰:《唐国史补》卷中,载上海古籍出版社编:《唐五代笔记小说大观》(上册),上海古籍出版社2000年版,第182页。
[3] (清)陆以湉撰:《冷庐杂识》卷二《复父仇》,中华书局1984年版,第77页。

因素的考量而在具体的刑罚上对犯案人进行免除，甚或优待。虽然这种行为并非是从定罪的角度抹杀私力复仇的犯罪意义，但无疑从道德角度增添了民众对血亲复仇的正当性认知。

更为值得关注的是，虽然社会道德会为具体的血亲复仇个案增添诸多同情因素以使得犯案人得以通过有倾向性的司法裁量减轻甚至免除具体处罚，但这种社会道德的作用力会随着国家政权的稳固性而与皇权统治发生某种力量博弈。如陈登武就曾以高祖时期的两件血亲复仇案件为例指出，高祖两次操纵复仇口号合理化其"征诛"行径，以取得政权之正当性基础，显然他非常熟悉"复仇"所特有的政治意涵。[1]太宗时期社会也还处于一种恢复阶段，此时的社会道德对统治阶层的影响具有更大的话语空间。因此，在这一时期对血亲复仇案件的处理基本上还是采取了赦免宽宥的路径。但随着社会秩序的逐步稳固，对相应案件的处理也会随之发生一种强硬化的取向，最明显的就是高宗时期的周智寿兄弟复仇案，在审理过程中的"经数年不能决"就很好地体现了官方在衡量法律的确定性与道德的指向性两种互斥力量时所面临的困境，并且尽管在对此案的描述中仍然强调了社会道德的依附，但最后的判决却未如之前的类似案件那般"法外开恩"，而成为中国历史上第一例惩处血亲复仇当事人的案例，而在后来玄宗时期的张琇、张瑝案中更加体现了这种因皇权强盛而对社会道德的覆盖。此外，个案中如果并没有出现强烈的对统治权的冲击，那么司法者及帝王在衡量权益时可能会引入更多的道德因素考量。但如果在相关因素分析时已经出现了当事人以明确的方式表达的对统治秩序的不满或肆意突破，那么这时道德因素的效力就会大大降低，德宗时

---

〔1〕 陈登武：《从人间世到幽冥界：唐代的法制、社会与国家》，北京大学出版社2007年版，第240—241页。

期的刘士干案中就很好地说明了这一点。尽管此案的表现也是拟制血亲复仇，但其中充满了政治因素的力量博弈。因此，处理此案时就很难再有道德因素的强势露面。

需要说明的是，这种趋向的转变过程并非一蹴而就。从宏观的视角来看，这种转变的趋向在中国古代由先秦至清代一直都在发生，而唐代作为其中的一个转折点似乎更为明显。但即使如此，在个案的衡量当中也充满了不确定因素的变换交替。如同是在高宗朝，上文中所言的周智寿兄弟最终没能因道德因素的附加而得到法律的宽宥，但贾强仁案却得到了高宗的"哀之"与赦免。因此，即便我们可以从众多的案例中感受到法律与道德之关系在血亲复仇案件中的展现，但却不能以这种趋向反推具体案件的处理结果，毕竟具体的司法裁判者乃至帝王本身都无法跳脱出传统文化当中"忠"与"孝"的价值博弈。更为有趣的是，即便司法官员在审理案件的过程中已经无法为复仇者寻求到更多的法律帮助，但仍然能够选择从执法实施上为当事人寻求一线生机。如王立就曾提到，"受'原心论罪'影响，复仇杀人，情可悯事可谅，众多执法官吏还是力求为其减免，不成，就尽量拖延执行，以待大赦到来"。[1]虽然这种"曲线救国"的方式之于法律的执行程度未免有极大的抵制作用，但从维护法律威严的层面来说毕竟还是实现了法律的客观公正性。

此外，司法审判官员对复仇者的种种非制度性的宽宥往往会得到民间舆论的加持，如广泛流传的《伍子胥变文》。有学者指出，民间文学的创作过程是一个创作者和接受者不断交流影响的互动过程，最能反映民众思想情绪和价值取向的内容得到

---

[1] 王立：" 中国古代恩赦复仇的心理与民俗背景"，载《南通师范学院学报（哲学社会科学版）》2001年第3期。

不断强化，反之，与民众情绪无关的东西则可能被淘汰。以复仇为主题的民间文学作品既是创作者被压抑的复仇意识的外发，也必然会使听众心理获得巨大补偿。[1]与之相对，对宽纵复仇官吏的钦敬，有助于文学渲染那些复仇影响理想化结局的倾向。[2]这两种倾向在彼此的支撑中会逐渐形成一种循环，这种循环虽然未必能够在立法层面重新思考并安排"忠"与"孝"的价值位阶，但两者却不约而同地在非制度化的方向为血亲复仇找到一条得以存活的出路，即同情正义复仇的民俗心理，力图将复仇杀人解释成实现正义的天性，合乎人性本能的冲动。只是这种出路还存在一个前提，即复仇英雄们行事之初未对法律抱有幻想，也并未存有被宽纵的侥幸心理。若非此，则人们的同情心便会大打折扣。[3]那么这种未对法律结果持侥幸心理的期待是否能够等同于民众对法律确定性的认同？这或许是一个很难有标准结论的问题，民众一方面希望复仇者在行事之初就做好了英勇就义的心理准备，另一方面又会对司法审判官员宽宥复仇者提出非制度性的道德要求，更有趣的是，这种道德要求仅仅能够以一种社会舆论的形式存在，而排斥复仇者本身对这种社会心理的利用，也就是说，在复仇者一方，其应当坚信法律的公正与客观，即使法律最终的处理结果出现了符合民众道德指向的偏差，那这种偏差也似乎并没有损害法律的明确性规定，这颇有一番"掩耳盗铃"的法律——道德困境。概括地说，无论是立法者还是社会大众，都没有从形式上反思对血亲复仇问

---

[1] 尹富："《伍子胥变文》与唐代的血亲复仇"，载《西南师范大学学报》2003年第5期。

[2] 王立："中国古代恩赦复仇的心理与民俗背景"，载《南通师范学院学报（哲学社会科学版）》2001年第3期。

[3] 王立："中国古代恩赦复仇的心理与民俗背景"，载《南通师范学院学报（哲学社会科学版）》2001年第3期。

题的法律规定与法律实践,但两者都将这一难题推给了司法裁判者。因此,对复仇行为的判定就很自然地与具体裁判者的道德认知紧密联系,其只是经历了一个由立法环节到司法环节的过渡,仍然没有完成对该法律问题的标准化处理。

三、血亲复仇犯罪学意义的文化内核

较之前代,唐人已经更加认真地看待复仇正反两方面的社会意义,更为理性地思考私力复仇对个人和社会的影响。无须回避的是,在传统礼教观念支配下,唐人仍旧较为普遍而稳定地同情复仇孝子,也较多地支持宽纵复仇孝子的官员,体现了总体上肯定、弘扬为亲复仇的舆论趋向。但是,相继也有一些官员理性地思考复仇对于社会秩序和朝廷统治的冲击,尤其关注复仇行为所带来的礼法冲突和二者关系,这是先前几乎没有的。[1]

而这种理论的思考又可以概括为两个不同的层次:第一层次即血亲复仇背后的善恶观念,这里所言的善恶观念已经超越了单纯的孝文化范畴。从唐代对血亲复仇案件的各种评议中可以看到,人们已经不再满足于对血亲复仇行为本身进行价值判断,而是将视角延伸到了血亲复仇背后的善恶之分。即使血亲复仇本身是符合人们对孝文化背景下卑亲属的道德期待,但这种对孝文化的道德期待无法脱离其他社会道德因素而单独存在,也就是说,尽管孝的道德价值位阶在中国传统文化当中占据着至关重要的位置,但其仍然无法压倒其他所有道德价值标准而成为孤立的评价体系。

更为重要的第二个层次则是公权与私权之间的不相融性。

---

[1] 王立、刘卫英:《传统复仇文学主题的文化阐释及中外比较研究》,北京师范大学出版社 2011 年版,第 147 页。

在传统社会中，民众心中的公权力往往并不必然与国家义务相连。虽然公权力权威下的公正廉明确是民众对国家符号的一种类似义务标准的渴望，但这种公正廉明与此同时并不完全等同于私权利救济。即使公权力对特定事件做出了符合道德标准与法律规则的精准裁量，在民众心中其未必就等同于完成了私力救济式的个人道德义务。在某种程度上，复仇孝子的身体力行、直接操作，在这里不仅显得非常重要，简直就是最基本的带有仪式性的必备要求。[1]侵犯民众权利的相对方的差异直接影响着民众对这种侵犯行为的反抗选择。比如相关人在公权力的评判中遭受了一定的冤屈，那么在绝大多数的情况下，其对公权力是不存在报复或反抗的可能性的，唯有通过公权力自身的拨乱反正才能实现相关人的权利实现。尽管这种实现可能根本不具备弥补性质的内涵，但此时对公权力本身的修正期待是民众唯一可以选择的路径。相反，如果侵犯民众权利的不再是公权力，而是其他的非公主体，特别是在孝文化理念背景下的血亲杀伤类行为中，公权力的救济似乎已经不能代替被侵犯人卑亲属的道德责任了，那么此时的血亲复仇可以说已经在一定范围内跳出了公权力的统摄范围。在血亲复仇的案例中，被侵犯人的卑亲属貌似被赋予了一种公权力已经无法染指的道德责任，这种道德责任使得血亲复仇即便属于公权力下的法律禁区也无法得到事实上的禁止。但问题是复仇在中国不是一件简单的，只涉及犯罪者和复仇者两方面的问题。它深受第三"参与者"即国家的介入而变得更加复杂，因为复仇者的利益与国家利益在根本上不一致。简单地说，就失去亲人的个体而言，他将注意力放在仇人身上，而邦国却不得不对犯罪者和复仇者一起加

---

[1] 王立、刘卫英：《传统复仇文学主题的文化阐释及中外比较研究》，北京师范大学出版社2011年版，第128页。

以控制。[1]换句话说,中国的复仇概念没有详细说明或在"公共"秩序这一观点外分辨其他任何一种利益,而这种公共秩序的本质是高于个人因素的。总揽全局,至高无上的政体,即使这一现象比较模糊,但它却是复仇事件的核心问题。也就是说,原本作为一种不自觉的社会行为的复仇,被重新评估成了一系列的法律概念。[2]

当然,对社会具体行为的控制是随着国家统治力的强弱而不断变化的,当掌握公共权力的国家将维持社会秩序作为其主要目的之一时,便会将其所关注的内容扩展至严重破坏社会秩序的行为,其中也包括任意复仇。[3]"法律机构发达以后,生杀予夺之权被国家收回,私人便不再有擅自杀人的权利,杀人便成为犯罪的行为,须受国法的制裁。在这种情形之下,复仇自与国法不相容",[4]国家作为公权力享有对社会控制权的同时,对刑事犯罪所承担的也是一种法律责任,其要求加害方所负担的也同样是一种法律责任,即使在后一种责任判定当中已然包含着极其明显的道德评判,但前一种责任的实现程度或许还远远不能达到当事人私力救济时所能产生的近乎戏剧化的道德惩戒。更何况公权力因受制于种种因素往往不能将所有的案件都进行妥善的处理,此时私力救济的能动性就更加明显与突出了。如这种道德责任与法律结果之间也存在着因公权力体现程度的不同而导致的结果差异。根据李娟的观察,对复仇者的裁判结

---

[1] [美]迈克尔·达尔比著,王立、魏彬彬译:"传统中国的复仇与法律",载《丹东师专学报》2002年第3期。
[2] [美]迈克尔·达尔比著,王立、魏彬彬译:"传统中国的复仇与法律(续)",载《丹东师专学报》2003年第1期。
[3] 明辉:"法律与复仇的历史纠缠——从古代文本透视中国法律文化传统",载《学海》2009年第1期。
[4] 瞿同祖:《中国法律与中国社会》,中华书局1981年版,第77页。

果因其复仇对象的身份不同往往亦有不同,其主要体现在,无论是出于孝义或是报复正义,发生在百姓之间的复仇杀人行为大都能得到统治阶层的宽宥,如王君操、卫无忌、赵师举等人的复仇杀人行为。而与此相对的,凡私自向官吏复仇的行为,不论引起复仇的原因是否合乎立法道德、有无正义性,甚至不论复仇者的身份如何,都因其对封建统治和社会稳定的危害性无一例外地受到法律的制裁,如为父复仇的孝子徐元庆被依法处死,为养父报仇的太辅少卿刘士干被赐死。[1]有学者提出,复仇的具体原因可能是不同的,但一般原因却不外乎两个:一是加害者(主要是杀人犯)未受惩,国家没能追诉犯罪,社会没有对相应的罪行表达应有的态度。相伴而生的是,加害者并不忏悔或悔罪,他们有时表现出来的轻蔑态度对受害者的子女们是一种强烈的刺激。被害者的家属没能从对罪犯的惩罚中得到相应的心理平衡和心理补偿。二是虽然国家进行了对罪行的追诉,但加害者因合法的理由或非法的原因而免受制裁,或减低了惩罚幅度。受害者的家属同样没有得到相应的平慰,至少是与其期望不符。这两种情况下的复仇,都不可避免地带有明显的惩罚特性和情感发泄特性,尤其是对前者而言。[2]也就是说,公权力的非针对性与私权利的针对性之间形成了一种极为明显的不相融性,而这种不相融性在涉及道德领域最至高无上的"孝"价值时更加被扩大化了。用一种可能并不是很恰当的比喻,无论公权力如何努力,只要没有达到私权利方面所期待的惩罚性结果,就无法消除私权利救济的蠢蠢欲动,更何况当时的文化背景还在客观地推动着这种企图。唐初的高季辅案就

---

[1] 李娟:"唐代复仇制度研究",西北大学2016年硕士学位论文。
[2] 霍存福:《复仇·报复刑·报应说——中国人法律观念的文化解说》,吉林人民出版社2005年版,第72页。

非常鲜明地展现了这种当公权力不足以对相应案件进行实质性保护时,法律上即使存在对复仇的禁止性规定也注定会被架空,那么此时的复仇行为自然就会成为人们寻求救济途径时的优先选择。

因此,公权力无论从道德上还是法律上都试图能够最大程度地完成对此类案件的标准化处理,如《唐律疏议·贼盗》中"祖父母、父母及夫为人所杀"条也隐含了这样一种导向。

> 诸祖父母、父母及夫为人所杀,私和者,流二千里;期亲,徒二年半;大功以下,递减一等。受财重者,各准盗论。虽不私和,如杀期以上亲,经三十日不告者,各减二等。疏议曰:祖父母、父母及夫为人所杀,在法不可同天。其有忘大痛之心,舍枕戈之义,或有窥求财利,便即私和者,流二千里。若杀期亲私和者,徒二年半。大功以下,递减一等,谓大功,徒二年;小功,徒一年半;缌麻,徒一年。受财重者,各准盗论,谓受仇家之财,重于私和之罪。假如缌麻,私和合徒一年;受财十足,准盗徒一年半之类。虽不私和,知杀期以上亲,经三十日不告所在官司者,各减前私和之罪二等。[1]

当规定服制内的亲属被人杀害时,被害人亲属唯一正确且可行的选择似乎只有告官一条,但问题就在于作为公权力代表的官府往往不能像私权利救济那样具有强烈的针对性。加之不准私和的条文其实也非常明确地体现了被害人亲属的一种具有人身依附性的严格道德责任。那么当公权力不能够较好地满足被害人亲属的心理期待时,对于这种私力救济的规制就自然而然地出现了法律真空。而有学者甚至提出怀疑,认为疏议者本

---

[1]《唐律疏议》卷十七《贼盗》,第282页。

身就是在故意地表明他倾向复仇的态度。当然，这种态度当中又存在着不可避免的内在矛盾，一方面，秩序、安定是社会生活的起码要求，需要满足。另一方面，伦理价值又必须得到反映和体现，所以在他认为合适的地方，就见缝插针地理论起了为人子孙及为人妻的责任——必须记仇，并且把它落实在行动上。[1]

更为引人注目的是，在一些对"私和"行为的处理中，特别显现了道德意义上对该种行为的鄙夷。如穆宗时期，"有前率府仓曹曲元衡者，杖杀百姓柏公成母。法官以公成母死在辜外，元衡父任军使，使以父荫征铜。柏公成私受元衡资货，母死不闻公府，法寺以经恩免罪……奏下，元衡杖六十配流，公成以法论至死"。[2] 再如后唐天成年间，"襄邑县民闻威，父为人所杀，不雪父冤，有状和解，特敕处死"。[3] 这些案例中对"私和"的具体处理都较之法律规定更为严格，无疑是掺杂了司法裁判者道德因素的考量，而这种道德加重倾向与血亲复仇案件当中道德减轻倾向形成了极佳的呼应。

综上所述，血亲复仇呈现出两种不同路径的犯罪意义：一方面，对于被复仇者其往往承担着一种道德化的"罪"，许多文艺作品当中的血亲复仇故事往往都被赋予了一种"好人向坏人报仇雪恨——达到正义的实现——伦理秩序的重建"模式，善良好人的被侵害一般总是在前，而举凡复仇的当事人，都是被当作艰苦卓绝、百折不挠的正面形象来尽力讴歌。[4] 其中暗含

---

[1] 霍存福：《复仇·报复刑·报应说——中国人法律观念的文化解说》，吉林人民出版社2005年版，第114—115页。

[2]《旧唐书》卷一百七十一《裴潾》，第4448—4449页。

[3] （宋）薛居正等撰：《旧五代史》卷三十九《明宗本纪五》，中华书局1976年版，第542页。

[4] 王立、刘卫英：《传统复仇文学主题的文化阐释及中外比较研究》，北京师范大学出版社2011年版，第141页。

着一种善恶的二元对立区分，而中国传统法律中无论是立法、司法还是执法也经常会以这样一种道德化的辩证判断代之严谨的法律论证，在这种判断当中，"恶"的一方自然就被赋予了一层道德化的"罪"之认证。报应说在说明罪行、过错（甚或无罪、无过错）的时候，一概使用法律术语"罪"的概念，即在观念上将法司按罪的国家强制场合与个人或私人的强制行为混在一起，不作区分。[1]这种道德化的"罪"之认定通常更符合民众对法律的心理期待，而当相关人遭遇到这种道德化的"罪"之侵犯时，其也往往将道德判定与法律惩戒相结合，即使这种结合可能会遭致某种不利后果，其仍然坚信这种结合方式无论在道德评判还是法律认定都是一种积极、正向的处理途径。而两者之间的位阶冲突则从属于公权力的立法或司法领域，作为当事人的民众对之一般会采取消极的态度，而作为旁观者的民众则竭尽所能地发挥舆论鼓动作用。另一方面，复仇行为本身并不单纯地体现出"礼"与"法"的冲突，而是受制于礼法体制之下的价值位阶排序。虽然"孝"理念是整个礼法体制的价值根基，但随着皇权政治的逐步强大，对"孝"价值的维护也需要通过皇权的"正式授意"，从这个角度来说非制度化的私力救济性血亲复仇所侵犯的客体可能并非是法律的尊严，而是皇权政治下国家统治权力的权威保证。中央集权的权力发展意味着必然要将社会上所有事物都纳入到统治范畴，因此，无论血亲复仇的动机是如何符合价值导向，试图跨越公权力统摄的血亲复仇行为私力性本身就是统治权力盲区的"原罪"。

---

[1] 霍存福：《复仇·报复刑·报应说——中国人法律观念的文化解说》，吉林人民出版社2005年版，第114—115页。

第四章
贼盗犯罪的犯罪学考察

作为社会生活中严重的违法犯罪行为,"贼盗"被历代统治者重视,并在法律上进行严厉规制,因为社会治安秩序的好坏直接关系到国家的稳定与繁荣。但值得注意的是,"贼盗"在中国古代的法律语境下并非单独指代某一种犯罪行为,而是几乎涵括所有以侵犯人身财产乃至社会公共秩序为标的的不法行为。中国传统法律的伦理化特征已为学界共识,但在法律对贼盗犯罪的规制与具体处理当中是否也体现了这种倾向却并没有过深入的讨论。当然,在法律原则的视域下,贼盗犯罪与其他犯罪一样,在审判及处理的过程中会受制于儒家伦理文化对法律实践所产生的一系列非制度性影响。但除此之外,就贼盗犯罪处理的本身是否也存在着明确的选择倾向则需要更进一步的探讨。

一、唐代关于贼盗类犯罪的法律规定

唐代关于贼盗犯罪的法律规定主要集中在《唐律疏议》的"贼盗"篇中。但在中国古代的法律语境下,"贼"与"盗"是两种相互关联却不同性质的犯罪。一般认为,"贼"指"杀人不忌"及"逆乱者","盗"则主要指"取非其物谓之盗"。"贼"和"盗"在中国古代法律中不仅仅单指刑事罪名,而是有维护国家主权和统一的政治需要。[1]因此,《唐律疏议·贼盗》中除了本文主要探讨的现代刑法意义上的抢劫与盗窃类犯罪之外,还包含着许多广义的贼盗类犯罪,如谋反类犯罪、贪污受贿类犯罪等。但本书所指的贼盗类犯罪主要以盗窃和抢劫类犯罪为主,而不包含典型的谋反类犯罪及其他赃罪类型。

在唐代,盗罪主要包括以偷取他人财物为主要表征的窃盗罪和"威若力而取其财"的强盗罪。前者类似现代刑法中的盗窃行为,"诸窃盗,不得财笞五十,一尺杖六十,一疋加一等,五疋徒一年,五疋加一等,五十疋加役流。疏议曰:窃盗人财,谓潜形隐面而取"。[2]而后者类似现代刑法中的抢劫行为,"诸强盗(谓以威若力而取其财。先强后盗、先盗后强等。若与人药、酒及食,使狂乱取财,亦是)……不得财徒二年,一尺徒三年,二疋加一等,十疋及伤人者绞,杀人者斩。其持杖者,虽不得财,流三千里,五疋绞;伤人者斩"。[3]按照这种分析,盗罪所侵犯的客体应该是人身财产权,那么为何中国古代要将盗罪与谋反类犯罪及贪污受贿类犯罪合并在一起予以规制呢?

以盗罪背后的经济属性为例进行分析,有学者认为在唐代对盗罪的惩处一般以犯罪行为人所盗数额的多少为处罚尺度。[4]这种判断明确地认识到了盗罪的经济属性,但问题是许多盗罪情形中的被侵犯对象客体往往无法以具体金额数量进行划分,如典型的"盗大祀神御物""盗御宝及乘舆服御物"等。[5]与一

---

[1] 柴松霞:"中国古代盗贼罪政治内涵的发展变迁",载《天津法学》2016年第1期。
[2]《唐律疏议》卷十九《贼盗》,第305页。
[3]《唐律疏议》卷十九《贼盗》,第303—304页。
[4] 孙力:"《唐律》窃盗罪初探",载《政法学刊》1988年第4期。
[5] 董凡绮曾对《唐律疏议·贼盗》中关于"盗"的条文进行汇总梳理,可参见董凡绮:"唐律盗罪研究",甘肃政法学院2017年硕士学位论文。

般盗罪相区别，这些特殊的盗罪皆属于"盗不计赃立罪名"的范畴，是出于统治者基于对特定物品背后所指向的特定社会秩序之维护而确立，因此这些特定的盗罪甚至不取决于是否得赃，其刑罚的轻重也当然无法以赃的数额大小为尺度，而很难将其简单界定为财产类犯罪。特别是在《唐律疏议·贼盗》"公取窃取皆为盗"条中有"物有巨细，难以备论，略举纲目，各准临时取断"[1]的疏议，进一步扩大了盗罪的客体范围。因此，即我们很难将盗罪直接与财产类犯罪画上等号。但与此同时，对盗罪的判定以及处理又往往无法完全从对财产的定量分析中单独脱离出来。如孙向阳在研究中指出，唐律在"以盗论"和"准盗论"的财产犯罪中，多使用"弃毁""亡失"和"误毁"的词语。对于毁损行为，以现代刑事立法和由此形成的观念认识来看，很难与作为取得形式的盗罪联系起来，但两者之间并非绝无关联。一方面，取得与毁损行为都是故意剥夺他人财产所有权。另一方面，毁损必然以能够控制他人财产为前提。再者，毁损的价值和取得一样是可以计算的。[2]可见在对一些对盗罪的类比判定中，仍然经常使用对财产价值的衡量作为界定的标准，也就是说，尽管多数的盗罪都会涉及对经济的评判和衡量，但经济属性并非是古代盗罪的核心本质。

依笔者管见，这种矛盾的关键即所谓他人财产权背后的象征意义乃是国家对社会的控制。如周亦杨曾提到，唐律中关于强盗罪的规定虽然没有明确所侵犯的财产是谁所有，但在封建社会中拥有财产所有权的主要是"官方"，即维护统治阶级利益的封建国家，以及属于封建统治阶级的个人，即"私方"，其实

---

[1]《唐律疏议》卷二十《贼盗》，第325页。
[2] 孙向阳："唐律盗罪侵犯形式及其犯罪构成"，载《江苏警官学院学报》2013年第3期。

质是为了保护统治阶级的整体利益和封建社会的私人所有制。[1]这种说法虽然过于凸显法律之于社会类型的依附性，但确实指出了封建社会中贼盗类犯罪的主要规制目的所在。以一般盗窃中对盗罪之赃的处理为例，唐律规定"诸以赃入罪，正赃见在者，还官、主（转易得他物及生产蓄息，皆为见在）"，但盗罪除了盗窃所得物即正赃之外，还存在惩罚性的"倍赃"，"盗者倍备，谓盗者以其贪财既重，故令倍备，谓盗一尺，征二尺之类"。[2]这表明，对盗罪所得之赃，法律采取财产上的加倍惩罚态度。如果是盗取私人财物，那么被盗之人就取得了双倍的偿还，这是不是意味着法律是在明确保护被盗者的财产权呢？其实并不尽然，首先，唐律中明确规定了免除倍赃的情形，如自首、赦免等，"诸犯罪未发而自首者，原其罪（正赃犹征如法）。疏议曰：称正赃者，谓盗者自首，部征倍赃"；[3]"会赦及降者，盗、诈、枉法，犹征正赃。疏议曰：谓会赦及降，唯盗、诈、枉法三色，正赃犹征，各还官、主，盗者免倍赃，故云犹征正赃，谓赦前事发者"。[4]当出现公权力所拟定的客观条件时，倍赃的征收只是对犯罪恶性程度的替代性处理，并不能直接说明其是在强调对被盗者的保护。但即便如此，本赃的征还仍然起到了对被盗者财产权的保障。问题在于，当对犯罪者的惩处出现了官方惩罚导向与私力救济导向相互之间的博弈时，私力救济导向未必占上风，如"已费用者，死及配流，勿征（别犯流及身死者，亦同）。疏议曰：因赃断死及以赃配流，得

---

[1] 周亦杨："现行刑法抢劫罪与唐律强盗罪的比较"，载《江苏社会科学》1991年第5期。
[2]《唐律疏议》卷四《名例》，第69—71页。
[3]《唐律疏议》卷五《名例》，第79页。
[4]《唐律疏议》卷四《名例》，第71页。

罪既重，多破家业，赃已费用，矜其流、死，其赃不征"。[1]可见当公权力的惩罚对私权利的救济造成实质影响时，公权力的实现才是更重要的外在表现。当然，笔者并非强调唐代对盗罪的惩处完全不考虑被害人的权利，但可以看到的是，公权力对犯罪者的处罚才是处于主导地位的因素。

因此，盗罪除了具有较为明显的经济属性之外，还存在着突出的社会属性。许多针对贼盗类犯罪的法律制约均与其他形式的社会控制有密切关系。如元和五年（公元810年），京兆尹王播在上奏中就将私藏兵器与贼盗犯罪进行了相关性的论述，"诸县皆有镇军，并随逐水草放牧羊马，贼徒因兹假托，挟带兵器，晨夜混杂，善恶不分。伏请从今日以后，放牧之徒不得躬带刀剑仗等放牧。仍请诏下后十日，外有犯者，百姓，所在集众决重杖二十；属军者，许臣擒捉，牒送本镇，亦准例科决，仍便解退。其近城弋猎，准前后敕并以禁断，公郡验马将军子弟子鹰鹞，准敕但许城南按放，不得辄越诸界，并请不得别持刀剑等"。[2]可见贼盗行为对社会秩序，特别是对统治秩序所造成的潜在威胁才是规制贼盗类犯罪的关键所在。早在贞观十一年（公元637年），侍御史马周在上疏中就明确指出，"臣窃寻往代以来成败之事，但有黎庶怨叛，聚为盗贼，其国无不即灭，人主虽欲改悔，未有重能安全者"。[3]换言之，唐代对贼盗类犯罪规制的根本目标在于对统治秩序的维护，而非出于对民众人身及财产权利的保障。但贼盗类犯罪的侵犯客体从表征上看最直接的影响对象并非是皇权，因此在法律规定与法律实践当中，两者如何嫁接就成了一个值得思考的问题。

---

[1]《唐律疏议》卷四《名例》，第70页。
[2]《册府元龟》卷六百八十九《牧守部·革弊》，第8219页。
[3]《贞观政要》卷六《奢纵第二十五》，第208页。

二、贼盗类犯罪的成因及规制方向

陈登武及杨月君曾先后以唐代的强盗类犯罪为研究对象进行细致的分析整理,[1]其中归结贼盗类犯罪的第一个主要成因便是灾荒。从相关史料看,许多对贼盗类犯罪高发期的记载都与自然灾害引发的饥荒有联系,如高宗年间,"时关中大饥,人相食,盗贼纵横"。[2]统治阶层对这种灾荒型贼盗的处理一般都会秉持较为宽容的态度。如唐初武德间,韦云起曾上疏称:"如臣愚见,请暂戢兵,务穑劝农,安人和众,关中小盗,自然宁息",[3]这种策略也得到了统治者的认可,"武德二年(619)二月,武功人严甘罗行劫,为吏所拘。高祖谓曰:'汝何为作贼?'甘罗言:'饥寒交彻,所以为盗。'高祖曰:'吾为汝君,使汝穷乏,吾罪也。'因命舍之"。[4]该种成因的贼盗尽管也会对统治秩序造成威胁,但灾荒本身能引起的负面影响远不止贼盗类犯罪这么简单,如果舍本逐末地单纯管制贼盗类犯罪,可能会激发更多的社会问题。

除此之外,对有政治力量参与的贼盗类犯罪的相关处理则更被统治者所重视。这里又可以将该种贼盗类犯罪分为两种不同动因:一种是明显以威胁政权为目的的谋反类贼盗,另一种则只是客观上对社会秩序存在潜在威胁的贼盗类犯罪。对于第一种贼盗类犯罪,统治者出于统治目的毫无疑问要进行绝对的毁灭性打击。如武德二年(公元619年),"司竹群盗祝山海有众一

---

[1] 陈登武:《从人间世到幽冥界:唐代的法制、社会与国家》,北京大学出版社2007年版,第138—141页;杨月君:《唐代京畿地区治安管理研究》,中国社会科学出版社2014年版,第134—136页。
[2] 《旧唐书》卷七十五《苏良嗣》,第2630页。
[3] 《旧唐书》卷七十五《韦云起》,第2633页。
[4] 《唐会要》卷四十《君上慎恤》,第717页。

千，自称护乡公，诏建成率将军桑显和进击山海，平之"。但在唐朝政权建立初期，如若能够将其收编成为政权巩固力量，这种谋反类贼盗也有摇身一变成为"正规军"的可能。如"时凉州人安兴贵杀贼帅李轨，以众来降，令建成往原州应接之"。[1]因此，对这种贼盗类犯罪，因其背后的政治因素，往往需要单独予以分析。如杜娟曾深入分析德宗建中元年（公元780年）边将张光晟率众劫杀回纥商团事件，其认为张光晟一方面反感突董等人的骄纵行为，另一方面惊讶于其装备丰富，于是谋划了劫杀行动。杜娟还特别指出，除了以上原因，最重要的在于德宗早在太子时期就与回纥前任可汗牟羽结有旧怨，张光晟此举似乎还有取悦德宗的成分。[2]因此，有政治因素掺杂的贼盗行为是否被认定为犯罪并不具备必然性。

对于第二种对社会秩序存在潜在威胁的贼盗类犯罪，官方的规制方式往往会与其他社会控制手段相互结合。除上文中提及的对武器的管制，再以唐代宵禁为例，王履贞在《六街鼓赋》中提到，"惟道路兮此有其纪纲，在昏晓兮用警于行藏。设彼鼓节，以为人防，俾守度而知禁，咸顺时而向方……日入于西，俾于行者止；斗回于天，警夫居者起……守常有则，守矩不违……岂独警其当路，亦用革其非心"。[3]设置街鼓除了用以宵禁等行政管理事项外，从直观上来看主要是用于信息传递而产生警示作用，即对贼盗类犯罪分子"革其非心"。但从更深层的角度来看，"鼓"这种器物本身就内含着一种公权力的震慑意味，无论使用与否，其本身就有对犯罪分子的警示作用。与其说这种报

---

[1]《旧唐书》卷六十四《隐太子建成》，第2414页。

[2] 杜娟："从突董事件看唐朝与回纥的关系"，新疆大学2005年硕士学位论文。

[3]《文苑英华》卷八十《六街鼓赋》，第366页。

警装置的设置是为了维护民众的人身财产安全，倒不如称其是公权力在民众层面的渗入更为贴切。这种渗入的直接目的是对社会秩序的维护，但需要明确的是这种社会秩序的稳定维护并非是以保障民众权利作为归宿，而是将秩序的价值位阶明确地置于了自由之上。从具体触犯宵禁的案件评析中也能看出这一强烈的目的倾向，如在苏颋的一则判决中有这样的记载：

  长安令杜虚有百姓王丁犯夜，为吏所拘。虚问其故，答云："从师授书，不觉日暮。"虚曰："鞭挞宁越以立威名，非政化之本。"使吏送归家，暝出香街，听严城之钟鼓。归与不逮，行者宜息。墨绶荣班，黄图贵令。惩奸擿伏，冀静于桴鼓；慕道崇儒，岂威于鞭挞？奚殊政本，不抵彝条，竟释吏人之执，旋辱宰君之惠。[1]

  对触犯宵禁的惩罚免除并不在于形式上的突破，而在于目的上的禁忌，触犯宵禁的行为模式虽然本身就是一种对公权力象征的侵犯，但在该案中动机的情理评判明显要高于行为的表征评判。此外还需要注意到，百姓王丁毕竟只是一介草民，其潜在危害性几乎可以忽略不计，此时德治教化的统治面向就极易凸显，若换做官员则并不尽然。如宪宗元和三年（公元808年），宦官郭里旻同样是触犯宵禁，然而结果却严重得多，"中使郭里旻酒醉犯夜，杖杀之，金吾薛伾、巡使韦繟皆贬逐"。[2]如若再将宪宗时期宦官权势逐渐扩张的大背景加入，那么该案件可能远非犯宵禁而已，如元和五年（公元810年）即有"时禁军诸镇布列畿内，军人出入，属鞬佩剑，往往盗发，难以擒

---

[1]《全唐文》卷二百五十六《对劝学犯夜判》，第1540页。
[2]《旧唐书》卷十四《宪宗本纪》，第425页。

奸"[1]的记载。因此诸如街鼓、宵禁等对社会秩序的管控方式，虽然表现为不同的外在形式，但背后的目的根源似乎才是重点所在。

再以盗墓犯罪为例，开元二十八年（公元740年），华妃墓被盗，玄宗"乃召京兆尹万年令，以物色备盗甚急。及盗载物归也，欲入春明门，门吏呵止之，乃搜车中，皆诸宝物，尽收群盗。拷掠即服，逮捕数十人，皆贵戚子弟无行检者。王乃请其魁帅五人，得亲报仇，帝许之。皆探取五脏，烹而祭之，其余尽榜杀于京兆门外"。[2]先不论该则史料记载的真实性，单从"探取五脏，烹而祭之"的处罚方式就能看出记载者本身对盗墓行为，特别是盗华妃墓行为的犯罪评价指向绝非是单纯的贼盗，而是在于其侵犯了儒家忠孝文化背后的伦理秩序。因此，对这种贼盗类犯罪的评判往往会与社会控制背后的价值指向有着密切的关联。

除了贼盗类犯罪规定的目的指向不同，此类犯罪处理的结果导向也有非常明显的差异。如前所述，在涉及贼盗类犯罪时，特定人群可能会因其身份的特殊性而导致在案件处理的结果上存在差异，且这种差异有时会以两种相反的方式呈现。一方面，犯罪主体的身份差异会对司法惩处的结果产生影响，如会昌三年（公元843年），京兆尹卢商上奏"伏乞今后如有犯者，许臣追捉。若是百姓，当时处置；如属诸军诸使禁司，奏闻，从之"。[3]上文中宦官郭里旻触犯宵禁，但惩处他的原因可能并非简单的宵禁规制，也在一定程度上印证了这种规定。另一方面，与普通民众相比，官僚群体作为犯罪侵犯的客体往往会受到更严密的

---

[1]《旧唐书》卷一百六十四《王播》，第4276页。
[2]《太平广记》卷三百三十《华妃》，第2619页。
[3]《唐会要》卷六十七《京兆尹》，第1188页。

法律保护。如天宝三年（公元744年），为了防止百官在上朝途中受到盗贼暴徒的攻击，"请于要道筑甬道，载沙实之，至于朝堂，从之"。[1]再如宪宗元和十年（公元815年），影响尤其巨大的武元衡遇害案，"六月，癸卯，天未明，元衡入朝，出所居靖安坊东门；有贼自暗中突出射之，从者皆散走，贼执元衡马行十余步而杀之，取其颅骨而去"，[2]宪宗立即下诏，"朕以不德，君临万邦，不敢自逸，每怀兢惕。而凶狡窃发，奸我股肱，是用当宁废朝，通宵忘寐，永怀良辅，何通如之。宜极搜擒，以摅愤毒，天下之恶，天下共诛，念兹臣庶，固同愤叹"。[3]再如开成三年（公元838年），宰相李石自亲仁里宅第骑马上朝途中遇盗贼行刺，文宗闻讯大惊，下诏"辇毂之下，法在肃清；奸盗窃发，理难容舍。亲仁坊今月五日贼，依前委京兆府左右街使，凤翔、邠、泾、金、商、同、华等州切加捕逐，如获头首，准法科断。其余支党，一切不问"。[4]虽然同为贼盗类犯罪，但犯罪主客体不同所引起的重视程度也有着较大差异。对贼盗类犯罪的法律规制目标虽然以被侵害人的人身财产权作为表征，但该人身财产权背后的统治秩序才是法律最终的指向。因此，贼盗类犯罪的主客体对统治秩序的影响程度不同，对贼盗类犯罪的惩处程度也就自然而然地呈现出轻重不同的结果。

正因为贼盗类犯罪的惩处与公权力的威严象征意义有着极为密切的联系，因此许多史料中记载的贼盗类案件往往牵扯复杂的政治力量博弈。如大历年间的一则案件，"时盗杀富平令韦当，县吏捕获贼党，而名隶北军，监军鱼朝恩以有武材，请诏原

---

[1]《唐会要》卷八十六《道路》，第1573页。
[2]《资治通鉴》卷二百三十九《唐纪·宪宗元和十年》，第7713页。
[3]《全唐文》卷六十《捕杀武元衡诏》，第393页。
[4]《册府元龟》卷六十五《帝王部·发号令》，第725页。

其罪,溷密疏驳奏,贼遂伏辜"。就此案,[1]陈登武即指出,歹徒"名隶北军"且鱼朝恩还为其求情,可见其中案情不单纯。[2]当然,政局稳定与否也会反过来对贼盗类案件的发生产生实质的影响。如在经历了漫长安史之乱的德宗统治时期,建中四年(公元783年)十月,"贼入宫,登含元殿,大呼曰:'天子已出,宜人自求富!'遂欢噪,争如府库,运金帛,极力而止。小民因之,亦入官盗库物,通夕不止。其不能入者,剽夺于路。诸坊居民各相帅自守"。[3]再如文宗甘露之变时,"坊市恶少年因之报私仇,杀人,剽掠百货,互相攻劫,尘埃蔽天",[4]"坊市恶少年皆衣绯皂,持弓刀北望,见皇城门闭,即欲剽掠,非石与君赏镇之,京城几再乱矣"。[5]而对这种借政局之乱而严重侵犯统治秩序的贼盗犯罪的处理,又再次反过来受制于政治因素的博弈。"昨者有擅入逆人之家,盗掠财物,拥无故之利,生怙乱之心;尚有纵酒聚徒,妖言惑众,志于掠盗,恐吓居人,假托军司,辄持兵器,及以前月二十一日事妄相告讦者,委御史台、京兆府严加伺察,擒捉奏闻,所在集众决杀,不在恩赦之限"。[6]

三、贼盗类犯罪的处理模式与手段选择

唐朝对贼盗类犯罪进行法律规制时通常将民众作为一个整体进行义务限定。也就是说,表面上本应当是贼盗类犯罪保护

---

[1]《旧唐书》卷一百二十九《韩滉》,第3599—3600页。
[2] 陈登武:《从人间世到幽冥界:唐代的法制、社会与国家》,北京大学出版社2007年版,第145页。
[3]《资治通鉴》卷二百二十八《唐纪·德宗建中四年》,第7354页。
[4]《资治通鉴》卷二百四十五《唐纪·文宗太和九年》,第7914页。
[5]《资治通鉴》卷二百四十五《唐纪·文宗太和九年》,第7914—7921页。
[6]《册府元龟》卷九十一《帝王部·赦宥》,第1088页。

对象的庶民在此类法律规定面前通常是以一种义务主体的状态存在。如《唐律疏议》中"道路行人捕罪人"条规定"诸追捕罪人而力不能制，告道路行人，其行人力能助之而不助者，杖八十；势不得助者，勿论"；[1]再如"邻里被强盗"条规定"诸邻里被强盗及杀人，告而不救助者，杖一百；闻而不救助者，减一等。力势不能赴救者，速告随近官司，若不告者，亦以不救助论。其官司不即救助者，徒一年。窃盗者，各减二等"。[2]能够看出，在贼盗类犯罪面前，庶民一般被划定为有"帮助政府惩治犯罪"的义务对象，而并非作为权利主体。无论是贼盗类犯罪的侵犯客体还是具有协助官府惩治犯罪之民众的义务承担指向都是官方统治之下的社会秩序维护，在这种社会秩序面前，民众一般只是作为"第三人"存在的秩序对象之一，而并不绝对是法律所保护的权利享有者。在《唐律疏议》"强盗杀人"条的表述中，就明显地表述了这种倾向性。"诸强盗及杀人贼发，被害之家及同伍即告其主司。若家人、同伍单弱，比伍为告。当告而不告，一日杖六十。主司不即言上，一日杖八十，三日杖一百。官司不即检校、捕逐及有所推避者，一日徒一年。窃盗，各减二等"。[3]在维护皇权统治的法律面前，所有的社会力量均是保护皇权的义务主体，其行动出发点及行为模式都必须始终围绕如何更有利于统治秩序而展开。无论是普通民众、村坊里正还是基层官员，在对抗有碍于统治秩序的贼盗类犯罪面前，虽然各自的具体义务规定不尽相同，但其无疑都是义务网络中的系统因子。如唐太宗《禁讳盗诏》中强调："盗贼之作，为害实深。州县官人多求虚誉，苟有盗发，不欲陈告。

---

[1]《唐律疏议》卷二十八《捕亡》，第450页。
[2]《唐律疏议》卷二十八《捕亡》，第451页。
[3]《唐律疏议》卷二十四《斗讼》，第385页。

乡村长正知此情,遽相劝止,十不言一。假有披论,先劾物主,爰及邻伍,久婴缧绁。有一于斯,甚亏政化。自今以后,勿便更然。所司明加探察,随事绳纠",[1]这种"罪"的潜在拟制性始终萦绕。《唐律疏议·名例》中的"犯罪共亡"条也同样凸显了这种倾向:"诸犯罪共亡,轻罪能捕重罪首(重者应死,杀而首者,亦同),及轻重等,获半以上首者,皆除其罪(常赦所不原者,依常法)"。[2]正如有论者称,犯罪共同逃亡后的互捕自首,虽不针对盗罪,但盗罪容易结伙,容易再犯,实际发生率高,所占共同犯罪比例大,对盗罪适用不仅具有迅速捕获案犯的现实意义,而且具有降低成本、提高效率、分化瓦解、消除再犯的特殊价值。[3]再如在"彼此俱罪之赃"条中对"盗人所盗"的规定也能体现这种逻辑:"假有乙盗甲物,丙转盗之,彼此各有倍赃,依法并应还主。甲既取乙倍备,不合更得丙赃,乙即元是盗人,不可以赃资盗,故倍赃亦没官。若有纠告之人应赏者,依令与赏"。[4]

此外,在对统治秩序的维护当中,不仅民众是秩序网络中的组成分子,在特定情况下官僚阶层也不例外。如陈子昂在对"逃户"增加而形成强盗集团的问题进行分析时,就特别将官员的责任纳入视角并予以强调:"蜀中诸州百姓所以逃亡者,实缘官人贪暴,不奉国法;典吏游容,因此侵渔。剥夺既深,人不堪命。百姓失业,因即逃亡。凶险之徒,聚为劫贼。今国家若不清官人,虽杀获贼终无益"。[5]这再次印证了贼盗犯罪的惩治

---

[1]《全唐文》卷六《禁讳盗诏》,第46页。
[2]《唐律疏议》卷五《名例》,第83—84页。
[3] 孙向阳:"唐律《名例》对于盗罪的特别适用",载《法律史评论》2013年。
[4]《唐律疏议》卷四《名例》,第68页。
[5]《全唐文》卷二百十一《上蜀川安危事三条》,第393页。

重点乃是对统治秩序及社会秩序的维护。此外，唐《神龙散颁刑部格》中的一则规定也有非常类似的记载。

> 光火劫贼，必藉主人，兼倚乡豪，助成影援。其所获贼，各委州县长官尽理评覆，应合死者奏闻。其居停主人先决杖一百，仍与贼同罪。邻保、里正、坊正、村正各决杖六十，并移贯边州。其有捉获贼应合赏，准强盗法。其赏出贼家及居停主人。其贼党有能密告官司，因而擒获者，免其罪，仍同赏例。如有贼发州县，专知官及长官隐蔽不言，及勾官不能纠举者，并解却。若捉贼不获，贬授远恶官。限内捕获，过半以上，即免贬责。如擒获外境五人以上，与中上考。应贬者，听功过相折。御史、巡察使出日，仍访察奏闻。[1]

如郭绍林先生所指出的，唐代的社会治安问题，虽然有协调社会关系和维持生产生活秩序的一面，但其终极目的在于维护李唐王朝统治的持久与稳固。[2]当对贼盗类犯罪的处理与社会控制之间的张力越来越凸显时，原本律文中的规定也会呈现出与之相应的变化。特别是在唐后期，随着政局的动荡，社会控制的诉求也在随之加强，进而对贼盗类犯罪的处理也体现出强烈的加重趋势。如德宗建中三年（公元782年）规定"当府界内，捉获强盗，不论有赃无赃，及窃盗赃满三匹以上者，并准敕集众决杀；不满匹者，量事科决，补充所由。犯盗人虽有官及属军等，一切并依此例处分"，[3]这明显提升了《唐律疏议》中对贼盗类犯罪的惩处力度。宪宗元和四年（公元809

---

[1] 刘俊文：《敦煌吐鲁番唐代法制文书考释》，中华书局1989年版，第1274—1275页。
[2] 郭绍林："唐代统治阶级的治安思想"，载《唐都学刊》1993年第3期。
[3] 《册府元龟》卷六百十二《刑法部·定律令》，第7350页。

年),京兆府向朝廷提议继续执行以上敕令,元和十年(公元815年)的敕令中则再次强调:

> 准天宝十四年(公元755年)正月敕:"府县务烦,事须速决,若一一皆待勘覆,即必有稽留。"伏准今年正月敕:"自今以后,诸司应有决杀囚,若不承正敕,并不在行决之限,如迹涉凶恶、须速决遣,并特敕处分者,亦宜一度覆奏者。伏以京邑浩穰,庶务烦剧,擒奸戮盗,事实寻尝。若一罪一刑,动经覆奏,不惟惧于留狱,实亦烦于圣览,况畿甸之内,尤须肃清,其强盗、窃盗并犯徒以下罪者,情准建中三年及天宝十四载敕处分;其余罪犯,经有司准按者,请准今年正月敕处分。"从之。[1]

这一敕令表明:贼盗类犯罪的处罚结果不仅大幅提升,在处理程序上也发生了简化的倾向。魏殿金还特别提到,此处的敕文明言其适用范围仅仅是京兆府"当府界内",因而还不能用其推断唐后期对贼盗犯罪惩处的整体走向。不过根据"会昌元年(841)十二月,都省奏:准开成五年(840)十二月十四日中书门下奏:准律,窃盗五匹以上,加役流。今自京兆河南尹,逮于牧守。所在为政,宽猛不同。或以百钱以下毙踣,或至数十千不死,轻重既违法律,多以收禁为名,法自专行,人皆异政。然禁严则盗贼屏息,闾里皆安。政缓则攘窃盗行,平人受弊。定其取舍,在峻典刑。自今以后,天下州府窃盗贼,计赃几贯,须处极法"的记载,[2] 该时期在全部唐代统治地区似乎都存在这种趋势。[3]

---

[1] 《册府元龟》卷六百一十二《刑法部·定律令》,第7350页。
[2] 《唐会要》卷三十九《议刑轻重》,第714页。
[3] 魏殿金:"唐宋'窃盗'的法定刑演变考证",载《思想战线》2014年第1期。

但需要注意，这种对以往敕令的反复强调本身反映出该规定的执行情况并不理想。如前文所言，政局稳定与否会直接影响贼盗类犯罪的发生以及处罚。因此，仅重复地强调对贼盗类犯罪的惩处力度并不会在根本上对犯罪的发生产生实质性作用。在这种背景下，京兆府于武宗会昌四年（公元844年）上奏请求通过赏罚并行的方式以处理贼盗案件就很值得关注。

> 擒盗贼并闲行斗殴人等，被奸恶所由，与府县人吏同情欺罔，因缘卜射，求取恣为，不顾典刑，隐藏愆犯。臣见今推鞫，须立条科。应府县所由，辄因事取钱及恐吓平人，遣重囚典引坊市人户，推问得实，赃至十贯以上者，从今后伏请集众决杀；十贯以下者，即量情科断。如捕贼所由，搦捉贼赃至五十贯，请赏三十贯文。如赃至一百贯以上，取本赃一半以上充赏。庶赏罚必行，奸欺止息，从之。[1]

既然对贼盗类犯罪进行处罚的最终指向是为了维护统治秩序而非保护个体人的人身财产安全，那么何种方式最能起到良好效果则最容易被统治者所采纳。会昌元年的敕令虽然"刑罚颇峻"，但结果上却"盗贼益烦"，[2]因此该敕令在之后也被做出调整。

赏罚并行的处理方式绝非会昌时期初创，事实上"德礼"与"政刑"的互动共治早就为贼盗犯罪的处理提供了一个理论框架，如白居易就曾上疏：

> 臣闻：圣王之去贼盗也，有二道焉。始则举有德，选有能，使教化大行，奸宄者去。次又安其业，厚其生，使廉耻大兴，

---

[1] 《册府元龟》卷六百一十三《刑法部·定律令》，第7356页。
[2] 《册府元龟》卷六百一十三《刑法部·定律令》，第7356页。

贪暴者息……由是观之，则俗之贪廉，盗之有无，系于人之劳逸，吏之贤否也……伏惟陛下大推爱人之诚，广喻称善之旨；厚其生业，使俗知耻格；举以贤德，使国无幸人；自然廉让风行，奸滥日息。则重门罕闻于击柝，外户庶见于不扃者矣。[1]

　　陈子昂对"逃户"问题的见解及此处白居易的分析无疑都是从官府的责任视角出发。这是因为，官府的治理模式及民众的生活水平会直接影响到贼盗类犯罪的发生，而前文中关于灾荒型贼盗的介绍也反映出了这一问题。此外一些少数民族地区也存在着类似的情形，如"（元和）十五年（820）十一月，命太子中允李寮为宣抚党项使。以部落繁富，时远近商贾，赍缯货入贸羊马。至大和、开成之际，其藩镇统领无序，恣其贪婪，不顾危亡，或强市其牛马，不酬其直，以是部落苦之，遂相率为盗，灵、盐之路小梗"。[2]当贼盗类犯罪明显是由其他有害于政治统治的行为引起时，对该成因行为的批判打击很容易超越单纯对贼盗类犯罪的制裁。这些问题都鲜明地体现了贼盗类犯罪的综合处理选择取向，即以维护统治秩序作为最终的目标。

　　综上所述，虽然贼盗犯罪的直接侵犯对象是他人的人身财产权，但其背后的社会秩序——统治秩序才是法律保护的重点。无论是法律文本的制定还是具体案件的审判，从中都可以看出，对贼盗犯罪的打击始终围绕着秩序这一价值位阶展开，而并非权利与自由。与此同时，尽管在贼盗犯罪的惩治上每一个体都存在一种拟制的义务属性，但不可否认的是，对贼盗类犯罪的重视客观上确实起到了对民众生命财产的保护作用。换言之，

---

　　[1]（唐）白居易：《白居易集》卷六十五《去盗贼》，中华书局1999年版，第1359页。
　　[2]《旧唐书》卷一百九十八《党项羌》，第5293页。

人们在相互监督之下确实形成了一种类似"和谐共处"的局面,只不过这种局面需要有一个大前提的存在,即社会秩序——统治秩序是有利于人们在这个社会网络中生存的。否则,当这种社会秩序——统治秩序本身已然成为对民众生命财产的一种实质负担,那么贼盗犯罪本身的罪责意义就值得反思。如在有明显的政治因素介入的贼盗犯罪案例中,对行为的判定远非从犯罪的客观要素中进行解析。而这种对秩序价值的需求本身就意味着何种秩序的构建才是处理贼盗类犯罪的核心问题。

第五章
巫术犯罪的犯罪学考察

　　由于中国古代人文精神的发达，巫术往往被贴上野蛮落后的标签。但基于在特定历史环境下自然科学发展的局限性，社会生活中一定会存在着某些神秘区域，而这就为巫术的流行提供了肥沃的土壤。与此同时，巫术作为一种文化现象，其存在有着自身的一套逻辑和内在结构。中国古代历朝历代都存在着数量众多的巫术犯罪行为，不同朝代的法律规范也基本都对巫术犯罪进行了相应的法律规制。但法律规制不意味着将所有的巫术行为统统予以禁止，制裁巫术犯罪行为的目的也并非指向巫术行为本身，而是对巫术行为所侵犯对象客体的保护。此外，在对巫术犯罪的侦破乃至处理当中，往往呈现出一种"以巫制巫"的行为模式，即对巫术犯罪的处理通常需要使用同类型的巫术才能妥善解决，这就意味着即使从国家统治的角度，巫术也存在着合法与非法、正向与负向的区分。更为有趣的是，尽管与西方相比，中国古代的宗教对政治及法律的影响似乎并不那般强烈，但其与巫术犯罪背后社会心理中的善恶观念却形成了极佳的结合。宗教戒律与民间信仰都具备一定的神秘性色彩，与此同时，宗教戒律的道德约束与内心强制为社会民众的朴素善恶观增添了一种神圣化的"罪"之认定，这种"罪恶"的道德束缚与法律意义上的社会控制相结合，两者之间形成了一种相辅相成的默契，为法律伦理和社会秩序增添了一种无形且强大的非制度性支撑。

一、唐代关于巫术犯罪的法律规定

唐代法律对巫术犯罪的规定主要集中在《唐律疏议》的"十恶"条中。

> 五曰不道，谓杀一家非死罪三人及支解人，造、畜蛊毒，厌魅。疏议曰：安忍残贼，背违正道，故曰不道……注：造、畜蛊毒，厌魅。疏议曰：谓造合成蛊，虽非造合，乃传畜堪以害人者，皆是。即未成者，不入十恶。厌魅者，其事多端，不可具述，皆谓邪俗，阴行不轨，欲令前人疾苦及死者。[1]

由此可见，在唐代，蛊毒和厌魅被统归到不道罪当中。其原因在于这种行为与"支解人"类似，具有非常残忍的特征。但如何界定厌魅却并不容易，立法者也明确地意识到这一点，因此采取了"其事多端，不可具述"的概括性描述。需要指出，本文中所指的巫术犯罪包括蛊毒和厌魅两种形式，但在具体的事件中这两种巫术犯罪形式多呈现出一种交叉结合的形态。尽管两者有各自不同的特殊指向，但无疑都呈现出一种神秘性特征，在自然科学不甚发达的古代，对两种犯罪形式的勘验或审判通常都需要通过其他一些辅助性手段才能完成。因此，从法律规范的角度而言，很难将两者进行详细的列举说明。就蛊毒来说，"蛊有多种，罕能究悉，事关左道，不可备知。或集合诸虫，置于一器之内，久而相食，诸虫皆尽，若蛇在，即为蛇蛊

---

[1]《唐律疏议》卷一《名例》，第9—10页。

之类"。[1]而在厌魅类的犯罪中，还分别存在着厌与咒两种既有联系又有区别的方式，如《唐律疏议》中的"憎恶造魇魅"条尽可能地对巫术类犯罪进行了解释说明："有所憎嫌前人而造魇魅，厌事多方，罕能详悉，或图画形象，或刻作人身，刺心钉眼，系手缚足，如此厌胜，事非一绪；魅者，或假托鬼神，或妄行左道之类；或咒或诅，欲以杀人者，各以谋杀论减二等。若于期亲尊长及外祖父母、夫、夫之祖父母、父母，各不减，依上条，皆合斩罪"。[2]虽然此处对厌魅和诅咒行为进行了相对比较具体的列举，但仍然强调"罕能详悉"。且厌与咒之间还存在着一种轻重的差别："问曰：依贼盗律，子孙于祖父母、父母求爱媚而厌、咒者，流二千里。然厌魅、咒诅，罪无轻重。今诅为不孝，未知厌入何条？答曰：厌、咒虽复同文，理乃诅轻厌重。但厌魅凡人则入不道，若咒诅者不入十恶。名例云，其应入罪者，则举轻以明重，然咒诅是轻，尚入不孝，明知厌魅是重，理如此条"。[3]由此可见，厌魅相对诅咒要更为严重。

　　该问答在对厌魅和诅咒的比较当中用了一个很有趣的中介——用巫术行为的方式去实施不孝的行为。从事实角度来看这种巫术犯罪行为就成了不孝的一种方式方法，从逻辑上这一行为内括了两种不同的犯罪标的。那么反过来看，单纯的巫术犯罪之具体衡量标准为何？如果只是巫术行为本身，其本身是否已然构成一种犯罪行为？关于以上问题，法律条文当中似乎并没有给出一项明确的解释标准。可明确的是，蛊毒厌魅作为巫术的一种，其本身就是一种阴邪类的巫术，法律上虽然没有给出一个具体的界定，但基本上明确了厌魅是以"欲令人疾苦及死者"

---

[1]《唐律疏议》卷十八《贼盗》，第285页。
[2]《唐律疏议》卷十八《贼盗》，第288页。
[3]《唐律疏议》卷一《名例》，第12—13页。

和"求爱媚"为导向。但这里就留下了一个悬念,即除了蛊毒厌魅以外其他的巫术行为是否也是犯罪?也就是说,蛊毒厌魅作为巫术行为的一种,是否单纯指那些"欲令人疾苦及死者"和"求爱媚"的巫术方式?以及那些并不"欲令人疾苦及死者"和"求爱媚"的巫术方式又算不算得上是犯罪?正是因为蛊毒厌魅本身的负面指向,有学者指出,厌魅之术,为人间正道所不容,必然受到各种惩处,要么是来自宗教神旨,要么是来自人间律令。[1]也就是说,除了世俗世界的法律惩戒之外,巫术以及宗教界本身也存在着一种以厌魅对抗力量呈现的正向性的巫术行为。根据巫术行为的指向性不同,可以将其分为攻击性巫术、禳除性巫术、禁忌性巫术以及祈福性巫术。所以从法律文本来看,法律所规制的仅仅以攻击性巫术为主,或者说是目的呈现侵犯其他法意的负向巫术行为。

此外,由于蛊毒厌魅行为的后果性判定有着诸多的主观性因素,因此,对蛊毒厌魅的法律惩治的实质关注点在于蛊毒厌魅的主观恶性。而这种主观恶性又通常与社会的法律价值相结合,虽然有些巫术行为人在具体的巫术行为中并没有明确的指向对象,但其目的有危害国家统治秩序之嫌,自然无法逃脱法律的规制。与上述法律问答当中厌魅与不孝的结合类似,这种判断标准与谋反类犯罪也可以存在一定的重合。

> 玄宗废后王氏,同州下邽人……后兄守一以后无子,常惧有废立,导以符厌之事。有左道僧明悟为祭南北斗,刻辟灵木书天地字及上讳,合而佩之,且祝曰:"佩此有子,当与则天皇后为比。"事发,上亲究之,皆验。开元十二年(724年)秋七

---

[1] 杨清虎、段亚菲:"中国古代社会对厌魅之术的惩处",载《广东技术师范学院学报》2014年第1期。

月己卯，下制曰："皇后王氏，天命不祐，华而不实。造起狱讼，朋扇朝廷，见无将之心，有可讳之恶。焉得敬承宗庙，母仪天下，可废为庶人，别院安置。刑于家室，有愧昔王，为国大计，盖非获已。"[1]

此外，许多历史中记载的重大巫术犯罪往往还和政治纷争有着千丝万缕的联系，最为知名的如武则天与王皇后及萧淑妃之间的"后宫争斗"。

高宗由是复召入宫，立为昭仪。俄而渐承恩宠，遂与后及良娣萧氏递相谮毁。帝终不纳后言，而昭仪宠遇日后。后惧不自安，密与母柳氏求巫祝厌胜。事发，帝大怒，断柳氏不许入宫中，后舅中书令柳奭罢知政事，并将废后……庶人良娣初囚，大骂曰："愿阿武为老鼠，吾作猫儿，生生扼其喉！"武后怒，自是宫中不畜猫。[2]

此事件恰好反映出了巫术犯罪认定当中最主要的两个指向：一是"求爱媚"，二是"欲以伤杀人"。再如"载初年中，来俊臣罗织，告故庶人贤二子夜遣巫祈祷星月，咒咀不道。栲处酸痛，奴婢妄证，二子自诬，并鞭杀之，朝野伤痛"；[3]"韦庶人之全盛日，好厌祷，并将昏镜以照人，令其速乱，与崇仁坊邪俗师婆阿来专行魔魅。平王诛之。后往往于殿上掘得巫蛊，皆逆韦之辈为之也"，[4]皆是如此。可以发现，对与统治权有勾连

---

[1]《旧唐书》卷五十一《玄宗废后王氏》，第2177页。
[2]《旧唐书》卷五十一《高宗废后王氏》，第2170页。
[3]（唐）张鷟撰：《朝野佥载》卷三，载上海古籍出版社编：《唐五代笔记小说大观》，上海古籍出版社2000年版，第36页。
[4]（唐）张鷟撰：《朝野佥载》卷三，载上海古籍出版社编：《唐五代笔记小说大观》，上海古籍出版社2000年版，第36页。

的巫术犯罪之惩治多是出于对政治秩序的维护。这种法律规定的着眼点并不在于行为人是否真正对政治秩序做出了实质性的变更,只要存在这种企图并做出了相应的意思表示,那就自然而然地成为法律所统摄的对象,更何况这种特殊的意思表示本身就带有着极强的邪恶性色彩。

正因为巫术犯罪的判定标准往往是"求"或"欲",即以主观意图作为最终的判断依据,而其犯罪指向又是法律价值或社会秩序,所以在政治纠纷中就很容易被当作导火索或契机而被人利用。冲击政治秩序这一企图本身具备隐秘性和不易察觉性,一旦与巫术犯罪的神秘性结合在一起,即为"天作之合"。如睿宗窦皇后就曾于"长寿二年(693年),为户婢团儿诬谮与肃明皇后厌蛊咒诅",[1]再如唐初的刘文静案:

> 文静自以才能干用在裴寂之右,又屡有军功,而位居其下,意甚不平。每廷议多想违戾,寂有所是,文静必非之,由是与寂有隙。文静尝与其弟通直散骑常侍文起酣宴,出言怨望,拔刀击柱曰:"必当斩裴寂耳!"家中妖怪数见,文起忧之,遂召巫者于星下被发衔刀,为厌胜之法。时文静有爱妾失宠,以状告其兄,妾兄上变。高祖以之属吏,遣裴寂、萧瑀问状。文静曰:"起义之初,忝为司马,计与长史位望略同;今寂为仆射,据甲第,臣官赏不异众人,东西征讨,家口无托,实有缺望之心。因醉或有怨言,不能自保。"高祖谓群臣曰:"文静此言,反明白矣。"[2]

可见,官方在对一些与政治有牵连的巫术犯罪处理当中通

---

[1]《旧唐书》卷五十一《睿宗昭成顺圣皇后窦氏》,第2176页。
[2]《旧唐书》卷五十七《刘文静》,第2293页。

常采用一种严格主义的标准。这种标准并不过多地探讨行为人巫术使用的后果,其主要关注点乃在行为人的犯罪动机。只要这种动机对政治秩序有现实或潜在的威胁或破坏,那就势必难为统治者所容。如陈玺教授所言,统治者基于对厌魅行为之恐惧心理,或由朋党倾轧陷害,此类案件多被锻炼成狱,施行厌诅者遂由此罹祸。[1]甚至一些原本并不在法律禁止当中的非攻击性巫术,如果存在对政治秩序的影响,或者说统治者认为当事人本身就存在相应的政治问题,对其行为的判断就很难仅限于判定巫术犯罪本身了。

二、巫术犯罪的民众心理认知

法律规范意义下的巫术犯罪之目的可以概括为两个主要方面:一是求爱媚,二是害人。但事实上一切有悖法律伦理或社会秩序的巫术行为都有可能被纳入到法律的统摄范围内。黄宗智曾在分析清代民国时期的民事法律时提出的著名的"实践与表达之间的背离"理论,即法律的官方表达和具体实践之间的背离。[2]更通俗一点地说就是法律规定是一回事,法律实践是一回事,从法律规定到法律实践可能又是另一回事。唐代在巫术犯罪上或多或少也有这一体现。如虽然法律已然明确禁止了以求爱媚为目的的巫术行为,但敦煌文献 P.2610 号的《攘女子妇人述密法》中就记载了大量的求爱巫术。

---

[1] 陈玺:"隋唐时期巫蛊犯罪之法律惩禁",载《求索》2012 年第 7 期。
[2] [美]黄宗智:《清代的法律、社会与文化:民法的表达与实践》,上海书店出版社 2001 年版,第 14 页。准确地说,黄宗智所呈现的是"官方表达的法律实践"与"现实生活中的法律实践"之间的背离,而非法律规定与法律实践的背离。与此相关的研究还可参见马小红:"试论价值观与法律的关系",载《政法论丛》2009 年第 3 期。

> 凡欲令夫爱敬，取夫大拇指甲，烧作灰，和酒服之，验。
>
> 凡欲令夫爱敬，妇人自取目下毛二七枚，烧作灰，和酒，与夫（饮）。
>
> 凡欲令夫爱，取户下泥涂户上，方圆五寸，即得夫畏敬。
>
> 凡欲令妇人爱，庚子日取东南引桃枝，刻作木人形，书女姓名，即得。
>
> 凡欲令女爱，以庚子日书女姓名，方圆无主即得。
>
> 凡男欲求女妇私通，以庚子日书女姓名，封腹，不经旬日必得。
>
> 凡男欲求女私通，以庚子日书女姓名，烧作灰，和酒服之，立即效验。
>
> 凡欲令妇人自来爱，取东南引桃枝，书女姓名，安厕上，立即效验。[1]

尽管不能以求爱巫术文本的存在就反证社会中存在大量求爱巫术行为，但至少可以证明这种巫术的社会需求。而以害人为目的的巫术在史籍中也颇为常见，如"行密掘地无埋金，但得铜人三尺，身桎梏，钉刺其口，刻骈名于背，盖用蛊厌骈也"。[2]

不过即便如此，仍然不能说明唐代在处理民间巫术犯罪时司法裁量的价值取向。值得庆幸的是，一些具体的司法审判结果以及拟制判决为我们提供了一个很好的观察视角。如"部人有父病，以蛊道为木偶人，署勉名位，瘗于其陇，或以告，曰：'为父禳灾，亦可矜也。'舍之"，[3]再如更具典型性的《对投

---

[1] 黄永武主编：《敦煌宝藏》（第122册），新文丰出版公司1985年版，第446页。
[2] 《新唐书》卷二百二十四《高骈》，第6403页。
[3] 《旧唐书》卷一百三十一《李勉》，第3634页。

笺获弟判》。

河内县荀君林乘冰省舅，冰陷而逝。兄伦求尸不获，遂作笺与河伯，经宿冰开，获君林执笺出。乡人告称妖惑。

覃怀旧壤，野王遗迹。元凯造舟于后，忿生食邑于前。自晋启山阳，郑锡河沃，精灵有作，人物代兴。相彼君林，实为茂族，感如存之念，恭自出之心。凭河履冰，自贻陷溺，终坠而死，当奈若何。类无忌之永休，比元阳之相负。况鸰原称咏，本在急难。凡今之人，莫如兄弟。嫂溺礼通于援手，季殁义切于投笺。孝弟之心，聪明正直，灵鉴在斯。信宿之间，克备丧礼，诚有应于今日，事无隔于古人。告以为妖，未符通识，诬人之罪，法有恒规。请据愆尤，以定刑典。[1]

该案的起因是河内县的荀君林趁河结冰去看望舅父，从冰上走过时冰面塌陷，荀君林落水身亡。其兄荀伦打捞尸体不得，于是写了封信给河伯，希望河伯能将弟弟的尸体还给他。一夜过后，冰面开裂、融解，荀君林的尸体携带着写给河伯的信一起出现。而后，乡人告官说这是使用妖术。判词认为被告不仅无罪而且告状者应当"反坐"，因为荀伦行为的出发点是符合儒家伦理的，正是儒家所宣扬的孝悌观念。这里可以非常明显地看出司法审判者对巫术的一种价值倾向，至少在该案中，巫术更偏向于是一种手段，其本身并不具备违法性。

特别值得注意的是，有施蛊之法自然就有解蛊之法，许多巫术犯罪案件的侦破乃至化解通常所依靠的也是巫术行为，而这更加凸显了巫术行为本身的手段性特征。无论从法律还是社会认知的角度看，巫术本身并不具备所谓的不合法性或不合理

---

[1]《全唐文》卷三百二十九《对投笺获弟判》，第1982页。

性，法律和社会的关注点都在于当事人使用巫术的目的或实际作用。如唐宪宗元和八年（公元813年）发生在越州的包君妻案中就有此类记载："有前诸暨县尉包君者，秩满，居于县界，与一土豪百姓来往。其家甚富，每有新味及果实，必送包君。忽妻心腹病，暴至困惫，有人视者，皆曰：此状中蛊。及问所从来，乃因土豪献果，妻偶食之，遂得兹病。此家养蛊，前后杀人已多矣。包君曰：为之奈何。曰：养此毒者，皆能解之"。[1]孙思邈更是从医学角度明确提出了对负向巫术的化解之道。

凡人中蛊，有人行蛊以病人者。若服药知蛊主姓名，当使呼唤将去。若欲知蛊主姓名者，以败鼓皮烧作末，饮服方寸匕，须臾自呼蛊主姓名，可语令去，则愈。又有蛇涎合作蛊药，著饮食中，使人得瘕病。此二种积年乃死。疗之各自有药。江南山间人有此，不可不信之。[2]

从广义上说，这种祛除巫蛊的行为本身就是一种巫术形式。事实上，除了攻击性巫术是法律特别关注的对象外，其他的巫术类型往往是作为一种正向的社会行为而存在的。这在讨论对巫术行为的犯罪制约时也就自然形成了一种"原心定罪"的色彩——在社会层面上，人们无论相不相信巫术的实际效果，这种行为与后果之间的因果联系往往很难有一个客观的判断依据；即使存在判断依据，其通常本身就是一种巫术行为。因此，对巫术的犯罪制约更多考虑的是当事人在使用巫术之时的心理预期，而这种主观目的性的判断也自然为具体的巫术犯罪审理带来了诸多的主观考量因素。而当宗教因素介入到这种巫术行为

---

[1]《太平广记》卷一百七十二《孟简》，第1263页。
[2]（唐）孙思邈：《备急千金要方校释》卷二十四《解毒并杂治·蛊毒第四》，人民卫生出版社1997年版，第523页。

当中时，其中的主观性更加被放大了，巫术本身越发地缺乏一种主体性表达，而成了一种任何主体都可以使用以达成相应目的的技术手段，而这种技术手段的实效性则未必会被纳入到法律的视角当中。如唐代的笔记小说中大量的神僧祛邪记载就非常形象地说明了民众对这种技术手段的心理预期，有用巫术"作恶者"，自然就有用巫术"行善者"与之相对抗。如"长庆初，荆州公安僧会宗，姓蔡，尝中蛊，得病骨立。乃发愿念《金刚经》以待尽，至五十遍，昼梦有人令开口，喉中引出发十余茎。夜又梦吐大螾一肘余，因此遂愈。荆山僧行坚见其事情"。[1]而一件发生在唐文宗太和七年（公元833年）的案例更是异常形象地展现了善恶两种不同目的之间的巫术争斗。

太和七年，上都青龙寺僧契宗，俗家在樊州。其兄樊竟因病热，乃狂言虚笑，契宗精神总持，遂焚香敕勒。兄忽诟骂曰："汝是僧，第归寺住持，何横于事？我止居在南柯，爱汝苗硕多获，故暂来耳。"契宗疑其狐魅，复禁桃枝击之。其兄但笑曰："汝打兄不顺，神当殛汝，可加力勿止。"契宗知其无奈何，乃已。病者欻起牵其母，母遂中恶。援其妻，妻亦卒。乃摹其弟妇，回面失明，经日悉复旧。乃语契宗曰："尔不去，当唤我眷属来。"言已，有鼠数百，穀穀作声，大于常鼠，与人相触，驱逐不去。及明，失所在。契宗恐怖加切，其兄又曰："慎尔声气，吾不惧尔，今须我大兄弟自来。"因长呼曰："寒月、寒月，可来此！"至三呼，有物大如狸，赤如火，从病者脚起，缘衾止于腹上，目光四射。契宗持刀就击之，中物一足，遂跳出户，烛其穴，踪至一房，见其物潜走瓮中，契宗举巨盆覆之，泥固其

---

[1] （唐）段成式撰：《酉阳杂俎》续集卷七《金刚经鸠异》，上海古籍出版社2012年版，第770页。

隙。经三日发视，其物如铁，不得动，因以油煎杀之，臭达数里，其兄遂愈。月余，村有一家父子六七人暴卒，众意其兴蛊。[1]

以上种种论述意味着，更多的民众所鄙视的对象是用巫术从事"恶"的行为，而巫术类案件中更多地体现了民众心中普遍的朴素善恶观念。当然，假设巫术真的可以拥有这样的"效果"，那么巫术犯罪较之其他传统犯罪类型确实具有极强的主观恶性，但这绝不意味着巫术本身就完全是"恶"的代名词，其只是一种简单的社会存在。攻击性巫术与祈福性巫术一样，都在一定程度上带有某种"夸大"的作用，攻击性巫术夸大其攻击的效力，祈福性巫术夸大其祈福的效力，虽然结果不一定能够被事实所验证，但巫术本身这种形式是被大家接受的。正如戴炎辉所言，"此罪系不能犯；但在迷信笼罩之古代社会，心理上仍可致人死伤"。[2]在一定意义上，这种朴素善恶观念与中国传统的法律观念完全吻合。如许多历史当中的正直人物形象也通常会被民众"选中"，成为"公正无私"的冥界裁判者。元和年间被刺杀的正直宰相武元衡在死后就被人赋意成了冥界的"判官"："唐王潜司徒，与武相元衡有分。武公仓卒遭罹，潜常于四时爇纸钱以奉之……且领至判官厅。见一官人凭几曰：此人错来，自是鹰许琛，不干汝事。即发遣回，谓许琛曰：司徒安否？我即武相公也。大有门生故吏，鲜有念旧于身后者。唯司徒不忘，每岁常以纸钱见遗，深感恩德"。[3]

许多学者指出，虽然作为国家大法的律典极为详备，在立

---

[1]（唐）段成式撰：《酉阳杂俎》续集卷二《支诺皋中》，上海古籍出版社2012年版，第720—721页。

[2]戴炎辉：《唐律各论》，成文出版社有限公司1988年版，第380页。

[3]（宋）孙光宪著：《北梦琐言》卷十二《王潜司徒烧纸钱》，载上海古籍出版社：《唐五代笔记小说大观》，上海古籍出版社2000年版，第1911—1912页。

法上达到了极高的高度，但是社会底层的民众很有可能终其一生也不会与法律打上一次交道。在社会生活中，更多的民众并不是依照法律的规定去生活，而是完全依照朴素的善恶观念行事。如陈登武就曾提出，对许多长久生活在乡村社会里的庶民而言，唐律毕竟太遥远了！我们甚至可以说"冥律"常可发挥比国法更大的吓阻效果，进而达到维持社会和国家法秩序的作用。[1]无疑，在法律层面这种所谓的朴素善恶观更多地体现的是儒家的一种伦理纲常观念，如果触犯伦理纲常的内容就很可能是触犯了法律的规定，但这种伦理纲常并不能涵盖民众善恶观念的全部内容。老百姓在日常的生活中还有很多细碎的角落，虽然儒家文化是中国古代社会的底蕴，但在具体层面上，每个人背景的不同也导致着其综合文化属性上的不同，其中就包括地域性、宗教信仰、经济阶层、文化学识等各种因素的影响。中国的传统文化是一种杂糅的文化，是一种没有严格学科区分的文化。这种朴素的善恶观念就是一种综合文化影响的反映，而这种综合文化影响的反映也就意味着，在中国古代，法律文化并不能仅仅用法律的角度去观察，也务必注意到整个文化的氛围与环境及其相互之间的交错。

三、宗教戒律在社会善恶观念方面的影响

如上所述，无论是官员还是民众，更多地还是将巫术视为一种技术手段，而这种技术手段背后的朴素善恶观才是处理巫术犯罪的根本所在。并且，这种朴素的善恶观多与社会文化背景当中的心理强制有着直接联系，单独的巫术行为在犯罪意义的角度并不能独立存在。那么，这种朴素善恶观的内心强制来

---

[1] 陈登武：《从人间世到幽冥界：唐代的法制、社会与国家》，北京大学出版社2007年版，第258页。

自哪里?当然,社会文化对身处于其中的个体而言具有无形的束缚力,但从信仰的角度,时代背景下的个人仍然需要一种强大的外在驱动以保证相应社会规范的顺利运行,否则这种纯粹的社会文化就会变成自律性的道德强调。贞观十三年(公元639年)《齐士员造像铭》碑阴的数条冥律为我们提供了一个很值得思考的视角。

> 王教遣左右童子,录破戒亏律道俗,送付长史,令子细勘。当得罪者,将过奉阎罗王处分。比丘大有杂人,知而故犯。违律破戒,及禽兽等,造罪极多。煞害无数,饮酒食肉,贪淫嗜欲,剧于凡人。妄说罪福,诳惑百姓。如此辈流,地狱内何因不见此等之人?
>
> 阎罗王教遣长史,子(仔)细刮访,五五相保,使得罪人,如有隐藏,亦与同罪。仰长史刮获,并枷送入十八地狱,受罪迄,然后更付阿鼻大地狱。
>
> 王教语长史,但有尊崇三教,忠孝竭诚,及精进练行,庶苦勤。只承课役,如此之徒,不在刮限。[1]

虽然该条史料主要针对佛教僧人,但其中有一处记载非常耐人寻味,即其中将"破戒"与"亏律"并列,并说明无论是"破戒"的"道"还是"亏律"的"俗"都是"造罪"的"罪人",应当受到相应的惩罚。这意味着,社会民众违反法律与宗教教徒破坏戒律从广义上都是一种"罪",而这种对比则将违法之"罪"神圣化了。也就是说,原本仅属于法律层面的犯罪行为被增添了一种神秘主义色彩,这层神秘主义色彩无疑能够极

---

[1] 张总:"初唐阎罗图像及刻经——以《齐士员献陵造像碑》拓本为中心",载荣新江主编:《唐研究》(第6卷),北京大学出版社2000年版,第1—17页。

大地加强社会大众对违法犯罪的恐惧感。

宗教规范的约束是宗教道德力表现的一种重要形式,它不仅仅是凝结教团本身的纽带,也是它与别的宗教教团和社会群体的分界线。戒律不仅仅是对僧众的约束,其实施也是象征着宗教出世、面向社会时所采取的一种实际措施。不过宗教规范与世俗法律最大的不同点之一,就在于其心理强制层面的约束力要远远大于世俗法律。宗教道德与信仰崇拜有着紧密的联系,因而常常与"神格"捆绑在一起,强调是神制定出来的戒律法条,因而具有超自然的力量,对所有信众有一种"强使"的性质。但它要求信众不是通过理解而是通过信仰来执行这些道德律令,因而也更具有约束力和控制力。正如同《大般涅槃经·长寿品》所说:"佛复告诸比丘:汝于戒律有所疑者,今恣汝问,我当解说,令汝心喜"。[1]其中的"令汝心喜"四个字即意味着,信众对戒律的遵守绝非出于恐惧。当然,这里我们并不是说所有的宗教规范都全然没有约束力,相较之下,宗教规范对信众而言不光是一种规制与约束,更是信仰的一种体现与表达。以佛教戒律中的杀人戒为例,触犯杀人戒需要具备五个条件:一是人——所杀者是人,而非异类傍生;二是人想——蓄意杀人,而非想杀异类傍生;三是杀心——有心杀人,而非误杀或过失杀人;四是兴方便——运用杀人的方法;五是前人断命——被杀的人,断定已死。[2]从该规范中可以明确看出,前三条规定相对世俗法律而言,更注重犯戒人的心理活动,也就是犯罪要素中主观方面的规定,而在第二个条件和第三个条件当中,这种意味表现得更为明显。同时,出于对地狱图景的

---

[1] 谈锡永主编:《大般涅槃经》之《长寿品》,中国书店2009年版,第154页。

[2] 圣严法师:《戒律学纲要》,宗教文化出版社2006年版,第58页。

恐惧以及对佛菩萨救赎能力的希冀，佛教戒律不仅在佛教信众当中形成心理约束力，更成为社会文化中的特定部分而对整个社会群体产生效用。在中国佛教中，地藏菩萨以"幽冥教主"的身份而为一般民众所信仰，其既是幽冥世界的主要救赎者，也是其中的主宰者。但有趣的是，地藏菩萨的这一身份并不源自印度佛教，而是佛教在中国传播的过程中形成的。通过观察中国传统本土信仰中的幽冥世界形态以及佛教地藏菩萨形象在中国的传播，能够很好地了解民众心中的佛教信仰。

中国的鬼神思想早在殷商时代就已盛行。时至汉代，不论在正统的儒家思想中，还是在民间的黄老方术思想中，鬼神观念都相当地流行。在佛教传入以前，中国本土早就已经存在关于幽冥世界的概念。中国人传统上对死者大多采取土葬的方式，因此，中国本土的幽冥观念必然与土地关系密切。随着佛教在中国的广泛传播，中国民间迷信与佛教地狱观念结合产生了一种混合的民间迷信，[1]佛教的地狱图景在中国逐步发展，并为大多数民众所接受。事实上，中国本土的幽冥世界并没有特别完整的框架体系，但是佛教中的地狱形态与中国本土的幽冥世界有很大的共通之处，因此，佛教的地狱说很快地与其融合在一起，并且佛教的地狱说逐渐形成了中国人心中幽冥世界的主要内容。这也是佛教传播在南北朝时期的重要特点，即佛教信仰的流行与中国传统的灵魂不死观念和祭祖祈福等社会习俗结合在一起，极大地推动了佛教在下层民众中的流行。对地狱世界的描述多见诸唐代的敦煌遗书卷子中，如在民间流播甚广且深入人心的"张居道入冥的故事"和"唐太宗入冥的故事"等。

---

[1] 胡适："伦敦大英博物院藏的十一本《阎罗王授记经》"，载《胡适学术文集·中国佛学史》，中华书局1997年版，第584页。

尝闻景公寺老僧传云"吴生（吴道子）画此寺地狱变时，京都屠沽鱼罟之辈，见之而惧罪改业者往往有之，率皆修善"；[1]吴道元作此画，视今寺刹所图殊不同。了无刀林沸镬、牛头阿旁之像，而变状阴惨，使观者腋汗毛耸，不寒而栗，因之迁善远罪者众矣。[2]

从这些记载中可以看出，对地狱世界的恐惧的深入人心，极大地钳制了人们的犯罪心理，某种程度上还加强了人们做善事的心理驱动。对人们来说，地狱鬼神要远远比刑法可怕得多，况且在当时法律技术并不完善的条件下，这样的心理强制对人们遵守社会道德与公序良俗有着极大的推动力和不可忽视的作用。而统治阶级也非常清楚这一点，并且也希望这种因果报应的思想能够在人民的心中普及，进而起到稳固统治的作用。

但是作为一种宗教信仰，只是在民众心中形成这样一幅幽冥世界的图景还是远远不够的。在幽冥世界中，必然还存在一位或一群所谓的"救赎者"，也可以说是宗教中的神灵，这样才能在最大程度上吸引民众。而在地藏菩萨形象出现之前，僧侣不仅仅是现实世界的精神道士，也是幽冥世界主要的救赎者。相对世俗人士对地狱阴间的恐惧，出家僧人似乎就具有了"升入天堂"远离苦海的潜质。《洛阳伽蓝记》有这样的一则故事："比丘惠凝死一七日还活。经阎罗王检阅，以错名放免。惠凝具说：'过去之时，有五比丘同阅。一比丘云是宝明寺智圣，坐禅苦行，得升天堂。有一比丘是般若寺道品，以诵四十卷涅槃，亦

---

[1]（唐）朱景玄撰，温肇桐注：《唐朝名画录》卷一《神品上一人·吴道玄》，四川美术出版社1985年版，第2页。

[2]（宋）黄伯思撰：《宋本东观余论》卷下《跋吴道玄地狱变相图后》，中华书局1988年版，第314页。

升天堂"。[1]此外,僧侣还被赋予了救赎的能力。

> 华州郑县人张法义,年少贫野,不修礼度……入华山伐杖,遇见一僧,坐岩中。法义便就与语……至十九年,法义病死,埋于野外,贫无棺椁,以薪柴茠之,七日而苏……令送付判官,判官召主典,取法义案……法义父使义反顾张目私骂。不孝,合杖八十……即见岩穴中僧来……僧曰:张法义是贫道弟子,其罪并忏悔灭除,天曹案中已勾毕。今枉追来,不合死……王曰:张目在忏悔,后不合免,师为来请,可持放七日……七日既不多时,复来恐不见师,请即住随师。师曰:七日,七年也,可急去……[2]

这个故事非常具有代表性,其一,张法义被责罚的原因中,有一条是因为对其父"不孝"。其二,阎罗王在岩穴僧人的干预下取消了对张法义的处罚,还将其寿命延长了七年。

随着佛教在中国的进一步传播,特别是在末法思想的影响下,僧人们的神圣性大为衰落。与此同时,由于天堂地狱观念的逐渐深入人心,人们对死后世界更为关注,因而菩萨信仰逐步兴盛起来。在佛教信仰当中,观音信仰在中国民众心中的普及程度以及受欢迎程度在此无须过多表述,而地藏菩萨本是由印度神话中的地神转化而来,这就与中国本土幽冥世界的地下观念极其契合,所以地藏信仰便与人死之后的幽冥世界紧密结合起来,这样的安排也使得各位菩萨在救济功能上明确区分开来,避免了相互之间的代替与排挤。在佛典中,《华严经》是最

---

[1] (北魏)杨炫之:《洛阳伽蓝记校注》卷二《城东崇真寺》,上海古籍出版社1978年版,第79—80页。
[2] (唐)唐临撰:《冥报记》卷下《唐张法义》,中华书局1992年版,第75—76页。

早提及地藏菩萨的,自此之后,地藏菩萨频频出现在冥报、再生的故事当中,此类资料在《太平广记》《法苑珠林》以及各类文学作品中随处可见,这里不一一举例。及至晚唐,地藏菩萨已经不仅是幽冥世界中的救赎者,还逐渐取代了阎罗王而成为地狱的最高统治者。佛教对幽冥世界的渲染,特别是中国佛教徒对地狱恐怖的大量宣扬,从根本上说是为了吸收更多的佛教信众,但是对大多数民众而言,针对如此强烈的心理恐惧,他们必然会为自己寻求救赎,使自己或者亲人逃脱地狱的惩罚。对地狱恐怖的渲染越是有力,人们对救赎的渴望就越加强烈,对止恶扬善的心理强制力也就更加发挥效用。饶有趣味的是,从东汉到唐代,在世俗社会当中,佛教僧团教权的权力日渐萎缩,逐步地完全受控于王权政治之下。但是在神话信仰领域,神话中的行政权力的代表如"阎罗王"等在民众心中的地位却大有削弱,取而代之的便是佛教中尤其以菩萨为代表的神灵系统。如《法苑珠林校注》载:"前有大殿,珍宝周饰,精光耀目。金玉为床。见一神人,姿容伟异,殊好非常,坐此座上,旁有沙门立侍,甚众。见府君来,恭敬作礼。泰问:'此是何人,府君致敬?'吏曰:'号名世尊,度人之师。'有顷令恶道中人皆出听经。"[1]

与佛教戒律心理约束力有密切关系的除了地藏信仰外,还有佛教的忏悔思想和福报思想。本书前章已对佛教忏法做过初步探讨,可知佛教的忏悔思想是随佛教一并传入的,而在佛教戒律中,除了违犯特定的几项"性戒",其他都是可以用忏悔来消除的。《四十二章经》云:"佛言:'人有众过,而不自悔,顿息其心,罪来赴身。如水归海,渐成深广。若人有过,自解知

---

[1] 王国良:《冥祥记研究》,文史哲出版社1999年版,第78页。

非，改恶行善，罪自消灭。"[1]《梵网经》云："众集默然听，自知有罪当忏悔，忏悔即安乐，不忏悔罪益深。"[2]悔过思想主要从持戒的意义出发，人有过错而行追悔，不让罪过抑郁结心中，改过迁善，其中还有非常明显的教化劝导意味。随着佛教的发展，后来也出现了各宗各派不同的忏悔仪式，如慈悲地藏忏法、观音菩萨大悲忏法、慈悲水忏、净土忏等，但宗旨都是讲究内心悔过，克己责心，改过自新，同时把忏悔由心理活动推向外在实践，从消极止恶走向积极扬善的外在行为。并且，针对一些细小的过错，只需要在心中有忏悔的意思即可，如圣严法师收集整理的悔罪法，"大德忆念，我某甲沙弥（尼），故犯某某，突吉罗罪，今向大德发露忏悔，愿大德忆念，慈愍故。""我某甲沙弥（尼）误犯某某，突吉罗罪，今发露忏悔，更不敢作"。[3]相较于具有惩罚性的法律，佛教对于"罪过"这种"放下屠刀，立地成佛"的忏悔思想无疑拥有巨大的心理向心力，从积极的角度来讲，这种忏悔的心理促使犯有"罪过"的人用以后的积极行善行为弥补之前的"罪过"，具有强有力的导向作用和制约效用。

正如美国学者鲁思·本尼迪克特所指出的，"谁也不会以一种质朴原始的眼光来看世界。他看世界时，总会受到特定的习俗、风俗和思想方式的剪裁编排。即使在哲学探索中，人们也未能超越这些陈规旧习，就是他的真假是非概念也是受到其特有的传统习俗的影响"。[4]在传统文化当中，虽然一些具有攻击

---

[1]《四十二章经》第五章《转重令轻》，载吴枫、宋一夫主编：《中华佛学通典》，南海出版公司1998年版，第5页。
[2] 戴传江译注：《梵网经》卷下《菩萨戒序》，中华书局2010年版，第190页。
[3] 圣严法师：《戒律学纲要》，宗教文化出版社2006年版，第171页。
[4][美]鲁思·本尼迪克特著，王炜等译：《文化模式》，生活·读书·新知三联书店1988年版，第5页。

性的负面巫术作为法律禁区而存在，但并不能因此就将所有的巫术行为都视为法律的惩戒对象。在某种程度上说，巫术在古代社会中还承担了特定的社会控制功能。如透过功能主义的视角，巫术只不过是一种囿于特定生产力、智识水平的人们为满足社会生活需要而互动形成的一种"文化"。它们能够在特定的历史条件下——尤其是正式社会控制资源不足的情况下——以一种幻化的形式，立足于社会关系及社会互动，处理人与自然、社会、他人的矛盾，承担起给人心灵以慰藉、缓和社会矛盾、解决社会纠纷、促进社会稳定有序的功能。[1]生活在这种大文化背景下的人们无法用一种非常客观理性的视角去看待具体的巫术行为，在大多数人眼中，巫术只是一种极具神秘性的技术手段。巫者当然可能会使用这种手段为非作恶，不过既然有负向的巫术的存在，就"必须"要有正向的巫术与之相对抗，而这种具有保护色彩的巫术在民众眼中不仅不是违法犯罪行为，甚至还是一种行善积德的举动。作为法律制定者的统治者也同样是生活在这个文化阈限下的人，因此其与普通民众一样无法跳脱时代的束缚，只不过在处理巫术案件时，裁判者们会坚守住一条底线，即巫术的目的动机绝对不可消解法律伦理和社会秩序。至于那些具有扬善抑恶作用的巫术文化，统治者们不仅不会对其打压，反而乐得借助这种文化观念去维护社会秩序。事实上，宗教戒律就是这一点的完美体现：一方面，宗教戒律的道德性一般来说都是正向的，其为信众乃至社会大众提供了道德教化方面的指引，而这种指引又与社会统治秩序相辅相成，很好地补充了法律权威所没有的向心力。另一方面，宗教戒律又天然地具有"神圣性"，这种神圣性对其指向对象的约束力要

---

[1] 洪涵："巫蛊信仰与社会控制"，载《云南大学学报（法学版）》2009年第5期。

远远大于世俗法律的控制力——毕竟在一个科学技术尚处落后的时代，人们很难对法律建立起一种信仰式的皈依。但正因为宗教戒律的加持，那些"不恰当"的行为被赋予了一层"罪"的内涵。尽管这种"罪"并非是单纯法律意义上的"犯罪"，而是作为一种广义的"罪恶"，但其从结果上无疑增强了法律意义上违法犯罪的内心强制，也就是所谓的"不怕刑罚怕鬼诛"。

第六章
奸罪的犯罪学考察

从古至今，性不仅是私人生活不可或缺的一部分，还是一种社会行为，关系到家庭与社会的稳定，所以任何时代都把对男女性行为的规范放在十分重要的位置上，并为此制定了相应的法规和必须遵行的道德约束。[1]唐律"一准乎礼"，其中更是针对奸罪的诸多表征及其相应的具体科刑进行了完整而系统性的规定。但与其他犯罪类型不同的是，在史籍中对奸罪具体惩处的案例相对较少，不仅如此，在笔记小说等文学文献当中还存在着大量明显与法律规定相冲突的描写。之所以造成这种冲突，一方面，奸罪设定的主要立法目的是维护传统社会当中的婚姻家庭秩序，国家进而通过家庭这一中介完成社会控制的目的，因此以家主为核心的家庭势力可能对此类问题享有相当的"内部解决权"。另一方面，性行为在社会中无疑是一种极为私密的个人行为，这种行为在发生之时即与其他具有社会影响性的犯罪行为存在极大的差异，这也可能使得大量此类越轨行为最终并未呈现到法律面前。

---

[1] 杨果、铁爱花："从唐宋性越轨法律看女性人身权益的演变"，载《中国史研究》2006年第1期。

一、社会秩序维护下的奸罪立法

与现代刑法意义上的强奸不同,中国古代的犯奸行为分为通奸与强奸两种。虽然两种行为都称为"奸",但当事人的行为动机与意愿完全不同。前者男女双方是出于自愿,后者则有一方(一般是女性)处于受害的状态。[1]然而无论是出于合意的通奸还是一方被迫的强奸,中国古代奸罪的立法意图似乎均不是保护当事人的性自主选择权。某种程度上说,古代的奸罪恰恰是通过各种各样的方式来限制民众基于自身意愿的性行为。按照黄源盛及刘俊文等学者的观点,唐律中的奸罪可分成四种类型:一为破坏社会统治管理秩序的奸罪(良人犯奸);二为破坏社会等级秩序的奸罪(良贱犯奸);三为破坏人伦道德的奸罪(亲属犯奸);四为破坏行政纪律的奸罪(官员犯奸)。[2]这种分类方式基本上系统概括了唐代奸罪的立法指向。

首先,在唐律中,良人犯奸主要指犯奸男女之间不存在隶属的等级或亲属之身份关系的奸罪行为,这也是唐律中最为典型、最为基础的奸罪,其他具体犯奸行为的科刑根据身份、情节等具体差异,在此基础上加减而科。[3]《唐律疏议·杂律》"奸徒一年半"条规定:"诸奸者,徒一年半;有夫者,徒二年……强者,各加一等。折伤者,各加斗折伤罪一等"。[4]此外依据奸罪中女性是否婚配,即是否有丈夫,无身份关系的良人之间的和奸与强奸大致上皆分作两等科刑:若女性当时无婚姻关系存在或称无夫,科刑相对较轻;若女性当时有婚姻关系存在或称有

---

[1] 翁育瑄:《唐宋的奸罪与两性关系》,稻乡出版社2012年版,第2页。
[2] 黄源盛:《法律继受与近代中国法》,元照出版社2007年版,第237页;刘俊文撰:《唐律疏议笺解》,中华书局1996年版,第1838页。
[3] 李芳:"唐律奸罪研究",吉林大学2013年博士学位论文。
[4]《唐律疏议》卷二十六《杂律》,第421页。

夫，科刑相对较重。至于女性在婚姻关系中的地位，即女性在婚姻关系中是妻还是妾，不影响奸罪量刑，此即"和奸者，男女各徒一年半；有夫者，徒二年。妻、妾罪等"。不过有学者指出，汉代时，无夫女性通奸和有夫妇女通奸科刑并无差异，强奸无夫女性与强奸有夫妇女科刑也无不同。而至晋世，奸罪科刑方面，无夫者重而有夫者轻；至唐代，奸罪的科刑方面才呈现出有夫重而无夫轻的趋势。[1]从这个角度也可以看出，与其说唐代的奸罪是保护女性的性贞洁，倒不如说是保护男性对女性的性专属控制权。因为女性有夫无夫所导致的量刑变化并不意味着对女性的优待，而仅仅是意味着其所依附的男性或家族受侵害严重程度的不同。甚至可以说，对妇女身份不同而导致的奸罪量刑差异本身就是对妇女情感的一种束缚——因为当其进入到丈夫的"统摄"范围中，其原有的那些情感本就应当予以抑制与排除，否则这无疑是对夫家的一种"背叛"。有学者曾论及：对出嫁女子而言，本家只是小宗，所以行礼应以夫家为本，出嫁女子与本家有骨肉之情，是恩爱之所在，出嫁女之所以必须抑其私情，以夫家为主，是为了维护家庭秩序的基本伦理。[2]

其次，良贱犯奸一般指存在身份等级差别的主体之间所进行的犯奸行为。但需要明确的是，这里的良贱犯奸要具体区分是否有身份依附关系。如果是存在身份依附关系，那么良人身份的主人对其自己所有的部曲妻、客女等所具有的控制权中已然包含了某种意义上的性控制，所以"奸己家部曲妻及客女各不坐"。相反，如果是男性贱民奸女主或主家女性亲属，其罪

---

[1] 李芳："唐律奸罪研究"，吉林大学2013年博士学位论文。
[2] 陈弱水：《隐蔽的光景：唐代的妇女文化与家庭生活》，广西师范大学出版社2009年版，第17页。

刑比奸良人更重。且奴虽然与部曲、杂户、官户等皆属贱人，但奴的身份、地位较之后者更低，其与良人犯奸的科刑也就更重。《唐律疏议·杂律》中"奴奸良人"条规定："其部曲及奴奸主及主之期亲若期亲之妻者，绞；妇女，减一等。强者，斩。即奸主之缌麻以上亲及缌麻以上亲之妻者，流；强者，绞"。[1] 若是部曲、奴强奸主或亲属之妾，其罪减奸妻一等，但如果妾子担任家主，则论罪不同一般。而如果是无隶属关系的良贱相奸，则"部曲、杂户、官户而奸良人者，并加良人相奸罪一等。即良人奸官私婢者，杖九十"，"奸他人部曲妻、杂户官户妇女者，杖一百。强者，各加一等"。[2] 可见同是贱人奸良人，其有隶属关系者比无隶属关系者罚重，而且隶属关系越直接科罚亦越重。这与良人奸贱人，无隶属关系者轻罚，有隶属关系者不罚，恰形成鲜明反差。[3] 此外，唐律中规定一般犯罪中如果犯罪人能够在案发前自动投案，那么将会视其具体情况而获得减轻乃至免除刑罚的裁量，但自首却并不适用于特定的奸罪类型，"若奸良人，自首不原"。[4]

再次，亲属犯奸方面的规定主要体现于《唐律疏议·名例》与《唐律疏议·杂律》中。《唐律疏议·名例》中"十恶"条规定："十曰内乱（谓奸小功以上亲、父祖妾及与和者）"，"父祖妾者，有子、无子并同，媵亦是，及与和，谓妇人共男子和奸者，并入内乱。若被强奸，后遂和可者，亦是"。《唐律疏议·杂律》中的规定则更为具体，如"奸缌麻亲及妻"条规定"诸奸缌麻以上亲及缌麻以上亲之妻，若妻前夫之女及同母异父姊妹

---

[1]《唐律疏议》卷二十六《杂律》，第423页。
[2]《唐律疏议》卷二十六《杂律》，第421页。
[3] 刘俊文撰：《唐律疏议笺解》，中华书局1996年版，第1851页。
[4]《唐律疏议》卷五《名例》，第83页。

者，徒三年；强者，流二千里；折伤者，绞。妾，减一等（余条奸妾准此）"；"奸从祖祖母姑"条规定："诸奸从祖祖母、姑、从祖伯叔母、姑、从父姊妹、从母及兄弟妻、兄弟子妻者，流二千里；强者，绞"；"奸父祖妾"条规定："诸奸父祖妾（谓曾经有父祖子者）、伯叔母、姑、姊妹、子孙之妇、兄弟之女者，绞。即奸父祖所幸婢，减二等"。[1]可见亲属之间犯奸行为的量刑主要以犯奸双方之间的服制远近以及强、和之分来进行，此外为了区分妻妾之间的差异，在以夫为服制判断中介的奸罪量刑上也会存在相应的增减。

最后，官员犯奸方面的规定主要有《唐律疏议·杂律》中"监主于监守内奸"条规定："诸监临、主守于所监守内奸者（谓犯良人），加奸罪一等"。[2]且对于监临主守犯奸，除了在良人犯奸的基础上进行加减科刑之外还有一些特定的处罚方式，如《唐律疏议·名例》中"十恶反逆缘坐"条规定："即监临、主守于所监守内犯奸、盗、略人若受财而枉法者，亦除名（奸，谓犯良人。盗及枉法，谓赃一定者）；狱成会赦者，面所居官（会降者，同免官法）"；[3]"奸盗略人受财"条规定："诸犯奸、盗、略人及受财而不枉法（并谓断徒以上），祖父母、父母犯死罪被囚禁而作乐及婚娶者，免官"；"府号官称"条规定："若奸监临内杂户、官户、部曲妻及婢者，免所居官"。[4]但需要说明的是，唐律并未对官员所犯之奸罪有类型上的区分，即未对官员所犯之奸罪在特别刑事处分的适用方面做强奸与和奸的区别对待。[5]

---

[1]《唐律疏议》卷二十六《杂律》，第422页。
[2]《唐律疏议》卷二十六《杂律》，第425页。
[3]《唐律疏议》卷二《名例》，第36页。
[4]《唐律疏议》卷三《名例》，第40—42页。
[5] 李芳："唐律奸罪研究"，吉林大学2013年博士学位论文。

此外，特定主体在触犯奸罪时往往会与其身份的特定道德需求存在着某种对应关系。如对于宗教教徒而言，与淫戒相对应，唐代在法律层面对僧道的奸淫行为也予以了特殊的规定。《唐律疏议·名例》"称道士女官"条载：

疏议曰：依杂律云：道士、女冠奸者，加凡人二等。但余条唯称道士、女冠者，即僧、尼并同。若于其师，与伯叔父母同。[1]

《唐律疏议·杂律》"监主于监守内奸"条载：

诸监临、主守于所监守内奸者（谓犯良人），加奸罪一等。即居父母及夫丧，若道士、女冠奸者，各又加一等。妇女，以凡奸论。疏议曰：监临、主守之人，于所监守内奸良人，加凡奸一等，故注云谓犯良人。若奸无夫妇女徒二年，奸有夫妇女徒二年半。即居父母丧，男、女同，夫丧者，妻、妾同，若道士、女冠，僧、尼同，奸者，各又加监临奸一等，即加凡奸罪二等，故云各又加一等。假有监临、主守若道士及僧，并男子在父母丧奸者，妇女以凡奸论。即女居父母丧、妇人居夫丧及女冠、尼奸者，并加奸罪二等，男子亦以凡奸论。其有尊卑及贵贱者，各从本法加罪。[2]

即僧道与俗家人奸要加二等处罚，但俗家人并不同样加等，如果僧道所奸的俗家人与其本人之间有特殊身份关系，则继续在加凡奸二等的基础上加减刑等。对此劳政武指出，"这种加

---

[1]《唐律疏议》卷六《名例》，第117页。
[2]《唐律疏议》卷二十六《杂律》，第424页。

重，是所有因身份犯奸加重其刑的犯罪中之最严重的"。[1]值得注意的是，日本学者冨谷至对汉唐时期奸罪的概念进行系统的梳理并提出疑问：唐律中的"奸罪"是否确实意指未婚男女之间的非法性交？其提出，至少汉律并未将未婚者之间的性交定为奸罪，只有"越界"性交才构成犯罪。所谓"越界"包括四种：强奸已婚妇女或与之和奸；居父母丧时犯奸；近亲之间的性交；庶人与奴婢或主、奴之间的性交。[2]无论冨谷至这四种"越界"的分类是否全面，从佛教传入中国的时间来看，僧尼犯奸此时绝对没有入律是毫无疑问的。那么这里就产生了一个疑问，即僧尼奸罪的法定化究竟始于何时？李力认为，唐律这种规定应当是沿袭前代法律而来，而非唐代初创。[3]但如果该条确实沿袭前代法律，那么到底是沿袭哪代法律也是极大的疑问。北魏孝文帝太和十七年（公元493年）曾"诏立僧制四十七条"，[4]这在学界已被公认为中国古代最早出现的有关僧尼违法行为的惩戒性规定。其中确有可能存在僧尼犯奸类的规定，但此时的僧制乃是僧团积极争取自治权的产物，所以并不能说此时即完成了僧尼犯奸的法定化。限于史料的缺失，僧尼犯奸的法定化到底是在北齐、北周、隋，还是时至唐代初设，目前无法定论。

---

[1] 劳政武：《佛教戒律学》，宗教文化出版社1999年版，第270页。
[2] [日]冨谷至撰，赵晶译："奸罪的概念"，载徐世虹主编：《中国古代法律文献研究》（第8辑），社会科学文献出版社2014年版。
[3] 李力："出家、犯罪、立契——1—6世纪僧人与法律问题的初步考察"，载《法制史研究》2010年第17期。
[4] （北齐）魏收撰：《魏书》卷一一四《释老志》，中华书局1975年版，第3039页。

二、越轨行为的犯罪意义构建

戴炎辉曾强调奸罪与婚姻秩序有密切的关系，奸罪禁止无婚姻关系男女的结合，制裁对象不限于已婚男女，目的是维持婚姻的秩序。[1]其中最为典型的便是"媒合通奸"，《唐律疏议·杂律》"和奸无妇女罪名"条规定"诸和奸，本条无妇女罪名者，与男子同。强者，妇女不坐。其媒合奸通，减奸者罪一等（罪名不同者，从重减）"。[2]也就是说，对于奸罪的发生，法律不仅对犯奸行为的当事人进行惩处，且对越轨行为的造意者或帮助人也一并进行处罚，即便其本身并没有从事具体的性行为。李芳曾对媒合者与行为人之间的差异量刑进行分析，其认为在媒合通奸中男女双方不分首从，一体科刑，大致是附和《唐律疏议·名例》中的原则性规定，但作为共同犯罪主体的媒合之人却未与通奸之男女双方等同科刑。也就是说，唐律在媒合之人的科刑方面所做的技术处理，实际上使媒合之人的定罪与量刑两方面产生了悖论。定罪方面，媒合之人既可能是通奸行为的造意者，也有可能是通奸行为的帮助者，那么，媒合之人既有可能是首犯，亦有可能是从犯。对媒合者的刑罚减轻实际上仅把媒合之人视为共同犯罪中的从犯，但如按《唐律疏议·名例》中"共犯罪造意为首"条"诸共犯罪者，以造意为首，随从者减一等"[3]的规定来看这明显存在冲突。[4]以笔者管见，对媒合之人的减轻处罚事实上反映了奸罪（尤其是和奸）本身是基于道德自律性的一种法律延伸。如前所述，唐律中对奸罪的

---

[1] 戴炎辉：《唐律各论》，成文出版社有限公司1988年版，第661—662页。
[2] 《唐律疏议》卷二十六《杂律》，第423页。
[3] 《唐律疏议》卷五《名例》，第92页。
[4] 李芳："唐律奸罪研究"，吉林大学2013年博士学位论文。

规定并不是以保护民众的性自主权为目的，其恰恰相反地对性自主选择权进行了制约。因此，这意味着每一位有可能进行犯奸行为的人都存在着一种道德义务，即通过克制自己的情欲去最终选择那些与道德基准相符的行为。从这个角度来看，媒合之人无论是造意者还是帮助者，其都与行为人一样违反了社会对性禁忌的道德管控。而与当事人不同的是，其还可以被视为是一种社会当中外在"诱惑"的有形体现。作为一个道德自律者，其原本就应当克服包含媒合者在内的"风险"。因此，即便媒合之人是造意者，其也无法按照其他犯罪行为一样使用唐律中的"造意为首"原则。

作为没有发生实际性行为的媒合者，其主要触犯的法律禁忌是传统婚姻关系或者说是传统婚姻关系背后的性伦理。这种罪责指向从对奸罪的后果设定当中也可以体现。如一旦涉及奸罪，那么夫妻关系就不再受到"七出三不去"的法律限制。《唐律疏议·户婚》中"妻无七出"条规定"诸妻无七出及义绝之状而出之者，徒一年半。虽犯七出，有三不去而出之者，杖一百。追还合。若犯恶疾及奸者，不用此律"。[1]可见当妻子犯奸时，法律便赋予丈夫一方一种拟制的"最终决断权"，这种权力的基础即在于妻子本身需要对丈夫承担一种绝对的性专属依附。尽管奸罪的指向对象是男女两性，但从具体的规范性文字表达中不难看出，这种在性管制上的义务主要以女性为目标。如《唐令拾遗·户令》"义绝"条："与夫之缌麻以上亲若妻母奸，及欲害夫者，虽会赦皆为义绝。妻虽未入门，亦从此令。"[2]从"入门"这个身份转变所导致的奸罪结果就可以感知到女性在触

---

[1]《唐律疏议》卷十四《户婚》，第223页。
[2][日]仁井田升著，栗劲等编译：《唐令拾遗》，长春出版社1989年版，第165页。

犯奸罪时其背后可能存在的价值导向。如陈弱水将唐代妇女的身份划分为三个类型：女、妇与母，[1]其中无论是作为卑亲属的女儿还是作为身份归属转移标志的妻子，在很大程度上都是作为家庭的组成成员且是从属性成员而存在的。甚至对妇女而言，婚姻缔结只是从一个家庭过渡到另一个家庭的一种仪式程序，且这种程序需要由家庭来主导，妇女在这种转变过程中并不具备主动性，如日本《令集解》卷十"嫁女"条引唐《法例》的内容：

> 雀门州申牒称：郭当、苏卿皆娶阿庞为妇。郭当于庞叔静边而娶，苏卿又于庞弟咸处娶之，两家有交竞者。叔之与侄俱是期亲。依令：婚先由伯叔，伯叔若无，始及兄弟。州司据状判，妇还郭当。苏卿不服，请定何亲令为婚主。司刑判：嫁女节制，略载令文。叔若与咸同居，资产无别，须禀叔命，咸不合主婚。如其分析异财产，虽弟得为婚主也。检《刑部式》，以弟为定，成婚已讫。[2]

至少在这两个身份上，我们很难说女性在婚姻家庭乃至国家社会中会存在着独立自主的主体地位。唯一有这种可能的身份是"孝"文化的对象——母亲，但即便是这一在礼教上的优势身份也往往仅停留在与子女的相对关系中。当然，不排除有女性会利用自己为数不多的道德优势来为自己各种各样的诉求（包括违法诉求）寻找资源帮助，但如若女性的目标本身是突破

---

[1] 陈弱水：《隐蔽的光景：唐代的妇女文化与家庭生活》，广西师范大学出版社2009年版，第5—6页。

[2] 郑显文："日本《令集解》中所见的唐代法律史料"，载"沈家本与中国法律文化国际学术研讨会"组委会编：《沈家本与中国法律文化国际学术研讨会论文集》（下册），中国法制出版社2005年版，第793页。

在大的社会道德环境中对其的束缚,那么这种资源也很容易变成一种"罪过"。如开元年间的一个寡妇犯奸的案例:

> 李杰为河南尹,有寡妇告其子不孝。其子不能自理,但云"得罪于母,死所甘分"。杰察其状,非不孝子,谓寡妇曰:"汝寡居,惟有一子,今告之,罪至死,得无悔乎?"寡妇曰:"子无赖,不顺母,宁复惜乎!"杰曰:"审如此,可买棺木来取儿尸。"因使人觇其后。寡妇既出,谓一道士曰:"事了矣。"俄而棺至,杰尚冀有悔,再三喻之,寡妇执意如初。道士立于门外,密令擒之,一问承伏:"某与寡妇私,尝苦儿所制,故欲除之。"杰放其子,杖杀道士及寡妇,便同棺盛之。[1]

翁育瑄曾指出,依唐律规定,男女无婚姻而性交者即犯奸罪,因此未婚男女性交是通奸,寡妇与男人性交也视为通奸。因此可以看出,在奸罪的司法适用上,妇女始终是以其所依附的男性(即便其已经死亡)作为量刑的基础,只因"妇人尊卑,缘夫立制。子孙于父祖之妾,在礼全无服纪。父祖亡殁,改适他人,子孙奸者,理同凡奸之法。律有曾为祖免亲妻妾而嫁娶者,别立罪名,至于和奸,律无加罪"。[2]但是有两种人无法适用唐律的规定,一是妓女,一是婢。法律本无妓女的规定,社会也不以狎妓为犯奸。有学者还进一步阐明唐代社会氛围比较有利于市妓们的生存,所以她们能在光鲜的外表下,利用琴棋书画的特殊才能,成为城市中的一个重要群体。[3]如"长安有

---

[1] (唐)张鷟撰:《朝野佥载》卷五,载上海古籍出版社编:《唐五代笔记小说大观》,上海古籍出版社2000年版,第60页。

[2] 《唐律疏议》卷二十六《杂律》,第423页。

[3] 张剑光:"唐五代的婚外两性关系和社会认同——以宋人笔记为核心的考察",载《上海大学学报(社会科学版)》2016年第5期。

平康坊,妓女所居之地,京都侠少萃集于此,兼每年新进士,以红笺名纸游谒其中。时人谓此坊为风流薮泽"。[1]但有一种情况较为特殊,那就是家妓。[2]如《北梦琐言》中记载:"唐龙纪中,有士人柳鹏举,游杭州。避雨于伍相庙,见一女子抱五弦,云是钱大夫家女仆。鹏举悦之,遂诱而奔,藏于舟中,为厢吏所捕,其女仆自缢而死"。[3]再如"唐大历中,有崔生者,其父为显僚,与盖代之勋臣一品者熟。生是时为千牛,其父使往省一品疾。生少年,容貌如玉,性禀孤介,举止安详,发言清雅。一品命妓轴帘,召生入室……是夜三更,与生衣青衣,遂负而逾十重垣,乃入歌妓院内,止第三门……及旦,一品家方觉。又见犬已毙,一品大骇曰:'我家门垣,从来邃密,扃锁甚严,势似飞腾,寂无形迹,此必侠士而挈之。无更声闻,徒为患祸耳。'姬隐崔生家二岁,因花时,驾小车而游曲江,为一品家人潜志认,遂白一品。一品异之,召崔生而诘之事。惧而不敢隐,遂细言端由,皆因奴磨勒负荷而去。一品曰:'是姬大罪过,但郎君驱使逾年,即不能问是非。'"[4]

可见,无论是在室女还是寡妇,对他们的性管制在一定程度上皆是缘于其对父权或夫权的一种依附,即便是家妓,其也会因对某个家庭中家主的人身依附而产生在性方面的限制,依附程度的不同直接决定着行为结果"罪化"程度的差异。

如唐末的一则记载:

---

[1] (五代)王仁裕撰,丁如明辑校:《开元天宝遗事十种·开元天宝遗事·风流薮泽》,上海古籍出版社1985年版,第79页。
[2] 翁育瑄:《唐宋的奸罪与两性关系》,稻乡出版社2012年版,第174页。
[3] (宋)孙光宪撰:《北梦琐言》卷九《柳鹏举诱五弦妓》,载上海古籍出版社编:《唐五代笔记小说大观》,上海古籍出版社2000年版,第1882页。
[4] 《太平广记》卷一百九十四《昆仑奴》,第1452—1454页。

唐广明中，黄巢犯阙，大驾幸蜀，衣冠荡析，寇盗纵横。有西班李将军女，奔波随人，迤逦达兴元，骨肉分散，无所依托。适值凤翔奏将军董司马者，乃晦其门阀，以身托之。而性甚明敏，善于承奉，得至于蜀。寻访亲眷，知在行朝，始谓董生曰："丧乱之中，女弱不能自济，幸蒙提挈，以至于此。失身之事，非不幸也。人各有偶，难为偕老，请自此辞。"[1]

而另一则类似的记载中所反映出的情况却不尽然。"近代江南钟令内子，乃卢肇员外之女也，乱离失身，弟兄有在班行者耻之，乃曰：'小娘子何不自杀，而偶非丈夫也'。"[2]翁育瑄对此提出疑问，称对于李氏女记载者赞其"识者谓女子之智，亦足称也"，而卢氏女为何受到责难？或许是李氏女虽托身董生，但未与其成婚。[3]有学者称唐代已婚妇女犯奸被看作是对丈夫权益的侵犯，同时其性行为关系到家族子嗣血统的纯洁。[4]虽然唐五代的女性在婚恋中拥有一定的自由度，尤其在初盛唐时期。但单方的守贞观念、女性对自己才学的束缚和妇德的提升，仍昭示着婚恋中以男性居于主导、女性处于服从地位的总体格局。[5]而当这种依附消失时，作为女性的性贞洁便不再是法律所重点调整的对象，因为其本身或许并不具备法律意义上的利益属性。

高世瑜认为，唐代的宗教女性是身份最为独立同时又具开

---

[1] （宋）孙光宪撰：《北梦琐言》卷九《李氏女》，载上海古籍出版社编：《唐五代笔记小说大观》，上海古籍出版社2000年版，第1883页。

[2] （宋）孙光宪撰：《北梦琐言》卷四《崔氏女失身为周宝妻》，载上海古籍出版社编：《唐五代笔记小说大观》，第1836页。

[3] 翁育瑄：《唐宋的奸罪与两性关系》，稻乡出版社2012年版，第183页。

[4] 杨果、铁爱花："从唐宋性越轨法律看女性人身权益的演变"，载《中国史研究》2006年第1期。

[5] 鲁茜："唐五代婚恋小说中的两性情爱关系阐释"，载《西南民族大学学报（人文社科版）》2004年第3期。

放性的一个群体，因为她们摆脱了家庭、丈夫的羁绊，摆脱了世俗纲常伦理的管束，而唐代教门清规戒律又不甚严格。她们尤其是女道士更是唐代妇女中颇为自由风流的一群。[1]段塔丽也认为唐代公主入观为女道士不仅不会失去当公主时所享有的一切富贵荣华，而且较之在皇宫中更为自由，更不受约束。在道观的掩护下，她们可以恣意妄为，广交宾客，纵情欢娱。且女道士的风流韵事在唐诗中亦颇多反映。[2]尽管这种观点还有很多可以探讨的空间，如唐代宗教妇女与原生家庭之间的紧密关系以及法律、宗教戒律对宗教人员的外在限制等。但先不论这种观点是否具有广泛性，我们至少可以得出这样一个结论：在文化层面上，妇女入教标志着其从世俗家庭进入到了宗教的拟制亲缘关系中，对妇女而言，其确实通过入教增强了其自身的独立性，降低了对男性的依附程度。不过仍然需要指出，无论在法律规定还是法律实践的层面，宗教女性并没有被排除在奸罪之外，只是这种规定更多地体现为国家对宗教戒律的背书。如史籍中记载了武则天时期一尼僧曾因触犯奸罪而被惩罚，"先是，河内老尼昼食一麻一米，夜则烹宰宴乐，畜弟子百余人，淫秽靡所不为。武什方自言能合长年药，太后遣乘驿于岭南采药。及明堂火，尼入唁太后，太后怒叱之，曰：'汝常言能前知，何以不言明堂火？'因斥还河内，弟子及老胡等皆逃散。又有发其奸者，太后乃复召尼还麟趾寺，弟子毕集，敕给使掩捕，尽获之，皆没为官婢"。[3]但从材料中可以隐约看到，以奸罪惩处该尼可能只是一个罪名，其背后可能还有许多其他因素，如果没

---

[1] 高世瑜：《唐代妇女》，三秦出版社1988年版，第92页。
[2] 段塔丽：《唐代妇女地位研究》，人民出版社2000年版，第21页。
[3] 《资治通鉴》卷二百零五《唐纪·则天后天册万岁元年》，第6499—6500页。

有其他的政治原因，且当事人本身不存在内心道德强制力，作为没有家庭归属的宗教女性确实在一定程度上会更为容易触犯性禁忌。

此外，对奸生子女的身份认定似乎也可以看出奸罪背后的罪责导向。如《唐令拾遗·户令》"奸生男女"条："诸良人相奸，所生男女随父。若奸杂户、官户、他人部曲妻、客女，及官私婢，并同类相奸，所生男女，并随母。即杂户、官户、部曲奸良人者，所生男女，各听为良。其部曲及奴，奸主缌麻以上亲之妻者，若奴奸良人者，所生男女，各合没官。"[1]良人相奸之奸生子随父，但良贱相奸之奸生子多随母，如果是奴奸良人或部曲、奴奸女主或家主之女性亲属所生子女均按没官处置。这意味着对奸生子女的身份认定通常是在保护男性的身份传承，当犯奸双方主体的身份相等，那么虽然犯奸行为应当受到处罚，但奸生子女的身份并没有发生降低。而当犯奸双方中的女性之身份低于男性时，其则主要防止奸生子女通过法律所禁止的生育方式而获得男性优位身份的传承。而如果是犯奸行为中的女性身份高于男性，则直接没官。这种方式不但没有使得奸生子女的身份因为母亲的身份而提高，甚至在根本上否定了这种子女存在的合法性。且按照翁育瑄的观点，主婢奸生子的身份或许与家主是否认可有关，如主婢奸生子得到家主的认可，即便生母是婢，其地位也应等同其他庶子。但若家主不认可，情况也许就截然相反。如"衡阳周令，失其名。蜀川人。丧妻三数岁，再娶妻，亦蜀川人……后妻凶妒，周旧畜婢数人，内二人妊娠，每后妻加以他事鞭挞之，无虚日……周令妻多方用杖触

---

[1] [日] 仁井田升著，栗劲等编译：《唐令拾遗》，长春出版社1989年版，第173页。

其腹，欲其不全，二婢竟以鞭捶堕胎而死"。[1]换个角度来看，客女或婢是否会因生主子而提高法律地位呢？《唐律疏议·斗讼律》"主殴部曲死"条："问曰：或有客女及婢，主幸而生子息，自余部曲、奴婢而殴，得同主期亲以否？答曰：客女及婢，虽有子息，仍同贱隶，不合别加其罪。"[2]但《唐律疏议·户婚律》"以妻为妾"条："婢为主所幸，因而有子；即虽无子，经放为良者：听为妾"。[3]翁育瑄认为这两条法律规定之间的冲突差异也在于主家的许可，即放良的法定程序。如果按照这种推论，那么基本可以判断，无论是奸行为之女性对象还是奸生子，其身份的最终认定仍需要良人或主家的最终决断。[4]可见，无论是奸生子女还是作为贱民与男性因非婚姻关系生育子女的女性，其地位的最终判断始终是由以处于优位身份之男性的意识选择作为准则。

三、两性关系的伦理维度与道德背书

如果将奸罪放置在唐代更为宏观的社会背景之下进行观察，就不得不对唐代的性文化进行概括与梳理。根据学界已有的研究，在唐代婚姻家庭的社会实践中，尽管一夫多妻、以妾为妻、本家强离等行为属于典型的法律禁止，但这些情况在史籍中也并非难以寻见，其主要原因可能是这种民众私生活事件并不必然地会进入法律环节。而作为越轨行为的奸罪，特别是皇亲国戚、高级官员的通奸行为就更是如此。如高祖宠妃张婕妤、尹德

---

[1]（宋）张齐贤撰、俞钢整理：《洛阳搢绅旧闻记》卷二《衡阳县令周妻报应》，载朱易安等主编，上海师范大学古籍整理研究所编：《全宋笔记》（第1编第2册），大象出版社2003年版，第168页。
[2]《唐律疏议》卷二十二《斗讼》，第348—349页。
[3]《唐律疏议》卷十三《户婚》，第216页。
[4] 翁育瑄：《唐宋的奸罪与两性关系》，稻乡出版社2012年版，第41页。

妃与太子建成、齐王元吉通奸，"建成、元吉又外结小人，内连嬖幸，高祖所宠张婕妤、尹德妃皆与之淫乱"；[1]"（贺兰）敏之既年少色美，烝于荣国夫人，恃宠多恣犯，则天颇不悦之"；[2]"（韦后）受上官昭容邪说，引武三思入宫中，升御床，与后双陆，帝为点筹，以为欢笑，丑声日闻于外"；[3]"纪处讷者，秦州上邽人。为人魁岸，髭长数尺。其妻武三思妇之姊，纵使通三思，繇是款昵，进为太府卿"；[4]"合浦公主，始封高阳。下嫁房玄龄子遗爱……初，浮屠庐主之封地，会主与遗爱猎，见而悦之，具帐其庐，与之乱，更以二女子从遗爱，私饷亿计"[5]；等等。这些行为即便已然成为公开的秘密，从结果上来看，其仍然没有被法律介入。且以上这些广为人知的记载虽然只是对特定越轨行为的记载，事实上其中当事人的淫乱行为可能远不止于此。如武德二年（公元619年）高祖遣宇文歆助齐王李元吉守并州，因李元吉"攘夺百姓"，宇文歆屡劝不听后遂上表举奏，其中对李元吉众多罪状的列举中就有"夜开府门，宣淫他室"。[6]由此基本可以推断，唐代上层社会中的大量公开的越轨行为事实上并未受到法律的制裁。

产生这种情况的原因可能是当事人之间存在着一种"默契"，或彼此之间均存在着一定越轨行为，或在法律层面难以对该越轨行为进行具体的举证，那么也就无从相互指责甚至诉求法律途径。如"元和初，达官与中外之亲为婚者，先已涉溱洧之讥。就礼之夕，傧相则有清河张仲素、宗室李程。女家索

---

[1]《旧唐书》卷六十四《隐太子建成》，第2416页。
[2]《旧唐书》卷一百八十三《武承嗣》，第4728页。
[3]《旧唐书》卷五十一《韦庶人》，第2172页。
[4]《新唐书》卷一百九《纪处讷》，第4103页。
[5]《新唐书》卷八十三《合浦公主》，第3648页。
[6]《旧唐书》卷六十四《李元吉》，第2420页。

第六章 奸罪的犯罪学考察

《催妆诗》,仲素朗吟曰:'舜耕余草木,禹凿旧山川。'程久之乃悟,曰:'张九,张九,舜、禹之事,吾知之矣。'于是,群客大笑"。[1]再如玄宗时期"杨国忠出使于江浙,其妻思念至深,荏苒成疾。忽昼梦与国忠交,因而有孕,后生男名朏。洎至国忠使归,其妻具述梦中之事,国忠曰:'此盖夫妻相念情感所致。'时人无不讥诮也"。[2]尽管这一记载未必完全属实,但至少反映出杨国忠对于妻子有外遇之事是非常"宽容"的,[3]且杨国忠本身的越轨行为也存在明确的记载:"而国忠私于虢国而不避雄狐之刺,每入朝或联镳方驾,不施帷幔"。[4]在一份拟制判决当中更是直接说明了这种奸罪的取证困难:"奉判,妇女阿刘,早失夫婿,心求守志,情愿事姑。夫亡数年,遂生一子,欸(与)亡夫梦合,因即有娠。姑乃养以为孙,更无他虑……孀居遂诞一男,在俗谁不致惑。欸与亡夫梦合,梦合未可依凭。即执确有奸非,奸非又无的状。但其罪难滥,狱贵真情,必须妙尽根源,不可轻为与夺"。[5]此外,毕竟在力量不对等的个体之间,被侵犯相关人对越轨行为的干涉不但未必能起到应有的效果,甚至其本身的存在就是一种潜在的危险,因而不得不选择默认甚至纵容的态度。那些或许并不甘心的相关人或许是迫于政治势力等原因,对此种行为只能"睁一只眼,闭一只眼"。

---

[1] (宋)陆游撰,李昌宪整理:《避暑漫抄》,载朱易安等主编,上海师范大学古籍整理研究所编:《全宋笔记》(第5编第8册),大象出版社2012年版,第134页。

[2] (五代)王仁裕撰:《开元天宝遗事·梦中有孕》,中华书局2006年版,第75—76页。

[3] 孙玉荣:《唐代社会变革时期的婚姻》,浙江大学出版社2016年版,第128页。

[4] 《旧唐书》卷五十一《杨贵妃》,第2179页。

[5] 王震亚、赵荧:《敦煌残卷争讼文牒集释》,甘肃人民出版社1993年版,第135页。

如"(宋)恕在剑南,有雒县令崔珪,恕之表兄,妻美,恕诱而私之,而贬珪官"。[1]从这个意义上来讲,唐代两性关系之间越轨行为的罪责认定很有可能与当事人本身的社会经济地位有着很大的关联。这些并未被法律惩治的越轨行为实例所展现的是,相对于当事人以及相关人之间的其他利益博弈关系而言,单单的性行为并不一定成为法律惩治的核心对象。这种现象事实上并不仅体现在性行为上,婚姻关系的建立与维持本身就更加鲜明地体现出了这种问题的现实存在。陈弱水曾非常细致地论证过唐代可能出现的夫随妻居的现象,其认为在唐代的大部分时期,社会地位最高的群体是士族,这个阶层流行内部通婚。唐代士族源自两晋南北朝以来的旧门第,有着长久、复杂的历史,是一个广大的网络。士族阶层的成员通婚,夫家、妻家可能居住地距离遥远,往来不便,在婚姻初期,有机会产生夫随妻居的情况。再者,唐代士族的主体山东高门在八世纪初以后大量进入官僚体系,各处仕宦,增加了这个阶层成员的流动性,更容易形成远距联姻,带动夫随妻居的婚姻形态。[2]与贵族官僚阶层的特殊性不同,庶民阶层的越轨行为欠缺正史的具体记载。但不难发现的是,在唐代的笔记小说当中,两性之间的男欢女爱已然成为重要的主题。如"徐安者,下邳人也……安妻王氏貌甚美,人颇知之……忽一日,有一少年状甚伟,顾王氏曰:'可惜芳艳,虚过一生。'王氏闻而悦之,遂与之结好,而来去无惮"。[3]再如"维扬万贞者,大商也……其妻孟氏者,先寿春之妓人也。美容质,能歌舞,薄知书,稍有词藻。孟氏独游

---

[1]《旧唐书》卷九十六《宋璟》,第3036页。
[2] 陈弱水:《隐蔽的光景:唐代的妇女文化与家庭生活》,广西师范大学出版社2009年版,第67—68页。
[3]《太平广记》卷四百五十一《徐安》,第3679页。

于家园，四望而乃吟曰：'可惜春时节，依然独自游。无端两行泪，长秖对花流。'吟诗罢，泣下数行。忽引一美少年，容貌甚秀美，逾垣而入……自是孟氏遂私之，挈归己舍"。[1]

但是否可以直接用以上记载来作为唐代性开放风气的证明呢？有学者则提出质疑。如岳纯之即认为唐代并不存在性开放这样的社会风气。从结婚、离婚到再嫁，唐人仍然是传统的、保守的，对于婚外性行为，唐人更是深恶痛绝，并予以严厉谴责和制裁。所谓唐代性开放，夫妻之间不相禁忌云云，都是不能成立的。[2]确实，明确因犯奸而受到惩处的记载，在史籍中也同样并不乏见，如"郜国公主者，肃宗之女也，出降驸马萧升，升于复为从兄弟，升早卒。贞元中，蜀州别驾萧鼎、商州丰阳令韦恪、前彭州司马李万、太子詹事李昇等出入主第，秽声流闻，德宗怒，幽主于别第，李万决杀、昇贬岭南，萧鼎、韦恪决四十，长流岭表"；[3]元和年间，柳公绰任鄂岳观察使，"军士之妻冶容不谨者，沉之于江"；[4]长庆年间，顺宗襄阳公主"下嫁张孝忠子克礼。主纵恣，常微行市里。有薛枢、薛浑、李元本等皆得私侍，而浑尤爱，至谒浑母如姑。有司欲致诘，多与金，使不得发。克礼以闻，穆宗幽主禁中。元本乃功臣惟简子，故贷死，流象州，枢、浑崖州"。[5]笔记小说中除了那些对男女性爱的浪漫描写外，也同样能找到关于奸罪发露与惩处的表述，如"周郎中裴珪妾赵氏，有美色，曾就张璟藏卜年命。藏曰：'夫人目长而漫视，准相书，猪视者淫。妇人目有四白，

---

[1]《太平广记》卷三百四十五《孟氏》，第2735—2736页。
[2] 岳纯之："唐代性开放说质疑"，载《南开学报（哲学社会科学版）》2007年第6期。
[3]《旧唐书》卷一百二十五《萧复》，第3552页。
[4]《旧唐书》卷一百六十五《柳公绰》，第4302页。
[5]《新唐书》卷八十三《襄阳公主》，第3666页。

五夫守宅。夫人终以奸废，宜慎之。'赵笑而去。后果与合宫尉卢崇道奸，没入掖庭"。[1]再如"有何法成者，小人也，以卖符药为业。其妻微有容色，居在北禅院侧。左院有毳衲者，因与法成相识，出入其家，令卖药银，就其家饮啖而已。法成以其内子饵之，而求其法，此僧秘惜，迁延未传。乃令其妻冶容而接之，法成自外还家掩缚，欲报巡吏。此僧惊惧，因谬授其法，并成药数两，释缚而窜"。[2]何法成试图用美人计窃取僧人的秘方，从记载中"欲报巡吏""此僧惊惧"的字眼来看，犯奸罪的处罚应当是比较严格的。

事实上，对唐代两性关系进行开放抑或保守的定论都有一定道理。因为，在解读诸多材料中的记载时，这些记载在不同时空下往往会呈现出一定的差异性。如目前学界基本达成共识的是，唐后期较之前期在两性关系尤其是女性的贞洁观念方面明显趋向保守。由于学界在对唐代性文化进行分析时，往往囿于史料的限制而多从笔记小说当中寻找支撑。正如有论者所称，"唐代妇女性爱生活丰富、放纵，且为唐人小说的一大主题。若翻检唐人小说，又觉其对妇女性爱的描写不外乎偷情、私奔，等等，表现为言情而不淫、纵情而不乱。这样一来，不仅与生活实际不相符合，而且作品中二者也有举例。殊不知，这种状况是经过小说家们苦心营造出来的"。[3]且不论这种对唐代性文化的定性结论是否准确，但在笔记小说当中所反映出来的性文化在很大程度上会受到作者的经营是毋庸置疑的。纵观唐代婚

---

[1]（唐）张鷟撰：《朝野佥载》卷一，载上海古籍出版社编：《唐五代笔记小说大观》，上海古籍出版社2000年版，第6页。
[2]（宋）孙光宪撰：《北梦琐言》卷十一《蔡畋虚诞》，载上海古籍出版社编：《唐五代笔记小说大观》，上海古籍出版社2000年版，第1901—1902页。
[3] 张金桐："唐人小说中的妇女性爱：小说家营造的心理态势"，载《河北学刊》2003年第1期。

恋小说，其中爱情的演绎往往由女性开始。而且，这一类故事通常贯穿着性的色彩，通常男女还没有交谈几句便有了鱼水之欢。这些女子要么是身份低微的妓女、婢妾，都属于礼教的弃儿，要么是超凡脱俗的仙女和妖女，无须遵从人间的三从四德，与一般女子相较，自然可以无视礼教大防和规范。另一方面，享受了爱情的欢愉之后，他们又往往不断把女性的贞节作为美德来灌输，他们似乎希望女性在恋爱之初热情主动，类乎妓女，但与之婚恋之后又希望女性贞静自持，用情专一，甚至死后灵魂都仍然情怀不改。[1]无疑体现出了小说创作者本身就已然存在的道德矛盾与困境。此外，还需要注意的是：虽然常规上奸与淫同义——"奸，犯淫也。此字谓犯奸淫之罪"，[2]但在唐律中这两者所指之义似乎并非完全一致。如前文提到当女性触犯奸罪时，男性可以突破"七出三不去"的离婚限制，而"七出"当中事实上已经存在"淫泆"一项。[3]李芳认为，"淫泆"大致指轻度败坏社会风化的行为，而"犯奸"指违反刑律当受刑罚之行为，其中的"犯"已将其性质表明。[4]笔者认同这种观点，这也同时可以解释不同学者在对唐代性开放问题上的不同观点。

　　同时在众多涉及奸罪的行为记载中，有些行为则触犯了多重禁忌，较为典型的如高祖之女永嘉公主与其侄女寿春县主的丈夫杨豫之，"（豫之）尚巢剌王女寿春县主。居母丧，与永嘉

---

[1] 高翠元："论唐人婚恋小说的两性关系与士人观念"，暨南大学2006年硕士学位论文。
[2] （汉）许慎撰，（清）段玉裁注：《说文解字注》，上海古籍出版社1981年版，第625页。
[3] 《唐律疏议》卷十四《户婚》，第224页。
[4] 李芳："唐律奸罪研究"，吉林大学2013年博士学位论文。

公主淫乱,为主婿窦奉节所擒,具五刑而杀之"。[1]关于居丧奸,《唐律疏议·名例》中"十恶"条规定"居父母丧,身自嫁娶若作乐、释服从吉"。[2]还有很多奸罪是与其他犯罪纠葛在一起被呈现的,如贞观年间御史蒋恒所审理的一则奸杀案,"卫州板桥店主张迪妻归宁。有卫州三卫杨贞等三人投店宿,五更早发。夜有人取三卫刀杀张迪,其刀却内鞘中,贞等不知之。至明,店人趋贞等,拔刀血狼藉,因禁拷讯,贞等苦毒,遂自诬。上疑之,差御史蒋恒覆推……问之具伏,云与迪妻奸杀有实"。[3]关于奸杀问题,唐律中也有明确规定,"犯奸而奸人杀其夫,谓妻妾与人奸通,而奸人杀其夫,谋而已杀、故杀、斗杀者,所奸妻妾虽不知情,与杀者同罪,谓所奸妻妾亦合绞"。[4]甚至一些奸罪案件的显现本身就是以其他事件为契机,或进而引发了更为严重的犯罪。

筋斗裴承恩妹大娘善歌,兄以配竿木侯氏,又与长入赵解愁私通。侯氏有疾,因欲药杀之。王辅国、郑衔山与解愁相知,又是侯乡里,密谓薛忠、王琰曰:"为我语侯大兄:晚间有人送粥,慎莫吃。"及期,果有赠粥者,侯遂不食。其夜,裴大娘引解愁谋杀其夫,衔山情愿擎土袋。灯灭,既黑,衔山乃以土袋置侯身上,不压口鼻,余党不之觉也。比明,侯氏不死,有司以闻。上令范安及穷究其事,御史赵解愁等皆决一百。[5]

---

[1]《旧唐书》卷六十二《杨师道》,第2384页。
[2]《唐律疏议》卷一《名例》,第12页。
[3](唐)张鷟撰:《朝野佥载》卷四,载上海古籍出版社编:《唐五代笔记小说大观》,上海古籍出版社2000年版,第58—59页。
[4]《唐律疏议》卷十七《贼盗》,第276页。
[5](唐)崔令钦撰:《教坊记》,载上海古籍出版社编:《唐五代笔记小说大观》,上海古籍出版社2000年版,第124页。

（令狐）建妻李氏，恒帅（李）宝臣女也，建恶，将弃之，乃诬与佣教生邢士伦奸通。建召士伦榜杀之，因逐其妻。士伦母闻，不胜其痛，卒。李氏奏请按劾，诏令三司诘之。李氏及奴婢款证，被诬颇明白，建方自首伏。建会赦免坐。德宗诏曰："子育黎元，未能禁暴，在予之责，用轸于怀。宜辍常膳五百千文，充葬士伦母子。其父既衰耄，至无所归，良深矜念，委京兆尹厚加存恤。"[1]

此外，一些对奸罪的记载主要是从审理官员的断案能力角度阐述的。如贞观年间，"左丞李行廉弟行诠前妻子忠烝其后母，遂私将潜藏，云敕追入内。行廉不知，乃进状问，奉敕推诘甚急。其后母诈以领巾勒项卧街中，长安县诘之，云有人诈宣敕唤去，一紫袍人见留宿，不知姓名，勒项送至街中。忠惶恐，私就卜问，被不良人疑之，执送县。县尉王璥引就房内推问，不承。璥先令一人于案褥下伏听，令一人走报长使唤，璥锁房门而去。子母相谓曰：'必不得承。'并秘密之语。璥至开门，案下之人亦起，母子大惊，并具承伏法云"。[2]再如宪宗时期，"部民之妻，与其邻通，讬疾谓夫曰：'医者言食猎犬肉即差。'夫曰：'吾家无犬奈何？'妻曰：'东邻犬常来，可击而屠之。'夫用妻言，以肉饷妻。邻人遂讼于官，收捕鞫问立承，且云妻所欲也。均曰：'此乃妻有外情，踬夫于祸耳。'追劾之，果然。妻及奸者皆服罪，而释其夫。"[3]

可以发现，法律层面对奸罪的负面评价与社会心理层面对

---

[1]《旧唐书》卷一百二十四《令狐建》，第3530—3531页。
[2]（唐）张鷟撰：《朝野佥载》卷五，载上海古籍出版社编：《唐五代笔记小说大观》，上海古籍出版社2000年版，第60页。
[3] 杨奉琨校释：《折狱龟鉴校释》卷五《察奸·裴均》，复旦大学出版社1988年版，第276页。

性文化的相对开放并不必然呈现矛盾的关系。无论是婚姻还是性关系，从现代法学的角度来看毕竟都属于一种私领域。尽管在中国传统法律文化当中，对于民众的人身财产关系往往采取刑事法律方式进行规制，但不得不承认，如若私领域中的相关人本身主观上不意图或客观上不能够通过法律的方式以完成自身利益诉求，在一定的条件下其完全有可能在现实生活中运用与法律相悖的另一套行为规则。正如前文所表述的，唐代奸罪的设定本身并不是出于对民众性自主权的保障，与之相反，其在一定意义上乃是通过对民众性自主权的进行限制从而实现国家对婚姻制度的建立。正如唐律中"以奸论"之规定所展现的一样，无论是违法婚配而"以奸论"的行为、监临官司枉法娶妻妾而"以奸论"的行为还是维持非法的事实婚姻状态而"以奸论"的行为，均与婚姻关系有关。[1]简言之，奸罪的法律规定不仅着眼于社会秩序，也关系到国家的治理政策。在《文明判集残卷》中的一份关于夫犯奸而追夺妻之告身的判词中也能体现这一问题所在："赵孝信妻张，有安昌郡君告身，其夫犯奸除名，主爵追妻告身。张云：夫主行奸，元不知委，不服夺告身事……张本缘夫职，因夫方给郡君。在信久已甘心，于张岂劳违拒。皮既斯败，毛欲何施！欵云不委夫奸，此状未为通理，告身即宜追夺，勿使更得推延"[2]，在法律层面，国家通过对以男性为中心的婚姻关系之具体界定而完成对社会生活的管控，奸罪方面就是这种管控的具体显现之一。夫妻中如果夫一方触犯奸罪，法律不但未必会对妻一方进行相应的保护，其反而有可能因为这种连带关系也一并进行不利后果的承担。正是在这

---

[1] 李芳："唐律奸罪研究"，吉林大学2013年博士学位论文。
[2] 王震亚、赵荧：《敦煌残卷争讼文牒集释》，甘肃人民出版社1993年版，第132页。

样的大背景下,即便是具体的奸罪已然发露,司法审判也未必全然按照法律的规定进行惩罚性的判决,毕竟维护以男性为核心的家族利益才是最终目的。如"黄门缪贤,先娉毛君女为妇。娶经三载,便诞一男。后五年,即逢恩赦。乃有西邻宋玉追理其男,云与阿毛私通,遂生此子。依追毛问,乃承相许未奸……宋玉承奸是实,毛亦奸状分明。奸罪并从赦原,生子理须归父。儿还宋玉,妇付缪贤,毛宋往来,即宜断绝"。[1]张剑光也认为,从法律层面上看,只要两性关系不对家庭、血缘和社会等级结构发生冲击,法律对男女的性关系并没有太大的限制和规范。既然没有硬性的限制,只要有合适的氛围,相对奔放的两性关系就自然而然地出现了,唐朝人对两性关系的认可程度,也就与法律的规范大体一致了。[2]因此,对在众多犯罪当中相对隐蔽而又存在相当比例的私力解决方案的奸罪而言,法律只能进行一种兜底性的规制。其虽然与现实生活当中的"淫泆"行为有着诸多的重叠,但如果不是相关人员主动寻求法律的救济与保障,那么法律也似乎只能对此"无从查证"了。

---

[1] 王震亚、赵荧:《敦煌残卷争讼文牒集释》,甘肃人民出版社1993年版,第136—137页。

[2] 张剑光:"唐五代的婚外两性关系和社会认同——以宋人笔记为核心的考察",载《上海大学学报(社会科学版)》2016年第5期。

下篇

第七章
李世民对于罪的认识与论述

唐太宗李世民（公元598年—公元649年），祖籍陇西成纪，是唐高祖李渊和窦皇后的次子。唐朝建立后，李世民官居尚书令、右武候大将军，受封为秦国公，后晋封为秦王。武德九年（公元626年），其发动玄武门之变，杀死太子李建成、齐王李元吉及二人诸子，被立为太子，唐高祖李渊不久退位，李世民即位，改元贞观。李世民为帝之后，积极听取群臣的意见，对内以文治天下，虚心纳谏，厉行节约，劝课农桑，使百姓能够休养生息，国泰民安，开创了中国历史上著名的贞观之治。对外开疆拓土，攻灭东突厥与薛延陀，征服高昌、龟兹、吐谷浑，重创高句丽，设立安西四镇，各民族融洽相处，被各族人民尊称为天可汗，为后来唐朝一百多年的盛世奠定重要基础。贞观二十三年（公元649年），因病驾崩于含风殿，享年52岁，在位23年，庙号太宗，葬于昭陵。

一、罪与罚的调节性分离

虽然说罪刑相应原则是现代刑法的基本原则之一，但在政权建立初期，面对纷繁复杂的政治博弈，将罪与罚在一定程度上分离开来不失为一种可行的法律实践方式。在处理玄武门事变问题上，李世民就很好地将罪与罚进行了有机剥离。一方面，其从政权正统性的角度认定相关人员的"罪",另一方面,其又从具体的操作层面免除或减轻当事人承担不利的法律后果。如玄武门事变后,东宫翊卫车骑将军冯立在李建成身亡后率兵攻玄武门,并杀死屯营将军敬君弘,六月五日他前来请罪,李世民列数其罪责,"汝在东宫,潜为间构,阻我骨肉,汝罪一也;昨日复出兵来战,杀伤我将士,汝罪二也"。但当冯立表示认罪悔改后,李世民不但没有进行具体的责罚,还"慰勉之",其原因就在于"逢莫大之恩,幸而获济,终当以死奉答"。[1]可见在建国之初正值政权需要稳定之时,这种罪与罚的适当分离不仅能够起到稳定人心效果,还能够让当事人在重罪遇赦的心理下绝对尽忠。太宗这种做法的另一个好处在于能够使得东宫旧部们形成一种默契,他们在名义上承认李建成之"罪"的同时却可以通过实际行动在实践意义上保持了旧部们"忠"之尊严,并在一定程度上弥合了玄武门事变所带来的政治冲击。

> 臣等昔受命太上,委质东宫,出入龙楼,垂将一纪。前宫结衅宗社,得罪人神,臣等不能死亡,甘从夷戮,负其罪戾,寔录周行,徒竭生涯,将何上报?陛下德光四海,道冠前王,陟冈有感,追怀棠棣,明社稷之大义,申骨肉之深恩,卜葬二王,远期有日。臣等永惟畴昔,忝曰旧臣,丧君有君,虽展事君之礼;宿草将列,未申送往之哀。瞻望九原,义深凡百,望于葬日,送至墓所。[2]

从某种意义上来讲,玄武门事变是对君权的一种侵犯。有学者甚至提出,唐前期的皇位继承不仅不稳定,而且多是由武

---

[1]《旧唐书》卷一百八十七上《冯立》,第4872—4873页。
[2]《贞观政要》卷五《忠义第十四》,第153页。

力夺取,实因太宗玄武门之变为他们提供了武力夺嫡成功的先例。[1]因此,太宗对东宫旧部的宽容事实上能够将原本冲突的张力在一定范围内进行调和,这种对罪与罚的分离虽说只是一种统治策略的表现形式,但却能通过对"罚"的赦免反过来强化对"罪"的认定,从正反两方面都能够起到较好的维护政权作用。不过需要注意的是,虽然正统史书一再美化太宗在处理玄武门之变时的宽容与大度,但实际上太宗对东宫旧部的处理上仍然是较为谨慎的。如李建成东宫太子舍人张弼的墓志显示,"贞观之始,情理云毕,前宫寮属,例从降授",[2]可见前东宫的大多臣属都有被降职的处分。也就是说,东宫旧部们的"罪"之判定并没有被忽视,但对应"罪"的具体之"罚"则可以通过太宗本人的意愿进行多种方式的调节。

此类事例在太宗处理的许多个案中均有体现。如贞观四年(公元631年),御史大夫萧瑀弹劾李靖,太宗一方面阻止对李靖的正式处罚,一方面又对其严加责备,"御史大夫萧瑀劾奏李靖破颉利牙帐,御军无法,突厥珍物,房掠俱尽,请付法司推科。上特敕勿劾。及靖入见,上大加责让,靖顿首谢"。[3]这种将罪与罚分离的方式一方面通过保护忠臣以维护统治秩序的有效进行,另一方面又表明了对具体事件的基本判断。但在个案中将"罪"与"罚"进行人为的区隔说到底还是一种对法制的破坏,因此太宗也需要通过其他的形式进行适当的修饰。如在处理广州都督党仁弘案件时,党仁弘因"交通豪酋,纳金宝,

---

[1] 米山:"论玄武门之变对唐前期皇位继承的影响",载《内蒙古农业大学学报(社会科学版)》2011年第6期。

[2] 胡明曌:"有关玄武门事变和中外关系的新资料——唐张弼墓志研究",载《文物》2011年第2期。

[3]《资治通鉴》卷一百九十三《唐纪·贞观四年》,第6078页。

没降獠为奴婢,又擅赋夷人"而被人告发,太宗怜其年老功高,称"吾昨见大理五奏诛仁弘,哀其白首就戮,方晡食,遂命撤案;然为之求生理,终不可得。今欲曲法就公等乞之";最终的处理结果便由"法当死"改为"贷为庶人"。事后太宗反思自己不应开这种先例,认为自己"是自弄法以负天",试图通过"请罪于天"来进行弥补,"法者,人君所受于天,不可以私而失信。今朕私党仁弘而欲赦之,是乱其法,上负于天。欲席藁于南郊,日一进蔬食,以谢罪于天三日"。[1]房玄龄等大臣再三劝阻,认为太宗"宽仁弘不以私而以功,何罪之请"。[2]尽管如此,太宗还是下罪己诏,反省自己知人不明、以私乱法、未能赏善诛恶的做法,这种对自己名义上"罪"的认定无疑对臣民也起到极佳的引领作用。虽然罪与罚之间的模糊界限会因统治者个人的心理倾向而产生一定的主观性,但其恰恰能够为维护统治秩序提供犯罪认知心理上的指向引导,为"实质之罪"增添了客观强化。

二、君主个人的道德自律

如上文所言,在封建人治社会中,即使统治者认同法制在社会管控中的功能与作用,但对"罪"的判定与"罚"的实施始终无法避免个人的主观倾向选择。太宗虽然力图通过良好的君臣互动达到一种政治清明的状态,但最终还是需要依靠其个人的道德自律。作为君主,尽管始终无法避免会出现这样或那样的差错,但在大多数情况下,太宗能够严于律己,进而维护社会秩序的良好运行。

前文曾述及,太宗君臣最为典型的便是从隋亡的历史经验

---

[1]《资治通鉴》卷一百九十六《唐纪·贞观十六年》,第6182页。
[2]《新唐书》卷五十六《刑法》,第1412页。

第七章 李世民对于罪的认识与论述

中认识到戒奢的重要性:"往昔初平京师,宫中美女珍玩,无院不满。炀帝意犹不足,征求无已,兼东西征讨,穷兵黩武,百姓不堪,遂致亡灭。此皆朕所目见"。[1]因此,其本人作为新政权的最高统治者,首先要做的就是对自己的道德修正。

若安天下,必须先正其身,未有身正而影曲,上治而下乱者。朕每思伤其身者不在外物,皆由嗜欲以成其祸。若耽嗜滋味,玩悦声色,所欲既多,所损亦大,既妨政事,又扰生民。且复出一非理之言,万姓为之解体,怨讟既作,离叛亦兴。朕每思此,不敢纵逸。[2]

可见,这种自律性的要求不仅停留在一般的道德修养层面,而是与作为君主在治理国家上所应当承担的道德义务相联系。君主的道德表征直接与国家的统治秩序相连,"宽大其志,足以兼苞;平正其心,足以制断。非威德无以致远,非慈厚无以怀人。抚九族以仁,接大臣以礼。奉先思孝,处后思恭。倾己勤劳,以行德义。此乃君之体也",[3]君主的所作所为不仅仅是个人的道德表现,更是国家层面的道德标杆。从这个角度来看,君主的行为规范或许已经超出了一般的道德范畴,而带有一定的社会责任性,即对臣民的具体行为要求首先建立在对君主的道德约束之上。如果君主相应的道德实践有所欠缺,那么其对臣民的影响甚至会形成一种潜在的"罪恶"。"且君之化下,如风偃草,上不节心,则下多逸志。君不约己而禁人为非,是犹恶火之燃,添薪望其止焰;忿池之浊,挠浪欲澄其流,不可得

---

[1]《贞观政要》卷一《政体第二》,第22页。
[2]《贞观政要》卷一《君道第一》,第1页。
[3] 吴云、冀宇校注:《唐太宗全集校注》,天津古籍出版社2004年版,第595—596页。

也。莫若先正其身，则人不言而化矣"。[1]有鉴于此，太宗格外强调君主的不当欲望会对民众形成过度的负担。

隋炀帝广造宫室，以肆行幸，自西京至东都，离宫别馆，相望道次，乃至并州、涿郡，无不悉然。驰道皆广数百步，种树以饰其傍。人力不堪，相聚为贼。逮至末年，尺土一人，非复己有。以此观之，广宫室，好行幸，竟有何益？此皆朕耳所闻，目所见，深以自诫。故不敢轻用人力，惟令百姓安静，不有怨叛而已。[2]

虽然有学者曾列举太宗在位期间多次奢纵失度的实行，[3]但从整体角度观察，在其统治期间太宗基本上还是做到了实施少扰民的休养生息政策。其以身作则的行为示范也在一定程度上带动了民众的专事生产，为国力的强盛起到了不可忽略的作用。

崇饰宫宇，游赏池台，帝王之所欲，百姓之所不欲。帝王所欲者放逸，百姓所不欲者劳弊。孔子云：有一言可以终身行之者，其恕乎！己所不欲，勿施于人。劳弊之事，诚不可施于百姓。朕尊为帝王，富有四海，每事由己，诚能自节，若百姓不欲，必能顺其情也。[4]

此外，太宗之所以能够相对保持节俭朴素还有一个比较有趣的原因。根据岳纯之先生的统计，在太宗在位的二十三年时

---

[1] 吴云、冀宇校注：《唐太宗全集校注》，天津古籍出版社2004年版，第614页。
[2]《贞观政要》卷十《行幸第三十七》，第281页。
[3] 涂绪谋："唐太宗贞观之失述评"，载《西南民族大学学报（人文社科版）》2005年第2期。
[4]《贞观政要》卷六《俭约第十八》，第186页。

间里自然灾害几乎无年不有。[1]由于祥瑞灾异在中国古代的政治文化当中通常与君主个人的道德评判有着诸多的联系,[2]因此,当民间发生自然灾害时,君主首先要想到自己所应当承担的责任,否则就容易造成君民之间的心理背离,进而导致统治的危险。"隋开皇十四年(594),大旱,人多饥乏。是时仓库盈溢,竟不许赈给,乃令百姓逐粮食。隋文不怜百姓而惜仓库,比至末年,计天下储积,得供五六十年。炀帝恃此富饶,所以奢华无道,遂致灭亡"。[3]正是在这样一种文化背景下,每当出现灾异时,太宗都会深自反省,从个人修身到实行仁政,采取多项措施,以祈求上天减轻或消除灾害。如在贞观二年(公元628年)关中地区发生旱灾时,太宗首先反省自身的道德欠缺,"水旱不调,皆为人君失德。朕德之不修,天当责朕,百姓何罪,而多遭困穷!闻有鬻男女者,朕甚愍焉"。[4]这种将对自身的道德要求与国家治理状态对照反思的精神无疑能够帮助其理解民众的生存要求,进而将君与民进行利益共同体的组合,维护社会秩序的有序施行。

三、谏言是否为罪的忠君标准

唐太宗虚心求谏的各种事迹一向被史家称道,君臣之间的良好互动是其心中向往的一种积极状态。建国初期李渊父子都能从隋亡的经验教训中认知到这一点,"隋为无道,主骄于上,臣谄于下,上下蔽蒙,至身死匹夫手,宁不痛哉!我今不然,

---

[1] 岳纯之:"唐太宗时期的自然灾害及其防治",载《理论学刊》2011年第1期。
[2] 金霞:"中国古代政治文化视野中的祥瑞灾异",载《青岛大学师范学院学报》2005年第4期。
[3] 《贞观政要》卷八《辨兴亡第三十四》,第256页。
[4] 《贞观政要》卷六《仁恻第二十》,第193页。

平乱责武臣，守成责儒臣，程能付事，以佐不逮；虚心尽下，冀闻嘉言"；[1]"然耳目股肱，寄于卿辈，既义均一体，宜协力同心，事有不安，可极言无隐。傥君臣相疑，不能备尽肝膈，实为国之大害也"。[2]然而，难就难在如何在掌握至高无上权力的状态下一直保持虚心求谏的心胸，而太宗难能可贵之处在于其能够通过几个侧面来为臣下的谏言提供一定的制度性保障。首先是努力打消臣下谏诤的顾虑，"人欲自照，必须明镜；主欲知过，必藉忠臣……公等每看事有不利于人，必须极言规谏"。[3]其次，在面对一些态度比较激烈的谏言时，太宗能保持相对理性的态度。如贞观八年（公元634年），太宗要修筑洛阳宫，中牟县丞皇甫德参上书批评，言辞激烈，太宗起初大怒，魏徵对此进行劝解，"自古上书率多激切，若不激切则不能起人主心，激切即似讪谤……惟陛下裁察，不可责也"，[4]太宗最终保持了相对理性的对待。再次，维护大臣不被恶意攻击所伤害，"无识之人，务行谗毁，交乱君臣，殊非益国。自今以后，有上书讦人小恶者，当以谗人之罪罪之"，[5]如贞观十年（公元636年）再次强调，"朕开直言之路，以利国也，而比来上封事者多讦人细事，自今复有为是者，朕当以谗人罪之"。[6]

正是在以上多重保障之下，太宗在执政初期能够相对理智地接受谏言并进而进行法益权衡。如贞观元年（公元627年），

---

[1]《新唐书》卷一百三《孙伏伽》，第3997页。
[2]《贞观政要》卷一《政体第二》，第16页。
[3]《贞观政要》卷二《求谏第四》，第46页。
[4]（唐）王方庆撰：《魏郑公谏录》卷一《谏皇甫德参上书以为讪谤》，载吕效祖主编：《新编魏征集》，三秦出版社1994年版，第151页。（本书以下相关内容均出自此版本）
[5]《贞观政要》卷六《杜谗邪第二十三》，第204页。
[6]《资治通鉴》卷一百九十四《唐纪·贞观十年》，第6122页。

戴胄任大理寺少卿，其时在朝廷选士的过程中出现了一些"诈伪资荫"的弄虚作假事件，太宗因此下令"令其自首，不首者罪至于死"。应选的柳雄因"诈伪资荫"而被查获，并案归大理寺判决，但戴胄据法判其流刑，引起太宗不满，戴胄指出，"法者，国家所以布大信于天下，言者，当时喜怒之所发耳。陛下发一朝之忿而许杀之，既知不可而置之于法，此乃忍小忿而存大信也"，[1]最终赢得了太宗的认可。太宗的这种做法对一向勇于直谏的臣僚们给予了有力的保护。再如贞观三年（公元629年）前后，长安县人霍行斌诬告魏徵参与谋反，太宗认为"此言大无由绪，不须鞫问，行斌宜附所司定罪……卿之累仁积行，朕所自知，愚人相谤，岂能由己"；[2]贞观九年（公元635年），岷州都督高甑生诬告李靖谋反，太宗派专人调查，"有司按验无状，甑生等以诬罔论"[3]；等等，太宗在个案中采取的做法均在一定程度上强化了君臣之间的良好互动，保证臣僚不被恶意中伤，加固了唐初的统治秩序。

太宗晚年虽然对谏言的接受程度有所回缩，但对"君之所好，臣必趋之"的道理仍然是有着比较清醒的认识。"予思三代以来，君好仁，人必从之。在上留心台榭，奇巧之人必至……塞切直之路，为忠者少；开谄谀之道，为佞者必多"。[4]不过无论求谏还是纳谏，其落脚点都是为了维护政权的统治，即最基础的标准是不能与"忠君"的准则有任何违背。也正因如此，即使是再多的制度性保障，最终都还是需要通过最高统治者个人的主观定性来得以进行和实施。特别是在一些触及统治权的问题上，

---

[1]《旧唐书》卷七十《戴胄》，第2532页。
[2]《魏郑公谏录》卷五《霍行斌告变》，第188页。
[3]《新唐书》卷九十三《李靖》，第3815页。
[4] 吴云、冀宇校注：《唐太宗全集校注》，天津古籍出版社2004年版，第126页。

臣子的谏言在某种意义上会成为一种政治赌注。以皇位之争为例，有学者曾提出，皇位之争是一场波及面很广的政治风波，这样的政治风波冲击力很强，许多大臣的政治前途甚至身家性命都会受到影响。[1]如贞观十年（公元636年），杜正伦兼太子左庶子，太宗暗告其对太子"若教示不得，须来告我"，后因太子"数谏不纳"，杜正伦便将太宗的暗示拿出来规劝太子承乾，没想到太子回头"抗表奏闻"。惹得太宗大怒。最终导致杜正伦厄运重重，"出为穀州刺史，又左授交州都督。后承乾搆逆，事与侯君集相连，称遣君集将金带遗正伦，由是配流驩州"。[2]即使是最勇于直谏的魏徵，在死后也因被怀疑与侯君集、杜正伦有染，而被太宗取消了衡山公主与其子的婚约。"太宗始疑徵阿党。徵又自录前后谏诤言辞往复以示史官起居郎褚遂良，太宗知之，愈不悦。先许以衡山公主降其长子叔玉，于是手诏停婚"。[3]再如同为著名谏臣的刘洎，贞观十九年（公元645年），太宗亲征高丽从辽东回朝后患了痈肿，刘洎私下表达对圣上健康的担忧，"疾势如此，圣躬可忧"。没想到褚遂良借机诬告，"洎言国家事不足忧，但当辅幼主行伊（尹）、霍（光）故事，大臣有异志者诛杀之，自定矣"，太宗随即下诏"洎与人窃议，窥窬万一，谋执朝衡，自处伊、霍，猜忌大臣，皆欲夷戮"，[4]令刘洎自杀。可见，在人治的大背景下，对谏言的取舍与理解最终取决于皇帝个人的主观判断，一旦最高统治者认为具体的谏言有触犯底线的可能性，再多的制度性保障也无济于事。

---

[1] 高泽峰："皇位之争中的唐太宗与史臣"，载《北方论丛》2016年第1期。
[2] 《旧唐书》卷七十《杜正伦》，第2543页。
[3] 《旧唐书》卷七十一《魏徵》，第2562页。
[4] 《资治通鉴》卷一百九十八《唐纪·贞观十九年》，第6233页。

四、对犯罪处理的维稳导向

历代在建国之初，为了维护新生政权的稳固，都必须面对如何处理前代遗犯的尖锐问题，其中无外乎两种主要方式：一种即尽可能地将原有势力进行整合收编，如在大业十三年（公元617年）九月，李渊父子行军至河东时，李世民提出"进师入关，取永丰仓以赈穷乏，收群盗以图京师"。[1]另一种则是对敌对军事力量进行彻底的消灭，如武德三年（公元620年）五月，"秦王世民引军自晋州还攻夏县，壬午，屠之"。[2]当然，无论是对"群盗"的收编，还是焚烧屠城，战后收尾策略的出发点都是为了维护新生政权稳定。

两种策略所引发的后果会因具体事件而有所差异。例如，因为对河北地区的战后处理不当，"唐官吏以法绳之，或加捶挞，建德故将皆惊惧不安"，[3]刘黑闼起兵反抗，时任李建成幕僚的魏徵对此批评道："黑闼虽败，杀伤太甚，其魁党皆悬名处死，妻子系虏，欲降无繇，虽有赦令，获者必戮，不大荡宥，恐残贼啸结，民未可安"。有鉴于此，在处理刘黑闼第二次起兵反抗时所选的策略相对更为得当，也起到了良好的效果。"获俘皆抚遣之，百姓欣悦……众乃散，或缚其渠长降，遂禽黑闼"，[4]在善后处理上也实行了相对缓和的政策，"高祖怒，命太子建成取山东男子十五以上悉坑之，驱其小弱妇女以实关中。太宗切谏，以为不可，遂已"，[5]最终维持了社会稳定。这些事件使得太宗在其后的治国理念中非常强调德礼仁义的优势，尽可能地

---

[1]《旧唐书》卷二《太宗本纪》，第23页。
[2]《资治通鉴》卷一百八十八《唐纪·武德三年》，第5884页。
[3]《资治通鉴》卷一百八十九《唐纪·武德四年》，第5925页。
[4]《新唐书》卷七十九《隐太子建成》，第3541页。
[5]《新唐书》卷二《太宗本纪》，第26页。

摒除严苛的刑罚,"是以为国之道,必须抚之以仁义,示之以威信,因之人心,去其苛刻,不作异端,自然安静"。[1]

特别是在玄武门事变的善后问题上,李世民采取积极的维稳策略,将政治斗争的矛头仅指向李建成、李元吉二人,对其余相关牵连者实行了招抚的方针,"下诏赦天下。凶逆之罪,止于建成、元吉,自余党与,一无所问";面对民间畏惧的心态甚至还规定相告反坐,"太子建成、齐王元吉之党散亡在民间,虽有赦令,犹不自安,徼幸者争告捕以邀赏","六月四日以前事连东宫及齐王,十七日前连李瑗者,并不得相告言,违者反坐"。[2]这种不将"此类犯罪"扩大化的方法对社会安定起到了极大的促进作用。上文提及,在对东宫旧部的处理上,虽然太宗采取的是比较谨慎的压制做法,但从政策宣传层面其必须做到正向引导。无论如何渲染,其杀兄诛弟的行为到底还是不义之举,人心很难归附,因此消解普遍的社会不满情绪是太宗即位所必须要清除的障碍。[3]而要解决这一问题,最简单易行的办法就是公开表达对东宫旧部的谅解与尊重。武德九年(公元626年),太宗不仅封原大力辅佐太子李建成的魏徵为谏议大夫,还"使安辑河北,许以便宜从事",其魄力可见一斑。魏徵抵达磁州时,恰好遇见州县官把前东宫、齐府官属李志安、李思行"锢送诣京师",魏徵认为"前宫、齐府左右,皆令赦原不问。今复送思行,此外谁不自疑?徒遣使往,彼必不信,此乃差之毫厘,失之千里……今若释遣思行,不问其罪,则信义所感,无远不臻",[4]这种做法自然得到了太宗的认可与支持。

---

[1]《贞观政要》卷五《仁义第十三》,第149页。
[2]《资治通鉴》卷一百九十一《唐纪·武德九年》,第6012—6017页。
[3] 乔宗传:"玄武门之变与贞观之治",载《晋阳学刊》1993年第2期。
[4]《旧唐书》卷七十一《魏徵》,第2547页。

但对此犯罪牵连范围的宽容并不意味着唐太宗在处理特定问题时会过于软弱而缺乏强硬政治手段。如果政治势力已然对现有统治造成潜在不利影响或无法与最高统治者本人取得相对共识，李世民还是会果断出手。如贞观三年（公元629年）发生的法雅案牵连重臣裴寂，太宗对其免官，削食邑之半，放归本乡，但"寂表乞住京师，久而不去。太宗大怒。长安令王文楷坐不发遣，令笞三十"，[1]再加之之后因有人称"裴公有天分"，裴寂企图唆使他人杀人灭口，太宗得知后怒宣裴寂四大罪状，"位为三公而与妖人法雅亲密，罪一也；事发之后，乃负气愤怒，称国家有天下，是我所谋，罪二也；妖人言其有天分，匿而不奏，罪三也；阴行杀戮以灭口，罪四也"，[2]而将其流贬静州。由此得见，对此犯罪的处理无论是宽是严，都是为了维护政权统治的稳定性，因此在处理具体问题时就应当具体分析，选择最有利于政局稳定的处理标准。某种意义上，太宗对于此类犯罪采取的是抓大放小的政策，这种办法不仅能够精准地消灭政权的潜在威胁，还能够将不利影响限制在一定的范围之内，维护政治生态的基本稳定。

综上所述，唐太宗定罪标准的最终落脚点乃是维护统治秩序的稳定与顺畅。为了达到政权稳定的目的，最高统治者本人可以通过对罪与罚之间的适当分离来不断调适对实质之罪的精准判定，而这种实质之罪即对统治权力、统治秩序的破坏与威胁。当然，从大的方向上来看，太宗还是能够以身作则，通过对自身的严格要求来为臣民做出导向性指引，进而起到对犯罪的社会预防作用。

---

[1]《魏郑公谏录》卷一《谏决王文楷杖》。
[2]《旧唐书》卷五十七《裴寂》，第2289页。

第八章
武则天对于罪的认识与论述

武则天（公元624年—公元705年），本名约，字曌，并州文水（今山西省文水县东）人，中国历史上唯一正统的女皇帝。武则天十四岁入后宫，为唐太宗的才人，获赐号"武媚"。唐高宗时封昭仪，后为皇后，尊号"天后"，与高宗李治并称"二圣"。高宗驾崩后，作为唐中宗、唐睿宗的皇太后临朝称制。期间，改名为"曌"。天授元年（公元690年），武则天宣布改唐为周，自立为帝，定洛阳为都，称"神都"，建立武周王朝。神龙元年（公元705年），武则天病笃，宰相张柬之发动兵变，拥立唐中宗复辟，迫使其退位，史称"神龙革命"。中宗恢复唐朝后，上尊号"则天大圣皇帝"。同年十一月，武则天于上阳宫崩逝。中宗遵其遗命，改称"则天大圣皇后"，以皇后身份入葬乾陵。开元四年（公元716年），改谥则天皇后。天宝八年（公元749年），加谥则天顺圣皇后。

一、对女性参政之"罪"的消解

在中国传统的儒家文化当中，女性的地位一般从属于男性，而并非独立存在。如《礼记·郊特性》载："妇人，从人者也，

第八章 武则天对于罪的认识与论述

幼从父兄，嫁从夫，夫死从子"；[1]《孔子家语·本名解》载："女子者，顺男子之教而长其理也，是故无专制之义，而有三从之道。幼从父兄，即嫁从夫，夫死从子，言无再醮之端"。[2]因此，如果女性想要进入到以男性为主导的统治阶层并干预政治决策，除了客观上的社会接纳度问题，主观的理论构建也是不得不面对的问题。武则天要在皇权舞台上活动，首先必须争取的是其性别角色的合法性。[3]也就是说，武则天之所以能够成为中国历史上唯一一位女性皇帝，其必须经过一个相当长的对女性地位重新构建的过程。在文化意义上，这一过程在一定范围内消解了女性参政之"罪"，推动了其称帝合法性的建立。

例如，在永徽六年（公元655年）举行皇后册礼当天，她破例以大唐皇后的身份驾临肃义门，接受文武百官和外国君长的朝见，"文武群官及番夷之长，奉朝皇后于肃义门"，[4]此次百官朝皇后是大唐开国以来第一次新创的典礼，后来被引为惯例。不仅如此，在"追赠后父故工部尚书、应国公、赠并州都督武士彟为司空"之后，又让母亲杨氏由应国夫人改封为代国夫人。[5]按照唐代礼制，公主、王妃以及其他诰命夫人皆是外命妇；诰命夫人或从夫贵或从子贵，诰命须与夫、子相配，如今武后之父追封为应国公而其母却另封为代国夫人，这明显是破例之举，其意义在于证明其母杨氏并不是因夫而贵，而是因武后而贵。其后于永徽七年（公元656年）"赠司空武士彟为司徒、周国公"，而显庆五年（公元660年）又让母亲"代国夫人

---

[1] 陈戌国撰：《礼记》，岳麓书社2004年版，第189页。
[2] 王国轩、王秀梅译注：《孔子家语》，中华书局2009年版，第215页。
[3] 钟哲辉："武则天皇权及其合法性——兼论女性公共行政的魅力"，载《妇女研究论丛》2003年第2期。
[4] 《旧唐书》卷四《高宗本纪上》，第74—75页。
[5] 《旧唐书》卷四《高宗本纪上》，第75页。

杨氏改荣国夫人，品第一，位在王公母妻之上"，[1]更是为了凸显这一意义。如雷家骥先生所言，武后不完全遵照传统的"妻从夫贵、母从子贵"方式行事，而是硬扭过来，以"妻从夫贵、子从母贵、父（母）从女贵"的方式来垫高自己，使自己能在极短时间之内，身份日高而位望日隆。[2]

再如龙朔元年（公元661年），武后上表"请禁天下妇人为俳优之戏，诏从之"。[3]麟德二年（公元665年）十月奏请封禅时，武后又要求由她率领内外命妇行礼奠献，"封禅旧仪，祭皇地祇，太后昭配，而令公卿行事，礼有未安，至日，妾请帅内外命妇奠献"，[4]使得女性第一次在封禅泰山的盛典中占据重要地位，同时也借此彰显她参与大政以来致天下太平的成就。还有上元元年（公元674年）由武氏提出的最有代表性的礼制改革，即"请父在为母终三年之服"。

夫礼缘人情而立制，因时事而为范，变古者未必是，循旧者不足多也。至如父在，为母止服一期，虽心丧三年，服由尊降，窃谓子之于母，慈养特深，生养劳瘁，恩斯极矣！所以禽兽之情，犹知其母，三年在怀，理宜崇报。若父在为母止一期，尊父之敬虽同，报母之慈有缺。且齐、斩之制，足为差减，更令周以一期，恐伤人子之志。今请父在为母终三年之服。[5]

以上种种措施都在客观上提高了女性的社会地位。但需要注意的是，这些措施都是在她担任皇后或者皇太后时期推行的，

---

[1]《旧唐书》卷四《高宗本纪上》，第81页。
[2]雷家骥：《武则天传》，人民出版社2001年版，第148—149页。
[3]《旧唐书》卷四《高宗本纪上》，第82页。
[4]《资治通鉴》卷二百四《唐纪·麟德二年》，第6344—6345页。
[5]《唐会要》卷三十七《服纪上》，第675—676页。

在其称帝后就没有再出台明显尊崇女性的政策。从某种意义上说，武则天推行提高女性地位的措施，主要着眼点不是改善当时女性的地位和生活，而是为了提高她自己的政治声望和争取更高的政治权力。[1]武则天扩大自身影响力的立足点无外乎两个：一是强化母权角色，二是认可自身在政治参与中已经取得的若干成绩。如果说第一点还可以进而推及社会层面，那么第二点无论如何也称不上和提高女性社会地位有关联。

有论者认为，武则天的一系列措施给妇女提供了参政机会，[2]并以太平公主和上官婉儿作为主要例证。武则天的种种措施虽然在客观上推动了唐代妇女的整体地位，但其出发点和落脚点都是她个人。如她曾嫌弃薛绍长兄薛顗的妻子和二哥薛绪的妻子都不是贵族出身，甚至想强迫两人出妻，"我女岂可使与田舍女为娣姒邪"。[3]唐代承南北朝之旧俗，门第等级是大族联姻的重要考量依据，与太宗修《氏族志》的原因类似，武则天所极力抬高的是自己的身份，而这一举措势必要突出自己最具有代表性的身份标志——女性。因此她所要解决的问题更准确地说是为女性参政——自己参政铺平道路，淡化传统文化当中对女性参政的"罪"化倾向，而并非是要为所有的女性群体争取利益。

二、对谶纬是否为"罪"的认定

武则天时期对瑞祥谶纬多有利用已为学界共识。唐《仪制令》规定，"诸祥瑞，若麟、凤、龟、龙之类，依图书大瑞者，

---

[1] 毕秋生："武则天与武则天时代的女性命运"，载《菏泽学院学报》2015年第6期。

[2] 刘向阳："武则天的妇女政策浅评析"，载赵文润、刘志清：《武则天与偃师》，历史教学社1997年版，第162—166页。

[3] 《资治通鉴》卷二百二《唐纪·开耀元年》，第6402页。

即随表奏，其表惟言瑞物色目及出处，不得苟陈虚饰。告庙颁下后，百官表贺，其诸瑞并申所司，元日以闻。其鸟兽之类，有生获者，放之山野，余送太常；若不可获，及木连理之类，有生即具图上进。诈为瑞应者，徒二年。若灾祥之类，史官不实对者，黜官三等"。[1]武则天以外姓女性身份取得政权，其正当性存在诸多可被质疑之处。因此，利用祥瑞来巩固声望，强化统治的天意性就成为其加固政权的有效手段。

如最具代表性的洛水宝图事件。垂拱四年（公元688年）四月，雍州永安县人唐同泰于洛水得瑞石，上有"圣母临人，永昌帝业"八个篆字。该石据载是由武承嗣使人刻凿而成，[2]但百官皆上表称贺。

窃惟圣德奉天，递为先后，神道助教，相因发明。陛下对越昭升，钦若扶揖，允塞人祇之望，实当天地之心。所以幽赞嘉兆，傍通景贶……姓氏将国号元符，土地与石文明应。表里潜会，枢机冥发，明宴坐之逾昌，验皇基之永泰。则自然之无朕，不测之谓神。非夫道格昊苍，德充幽显，岂能发何言之微旨，臻不召之灵物？考皇图于金册，搜瑞典于瑶编。[3]

先不论伪造的问题，即使是真瑞石也并非大瑞之属。但瑞石之字为女性称帝提供了一定的天意依据，目的指向性极为明确，因此武则天对之必然是大加利用。"秋，七月，丁巳，赦天下。更命'宝图'为'天授圣图'；洛水为永昌洛水，封其神为显圣侯，加特进，禁渔钓，祭祀比四渎。名图所出曰'圣图泉'，泉侧置永昌县。又改嵩山为神岳，封其神为天中王，拜太

---

[1]《唐会要》卷二十八《祥瑞上》，第531页。
[2]《旧唐书》卷六《则天皇后本纪》，第119页。
[3]《全唐文》卷二百四十三《为百寮贺瑞石表》，第1461页。

第八章　武则天对于罪的认识与论述 ❖

师、使持节、神岳大都督,禁刍牧。又以先于汜水得瑞石,改汜水为广武"。[1]相应地,能够有针对性地提供祥瑞之人也就会被女皇重点提拔,如"武后时,(姚璹)擢夏官侍郎。坐从弟敬节叛,贬桂州长史。后方以符瑞自神,璹取山川草树名有'武'字者,以为上应国姓,裒类以闻。后大悦,拜检校天官侍郎,擢文昌左丞、同凤阁鸾台平章事"。[2]受此启发,武则天大兴郡县改名之风,其所改郡县之名中,多含"武"字。地名变更的背后,隐藏着武则天变更国姓的政治需求,在争夺政权的过程中,也能够增加其政治砝码,而取得政权后,也有助于其政权的稳固。[3]

但对谶纬的解释往往具有很大的主观空间。在武则天执政时期,对祥瑞灾异等谶纬的利用虽说达到了某种巅峰状态,但并非所有理解都是有利于其称帝以及之后的政权维护。不同的解释言论往往会产生截然相反的法律后果,这也为其选择、利用、解释具体的谶纬提供了自由裁量的余地。其中最为经典的便是武则天对太宗时期李君羡案的平反。

贞观初,太白频昼见,太史占曰:"女主昌。"又有谣言:"当有女武王者。"太宗恶之。时君羡为左武卫将军,在玄武门。太宗因武官内宴,作酒令,各言小名。君羡自称小名"五娘子",太宗愕然,因大笑曰:"何物女子,如此勇猛!"又以君羡封邑及属县皆有"武"字,深恶之。会御史奏君羡与妖人元道信潜相谋结,将为不轨,遂下诏诛之。天授二年(公元691

---

[1]《资治通鉴》卷二百四《唐纪·垂拱四年》,第6449页。
[2]《新唐书》卷一百二《姚璹》,第3979—3980页。
[3] 刘永海:"略论武则天称帝与祥瑞",首都师范大学2008年硕士学位论文。

年），其家属诣阙称冤，则天乃追复其官爵，以礼改葬。[1]

关于太宗处置李君羡是否真有附会谶言一事或究竟在多大程度上是出于对谶言的厌恶，这早已无法得知，但据此推断武则天对李君羡平反的重点乃是为自己称帝创造舆论氛围，则是没有问题的。太宗李世民与武则天对于同一种谶言明显选择了两种不同的处理路径，但两种选择的出发点都是为了维护自身的统治权的合法性。因此，具体的谶纬是否为罪，进而究竟是该赏该罚，就可能会依据不同的客观情况而予以不同的判断。

如垂拱二年（公元686年）二月二日，西京东北的新丰县东南三十里号称有废山踊出，四方群臣以为祥瑞皆上表庆贺，如泾州刺史崔融即上贺表颂言是因太后应天顺人、阴阳以和所致，"伏惟皇太后陛下应天顺人，正位凝命，中外咸一，阴阳以和，嘉木四方而平春，露草三旬而候月。冲恩浃洽，嘉贶骈阗。当雍州之福地，在汉都之新邑，圣渚潜开，神峰嶔见。政平而涌，自荡于云日；德茂而生，非乘于风雨"，[2]因此武则天于二十八日改新丰县为庆山县，以示祥瑞出现。但荆州人俞文俊却不解风情，上疏争辩，"臣闻天气不和而寒暑隔，人气不和而疣赘生，地气不和而堆阜出。今陛下以女主处阳位，反易刚柔，故地气隔塞而山变为灾。陛下以为庆山，臣以为非庆也。臣愚以为宜侧身修德，以答天谴，不然，恐殃祸至矣！"[3]太后阅奏疏后大怒，流俞文俊于岭南，后来为六道使所杀。需要指出，高宗曾下《赦妄言灾异诏》："天降灾异，所以警悟人君。其变苟实，言之者何罪？其事必虚，闻之者足以自戒。舜立谤木，

---

[1]《旧唐书》卷六十九《李君羡》，第2524—2525页。
[2]《全唐文》卷二百一十八《为泾州李使君贺庆山表》，第1315页。
[3]《全唐文》卷二百三十五《上则天书》，第1411页。

良有以也。欲箝天下之口，其可得乎？此不足以加罪，特令赦之"。[1]因此对具体祥瑞灾异事件的解释本应留有一定的空间，但此时武则天以太后的身份行使摄政权，在情理上本就急缺正当性依据，俞文俊还特别强调太后"女处阳位"，自然是戳中了武则天的敏感点。再如长寿元年（公元692年）七月，襄州人胡庆以丹漆写"天子万万年"五字于龟腹上，诣阙进献，李昭德看出是假的，以刀刮尽，奏请付法治罪，女皇称"此心亦无恶"，命释之。[2]这明显与"诈为瑞应者，徒二年"之规定相冲突，由此也可管窥此一时期的伪造祥瑞事件应不在少数，但只要该祥瑞是有利于武氏统治的，都很难被定罪处罚。相反，如果对祥瑞灾异的理解是阻碍武则天称帝的，那么其无疑是"罪"的一种表现。

武则天到了晚年，对祥瑞带来的象征意义的需要虽已不如之前强烈，但对具体解释的倾向性选择仍然十分明显，如长安元年（公元701年）三月，"大雪，苏味道以为是瑞，帅百官入贺。殿中侍御史王求礼止之曰：'三月雪为瑞雪，腊月雷为瑞雷乎？'味道不从。既入，求礼独不贺，进言曰：'今阳和布气，草木发荣，而寒雪为灾，岂得诬以为瑞！贺者皆谄谀之士也'"，女皇不悦，为之罢朝；"时又有献三足牛者，宰相复贺"，三足就是鼎足，古三公之官就是鼎足而立的宰相，而王求礼再次唱反调，"凡物反常皆为妖，此鼎足非其人，政教不行之象也"，再次引得女皇愀然不乐。[3]不过由于此时武则天对于祥瑞的需要程度已经大为消减，所以尽管心中不快，也未必会大动干戈加以治罪了。

---

[1]《全唐文》卷十三《赦妄言灾异诏》，第95页。
[2]《资治通鉴》卷二百五《唐纪·长寿元年》，第6484页。
[3]《资治通鉴》卷二百七《唐纪·长安元年》，第6554—6555页。

三、以打击政敌为根本的"罪"之指向

武则天的一生几乎是一直在跟各种各样的政敌做斗争,虽然她的政敌时强时弱,但因为她的特殊身份,使得她很难用客观的刑事化标准去处理花样百出的政治纠纷。如果说武则天的前半生主要是在和旧朝权臣做政治博弈,那么她的后半生则主要是对付李唐宗室及其追随势力。在高宗朝,面对褚遂良、长孙无忌等旧朝重臣,武则天的政治作为往往只能依附于高宗,通过李义府、许敬宗等心腹在幕后操控。虽然许多史籍中多把她描述为权力背后的真实操手,但也有学者对此提出质疑,认为高宗朝出现在政治舞台的武则天并非是整个政局的主导者,真正的幕后主导是高宗本人,即"废王立武"事件乃是高宗与长孙无忌的权力争夺战。[1]无论如何,在前期的权力斗争中,可能是由于武则天此时仍未能以独立身份参与,因此,这一时期她还是以扩充自己的政治力量为主要目标。除了帮助她登上后位的李义府、许敬宗等人,如在太子李弘开始与武后出现权力对冲时,她开始引用一批资浅位低的文学之士——"北门学士",[2]来瓜分协助太子监理政务的宰相之权。再如当第二个太子李贤被司议郎韦承庆谏言不要近声色时,她刻意安排三司会审的大案,最终判定了太子的"谋逆"之罪,"天后使人告其事情。诏薛元超、裴炎与御史大夫高智周等杂鞫之"。[3]

与这一时间同步进行的,也即武则天开始对具体"罪"进行判定,还要从"闻鼓肺石"和匦检制度说起,"朝堂所置登闻

---

[1] 李琰:"唐高宗乾封封禅与其权力回拢——以武则天降禅亚献为例",载《北京社会科学》2015年第6期。
[2] 《唐会要》卷五十七《翰林院》,第977页。
[3] 《资治通鉴》卷二百二《唐纪·永隆元年》,第6397页。

第八章 武则天对于罪的认识与论述

鼓及肺石，不须防守，其有捶鼓石者，令御史受状为奏"，[1]"垂拱二年（686）六月，置匦四枚，共为一室……宜令正谏大夫补阙拾遗一人充使，于庙堂知匦事，每日所有投书，至暮并进，又三司授事，本防枉滞"。[2]实行告密制度的原因就在于对群立的政敌发挥震慑作用，尤其是徐敬业的叛乱，让武则天对自己的统治地位更加忧心忡忡。

太后自徐敬业之反，疑天下人多图己，又自以久专国事，且内行不正，知宗室大臣怨望，心不服，欲大诛杀以威之。乃盛开告密之门。有告密者，臣下不得问，皆给驿马，供五品食，使诣行在。虽农夫樵人，皆得召见，廪于客馆，所言或称旨，则不次除官，无实者不问。于是四方告密者蜂起。[3]

有人告密就必须要有人承制治狱，由此便形成了武则天时期最为著名的酷吏政治。在权力掌握以及夺取的过程中，武则天不像前朝的开国皇帝，有开国集团为她打天下。她十四岁入宫，绝少接触社会。因此与其说酷吏们是她的"政治打手"，倒不如说是她的"开国功臣"。[4]对酷吏政治下朝臣们的境遇，除了正史当中的诸多记载之外，墓志资料中有许多渲染性的记载，如《程思义墓志》中描述："于时杨豫作逆，祅氛未殄，王侯将相，连头下狱，伤痍诛斩，不可胜数。周兴荣贯廷尉，业擅生杀，鬻新开之诏狱，袭乱常之遗噍，虐甚脱踝，文繁次骨，公卿侧足，行路掩首"。[5]从记载中可以看出，虽然武则天重用

---

[1]《唐会要》卷六十二《杂录》，第1086页。
[2]《唐会要》卷五十五《匦》，第956页。
[3]《资治通鉴》卷二百三《唐纪·垂拱二年》，第6438—6439页。
[4] 雷家骥：《武则天传》，人民出版社2001年版，第341页。
[5] 周绍良主编：《唐代墓志铭汇编·唐故朝议大夫行兖州龚丘县令上柱国程府君墓志并序》，上海古籍出版社1992年版，第1012页。

酷吏导致了一时间的政治恐怖氛围，但其真正的目标是要消除敌对势力的威胁以巩固自身权威和维持声望。尽管存在有个别酷吏滥杀无辜的记载，但酷吏集团基本上还是以官僚作为打击对象，并无意引发社会失序。也就是说，武则天的"罪责"主体主要针对的是她在政治上的敌对势力，而并不在于常规意义上的犯罪行为。

但关于武则天任用酷吏处理了多少"宗枝朝贵"以及处理"宗枝朝贵"的标准为何的问题，却并未取得一致的意见。据《资治通鉴》载，"太后自垂拱以来，任用酷吏，先诛唐宗室贵戚数百人，次级大臣数百家，其刺史、郎将以下，不可胜数"，[1] 这一记载往往被当作武则天黑暗统治政策的例证。但无论是"唐宗室贵戚数百人"还是"大臣数百家"，即便在具体的定罪问题上采取的都是"欲加之罪"，但想要对其进行清洗毕竟还是要有一定的主观判断标准。先看第一类即李唐宗室群体，雷家骥曾以《旧唐书》所载初期皇族子弟215人作考察，他们从高祖皇帝以来发生事故者共有113人。其中在武后掌权后被杀或贬卒者有63人，占宗室事故率的60%；若加上武后时因罪流徙、削爵或潜逃者14人，则竟达73%之高。[2] 由此得见，李唐宗室作为武则天改唐为周的主要阻力，其必须加以大肆屠杀，这种清洗计划的目的在于保证自身政权的传承性，因此没有异议。那么对官僚阶层的处理也与李唐宗室一样吗？根据郝松枝的统计，酷吏所杀朝臣共计八十余人，连"刺史""郎将""县丞"都加上，也不过一百数十人。纵或史书记载不全，也远远小于《资治通鉴》所说的数字。也就是说，虽然酷吏所承办的案子中肯

---

[1]《资治通鉴》卷二百五《唐纪·长寿元年》，第6485页。
[2] 雷家骥：《隋唐中央权力结构及其演进》，东大图书股份有限公司1995年版，第42页。

第八章 武则天对于罪的认识与论述

定会牵连到一些非反武官员,但其主要还是集中在反武集团的官员身上。

此外,在对朝臣们的具体处理的问题上个人身份以及时间节点等多种因素也应被考虑到。如刘仁轨及其子刘浚,刘仁轨在生前曾以吕后为例劝谏武则天,但却并没有因此受罪,反而被大加赞赏。"因陈吕后祸败事以申规戒。太后使秘书监武承嗣斋玺书慰谕之曰:今以皇帝谅暗不言,眇身且代亲政;远劳勤戒,复辞衰疾。又云吕氏见嗤于后代,禄、产贻祸于汉朝,引喻良深,愧慰交集。公忠贞之操劳,终始不渝,劲直之风,古今罕比。初闻此语,能不罔然;静而思之,是为龟镜。况公先朝旧德。遐迩具瞻,愿以匡救为怀,无以暮年致请"。[1]这与其子的境遇可以说截然相反,"太后俾宗族之臣,崇吊问之礼。拟为改革,潜欲禅篡。收率土之望,先大臣之家。既作威福,令表劝进。事若风从,功当魁始。公曰:忠臣死节,不附邪谋。死而后已,未敢闻命。便被密奏,长流岭南,终于广州"。[2]究其原因,一方面,可能是由于刘仁轨虽不属于武则天一党,但毕竟是元老宰相,且在之前能协调高宗与武后之间的关系。许敬宗死后,武则天也迫切需要刘仁轨这样的老臣帮她坐镇朝廷,[3]而刘浚虽为其子则不同。另一方面,也可能是出于时间节点,刘仁轨上谏之时高宗刚刚过世不久,一切安排还未尘埃落定,此时武则天不宜过多树敌,对刘仁轨的表彰反而能为她争取朝中众臣的短暂理解,但刘浚"不附邪谋"之时已发生徐敬业的叛乱,武则天必须将反对力量进行逐一肃清,因此手腕自然更加铁血。关于这种时间节点问题,还有一些例子能够予以证明,

---

[1] 《资治通鉴》卷二百三《唐纪·光宅元年》,第6418—6419页。
[2] 吴钢主编:《全唐文补遗》(第1辑),三秦出版社1994年版,第120页。
[3] 韩昇:"上元年间的政局与武则天逼宫",载《史林》2003年第6期。

即一些在酷吏政治最为黑暗时期受到迫害的臣僚，但后来还是被重新重用。这里提到的刘浚虽然没能等到这一天，但其还是得到了某种意义上的平反，"太后自永昌之后，宽典行焉。如公数家，例还资荫"。

正如有学者指出，伴随武周政权的基本稳定，作为剪除异己势力工具的酷吏已经完成了自己的历史使命，先前荣极一时者或死或流。武则天为了改变自己"淫刑之主"的恶劣形象，在其统治的最后十年重新检视酷吏弊政，肃清刻害之徒。[1]如在万岁登封元年（公元696年）颁发《减大理丞废秋官狱敕》前后，就已经不再有专任酷吏的记载了，"崇德简刑，列辟之彝范；并官省事，有国之良图……远近无缧绁之冤，老幼有歌谣之乐，人皆迁善，政在维新。丹笔刑官，已绝埋梧之听；黄沙狱户，将为鞠草之场……幸悉心而慎罚，同底绩於胜残，仁宏勿辟之规，用阐无为之化。将使三千之罪，永绝於当年；岂惟数百之刑，仅宽於昔代。布告天下，识朕意焉。"[2]除了最为典型的狄仁杰，《樊文墓志》也体现了这一点，"智弘负罪下狱，公亦因事左迁，授黔州都督府长史，散官勋封如故。寻加通议大夫。恩敕以公婴疾，听在都下医疗。属天地休明，河濊海晏，将告成太室，大启鸿名。中使召见，访以崇封之典。对扬敏捷，特蒙殊眷。命公于岳下检校。登坛降禅，咸从銮跸。侍刊金之大礼，陪检玉之上仪。加授银青光禄大夫"。[3]武则天晚年时，政局已经基本稳定，其原本的政治敌人都已基本被"定罪"肃

---

[1] 陈玺："从《皇甫文备墓志》看武周酷吏政治"，载《社会科学辑刊》2008年第6期。

[2] （宋）宋敏求编：《唐大诏令集》卷八十二《减大理丞废官狱敕》，学林出版社1992年版，第428页。

[3] 周绍良、赵超主编：《唐代墓志铭汇编续集·大周故新城樊公墓志》，上海古籍出版社2001年版，第388页。

第八章 武则天对于罪的认识与论述 ❖

清完毕,她自然没有必要再用当年的特殊手段进行"罪"的扩大化判定,而原本那些被无辜牵连的人也都在一定程度上得到了平反甚至升迁。此外,根据河南省博物馆所藏武则天久视元年(公元700年)金简所示,"大周国主武曌,好乐真道,长生神仙。谨诣中岳嵩高山门,投金简一通,乞三官九府除武曌罪名。太岁庚子七月甲申朔七日甲寅,小使臣胡超稽首再拜谨奏"。[1]可见武则天晚年确实存在某种心理上的负罪意识,[2]虽然她在早先通过各种各样的方式去消解其身为异性女子而登基为帝的文化之"罪",但这种"罪"与政治斗争中的"罪"存在一种此消彼长的轮替,当作为外在之"罪"的政敌已经被基本消除,这种内在的文化属性之"罪"就会愈加凸显,以至于武则天在神龙元年(公元705年)以改元为由大赦天下,"自文明(684)以来得罪者,非扬、豫、博三州及诸反逆魁首,咸赦除之",[3]用在一定范围内对政敌的赦免来消解自身内心的负罪情绪。

综上所述,武则天一生中的大多数时间都在与各种各样的政敌作斗争,正如其本人所言,"朕事先帝二十余年,忧天下至矣!公卿富贵,皆朕与之;天下安乐,朕长养之。及先帝弃群臣,以天下之托顾于朕,不爱身而爱百姓。今为戎首,皆出于将相,群臣何负朕之深也!且卿辈有受遗老臣,倔强难制过裴炎乎?有将门贵种,能纠合亡命过徐敬业者乎?有握兵宿将,攻战必胜过程务挺者乎?此三人者,人望也,不利于朕,朕能戮之。卿等有过此三者,当即为之;不然,须革心事朕,无为

---

[1] 吕树芝:"武则天金简",载《历史教学》1983年第3期。
[2] 马良怀:"传统文化与武则天的负罪意识",载《唐文化研究论文集》,上海人民出版社1994年版,第273—282页。
[3] 《资治通鉴》卷二百七《唐纪·神龙元年》,第6578页。

天下笑"。[1]或许由于她特殊的女性身份,因此必须采取特殊的政治法律手段来维护自身的统治,因此她有关罪的思想认识也多体现在对敌对势力的打击之上,而缺乏稳定的客观标准。

---

[1]《资治通鉴》卷二百三《唐纪·光宅元年》,第6432页。

第九章
孔颖达经学思想中对"罪"的探讨

孔颖达（公元574年—公元648年），字冲远，冀州衡水（今河北省衡水市）人，于隋炀帝大业元年（公元605年）举第，授河内郡博士，唐朝历任国子博士、给事中、国子司业、员外散骑常侍、国子祭酒等职。唐初奉敕主持编纂《周易正义》《尚书正义》《毛诗正义》《礼记正义》《春秋左传正义》，这五部义疏合称《五经正义》，在中国经学史上有着划时代的意义。

一、对政治伦理的道德约束

生活在隋唐政权更替之际的孔颖达对政治统治秩序的构建有着非常敏锐的洞察力。一方面，其运用儒家伦理思想为皇权塑造提供强有力的理论支撑，另一方面，其又通过对五经的疏解来强化君主的道义责任。如"言王所以须慎敬所为不可不敬之德者，以我不可不监视于有夏，亦不可不监视于有殷，皆有历年，长与不长，由敬与不敬故也。王当法其历年，戒其不长"，[1]这种阐述方式不仅能够以夏商周三朝兴亡的对比反观君主的道德品质对于统治的重要性，还在一定程度上为唐代隋治

---

[1]（汉）孔安国传，（唐）孔颖达疏，廖名春、陈明整理，吕绍刚审定：《尚书正义》卷十五《召诰第十四》，北京大学出版社2000年版，第471页。(本书以下相关内容均出自此版本)

做出了符合历史规律的解释,反过来衬托唐初统治者的德治优势,"夏桀、殷纣,凶狂无度,天既震怒,人亦叛亡,殷汤、周武,聪明睿智,上顺天命,下应人心,放桀鸣条,诛纣牧野,革其王命,改其恶俗"。[1]该种方式虽然有强烈的现实指向标的,但理念上确实起到了对君主政治统治进行约束与限制的强化作用。

夏王自有所欲,诈加上天,言天道须然,不可不尔,假此以布苛虐之命于天下以困苦下民。上天用桀无道之故,故不善之,用使商家受此为王之命,以王天下,用命商王,明其所有之众,谓汤教之使修德行善以自安乐,是明之也……日新谓之盛德。修德不怠,日日益新,德加于人,无远不届,故万邦之众惟尽归之。志意自满则凌人,人既被凌,情必不附,虽然九族之亲,乃亦离之。万邦,举远以明近,九族,举亲以明疏也。[2]

然而,单纯从道德品质方面对君主进行理论说教,似乎还不足以对君主产生实质性的影响,道德约束的力量来源才是深化政治伦理秩序构建的有力保证。在传统经学的背景下,天命和民命一直是制约君主的两大载体,而对抽象的"天"显然可以有多重维度的解释路径,经学背景下对"天命"的"民意"构建就是一个重要的转变方向。在这一过程中,孔颖达自然可以根据时代变迁的需求在为君权巩固提供依据的同时,对君权制约进行一定的理论引导。

---

[1] (魏)王弼注,(唐)孔颖达疏,卢光明、李申整理,吕绍刚审定:《周易正义》卷五《革》,北京大学出版社2000年版,第238页。(本书以下相关内容均出自此版本)

[2]《尚书正义》卷八《仲虺之诰第二》,第235—237页。

第九章　孔颖达经学思想中对"罪"的探讨

皋陶既言用人之法，又戒以居官之事："上之所为，下必效之。无教在下为逸豫贪欲之事，是有国之常道也。为人君当兢兢然戒慎，业业然危惧。"言当戒慎……"万几事多，不可独治，当立官以佐己。无得空废众官，使才非其任。此官乃是天官，人其代官天治之，不可以之天之官而用其非人"……皇天无心，以百姓之心为心。此经大义言民之所欲，天必从之。聪明谓闻见也，天之所闻见，用民之所闻见也。然则聪明直是见闻之义，其言未有善恶；以下言明威，是天降之祸，知此聪明是天降之福。此即《泰誓》所云"天听自我民听，天视自我民视"，故"民所归者，天命之"。大而言之，民所归就，天命之为天子也。小而言之，虽公卿大夫之任，亦为民所归向，乃得居之。此文主于天子，故言"天视听人君之行，用民为聪明"，戒天子使顺民心，受天之福气也。[1]

孔颖达通过协调"天命"和"民意"，将两者进行了强有力的结合。君与民的关系虽然有尊卑贵贱之分，而这种分别恰恰规定了由君抚民、由强扶弱的"天职"任务。[2]君与民之间从"天命"的角度不再是两分的对立面，而成为相互依托的结合体，君主需要以"民命"作为统治治理的出发点与归宿，国家治理所依据的"礼"本身就是人情的外在系统表达。

夫礼者，经天纬地，本之则大一之初；原始要终，体之乃人情之欲。夫人上资六气，下乘四序，赋清浊以醇醨，感阴阳而迁变。故曰：人生而静，天之性也；感物而动，性之欲也。喜怒哀乐之志，于是乎生；动静爱恶之心，于是乎在。精粹者

---

[1]《尚书正义》卷四《皋陶谟第四》，第129—132页。
[2] 申屠炉明：《孔颖达 颜师古评传》，南京大学出版社2011年版，第145页。

虽复凝然不动，浮躁者实亦无所不为。是以古先圣王鉴其若此，欲保之以正直，纳之于德义。犹襄陵之浸，修隄防以制之；骛驾之马，设衔策以驱之。故乃上法圆象，下参方载，道之以德，齐之以礼。[1]

同时，"民"作为政治制度下的被统治群体，其在享受君主"扶持"的同时，就理应服从君主的管理。并且由于"民"的蒙昧，"民命"的表达本身也需要君主的体察。"'百姓日用而不知'者，言万方百姓，恒日日赖用此道而得生，而不知道之功力也。言道冥昧不以功为功，故百姓日用而不能知也。'故君子之道鲜矣'者，君子谓圣人也。仁智则各滞于所见，百姓则日用不知，明体道君子，不亦少乎？"[2]可见，君主与臣民虽然在理论上是一体两面的统一体，但在两者的对应关系上却有明确的强弱之分。正如有学者称，孔颖达是以道家的虚无之道来格君王的非分之私心。同时又用儒家的"天行健，君子以自强不息""地势坤，君子以厚德载物"的精神，让帝王心系天下人。[3]

无论君主的政治伦理是受何种方式制约，从总体上看都是在强调君主需要臣民的支持，失去臣民的支持也就意味着丧失了统治的基础。"'城覆于隍'者，居泰上极，各反所应，泰道将灭，上下不交，卑不上承，尊不下施，犹若'城覆于隍'也。《子夏》传云：'隍是城下池也。'城之为体，由基土陪扶，乃得为城，今下不陪扶，城则损坏，以此崩倒，反复于隍，犹君

---

[1]（汉）郑玄注，（唐）孔颖达疏：《礼记正义》序，北京大学出版社2000年版，第2—3页。(本书以下相关内容均出自此版本)

[2]《周易正义》卷七《系辞上》，第317页。

[3] 申屠炉明：《孔颖达 颜师古评传》，南京大学出版社2011年版，第147页。

之为体,由臣之辅翼。今上下不交,臣不扶君。君道倾危,故云'城覆于隍'"。[1]在孔颖达的视野下,君臣之间乃是一种唇亡齿寒的相互关系,无论哪一方都应该以对方作为自身行动的出发点。这虽然仍在强调臣民对君主的服从义务,但也从道德高度凸显了君主所应承担的统治职责所在。因此,君主应当增强自身的统治能力,"德者,得也。内得于心,行得其理,既得其理,执之必固,不为邪见更致差贰,是之谓'一德'也。而凡庸之主,监不周物,志既少决,性复多疑,与智者谋之,与愚者败之,则是二三其德,不为一也……又曰'终始惟一,时乃日新。'言守一必固也……既言君民相须,又戒王虚心待物。凡为人主,无得自为广大,以狭小前人,勿自以所知为大,谓彼所知为小。若谓彼狭小,必待之轻薄。彼知遇薄,则意不自尽,匹夫匹妇不得自尽其意,则在下不肯亲上,在上不得下情,如是则人主无与成其功也",[2]否则就形成了对"民命",乃至"天命"的违背之"罪"。

二、对伦理关系的规范构建

如上所述,孔颖达在强调君主道德品质的同时,其实就是在突出君主与臣民之间的关系型构,即儒家伦理纲常在社会生活中的指导性意义。"故《易》者所以断天地,理人伦,而明王道。是以画八卦,建五气,以立五常之行;象法乾坤,顺阴阳,以正君臣、父子、夫妇之义;度时制宜,作为罔罟。以佃以渔,以赡民用。于是人民乃治,君亲以尊,臣子以顺,群生和洽,各安其性",[3]而这种伦理秩序最集中的表现便是对忠与孝的强

---

[1]《周易正义》卷二《泰》,第82页。
[2]《尚书正义》卷八《咸有一德第八》,第256—261页。
[3]《周易正义》卷首,第7页。

调。"《孝经》以孝为天之经,地之义者,孝是礼之本,礼为孝之末,本末别名,理实不异,故取法天地,其事同也",[1]"天下之事,虽则万端,总之诸法,大归忠信而已。能忠能信,无施不可。以有忠信,故曰'黄裳元吉',解此爻辞之意"。[2]在忠孝基础上形成的伦理关系便是孔颖达所推崇的社会秩序,"'君臣上下,父子兄弟,非礼不定'者,上谓公卿大夫,下谓士也。君父南面,臣子北面,公卿大夫则列位于上,士则列位于下,兄前弟后,唯礼能定也"。[3]

那么这种人伦之间的差异根源于何处呢?在孔颖达看来,因为人与人之间的气禀不同,所以人按照自然品性就有了区别,而这成为社会秩序划分标准的自然法依据。

"诚者不勉而中,不思而得,从容中道,圣人也"者,此覆说上文"诚者,天之道也"。唯圣人能然,谓不勉励而自中当于善,不思虑而自得于善,从容间暇而自中乎道,以圣人性合于天道自然,故云"圣人也"。"诚之者,择善而固执之者也",此覆说上文"诚之者,人之道也",谓由学而致此至诚,谓贤人也。言选择善事,而坚固执之,行之不已,遂致至诚也。[4]

因此,君主对臣民的统治与管理就成了上天已然确定了的自然秩序,或者说君主对臣民的统治乃是帮助臣民归附天之常道。"王者主民,当谨敬民事,民事无非天所继嗣以为常道者也。天以其事为常,王当继天行之。祀礼亦有常,无得丰厚于

---

[1] (周)左丘明传,(晋)杜预注:《春秋左传正义》卷五十一《昭公二十四年至二十五年》,北京大学出版社2000年版,第1667页。(本书以下相关内容均出自此版本)

[2] 《春秋左传正义》卷四十五《昭公九年至十二年》,第1498页。

[3] 《礼记正义》卷一《曲礼上第一》,第18页。

[4] 《礼记正义》卷五十三《中庸》,第1690页。

第九章　孔颖达经学思想中对"罪"的探讨 ❖

近庙，若特丰于近庙，是失于常道"。[1]换言之，正常的君臣关系是建立在国家利益上的，君与臣都认同国家利益，都认同民惟邦本，本固邦宁，就会相通。而要做到这一点，君王首先要拿出诚心，做出榜样。[2]但这种国家利益的解释路径却始终通往君主一方，这也就在秩序构建的价值导向上形成了基础铺垫。

"君子"者，言其可以君正上位，子爱下民，有德则称之，不限贵贱。君子之人，念德不怠，故"所在念德，其无逸豫"也。"君子且犹然，而况王者乎"，言王者日有万几，弥复不可逸豫……民之性命，在于谷食，田作虽苦，不得不为。寒耕热耘，沾体涂足，是稼穑为农夫艰难之事。在上位者，先知稼穑之艰难，乃可谋其逸豫，使家给人足，乃得思虑不劳，是为"谋逸豫"也。能知稼穑之艰难，则知小人之所依怙，言小人依怙此稼穑之事，不可不勤劳也。[3]

正是基于这种逻辑，孔颖达经学思想当中的一大重要组成部分便是对社会秩序的价值构建，而这种构建远非局限于某一单一群体。如其以君主的后妃为例，强调任何群体的秩序都是在一种广义的社会伦理秩序之下而形成的，所有这些明确的规范性梳理都存在着统一的社会秩序根基。"《关雎》言后妃性行和谐，贞专化下，寤寐求贤，供奉职事，是后妃之德也。二《南》之风，实文王之化，而美后妃之德者，以夫妇之性，人伦之重，故夫妇正则父子亲，父子亲则君臣敬，是以《诗》者歌其性情。阴阳为重，所以《诗》之为体，多序男女之事。不言

---

[1]　《尚书正义》卷十《高宗肜日第十五》，第305页。
[2]　申屠炉明：《孔颖达 颜师古评传》，南京大学出版社2011年版，第157页。
[3]　《尚书正义》卷十六《无逸第十七》，第507页。

美后妃者，此诗之作，直是感其德泽，歌其性行，欲以发扬圣化，示语未知，非是褒赏后妃能为此行也。"[1]

不仅如此，在对经文的疏解中，孔颖达还运用"微言大义"，反复强调不同用语的使用本身就是道德判断的一种替代。

> 《春秋左氏传·庄公十年》：夏，六月，齐师、宋师次于郎。
> 杜注：不言侵伐，齐为兵主，背蔇之盟，义与长勺同。
> 《春秋左传·正义》曰：此春败齐师于长勺，传称"齐师伐我"，则今次于郎，亦是欲来伐我。而经并不称侵伐，侵伐者，责罪之文也。桓十年，齐侯，郑伯来战于郎，传曰："我有辞也。"故不称侵伐。则知此与长勺不书侵伐，亦为"我有辞也"。我有辞者，齐来伐我，为公伐齐纳子纠来报伐也。公之伐齐，大夫来盟于蔇，许以子纠为君，令鲁伐齐，纳子纠，彼自背盟伐鲁，非责鲁也，鲁有此辞，故齐人不合伐也。杜言二公子各有党，则迎子纠者，非小白之徒，而责齐背盟者，言彼蔇盟，大夫背盟而从小白，误公使伐齐耳，不言桓公背盟也。杜以传于长勺之役有"伐我"之语，故就传为解，而以此同之。[2]

此处孔颖达对经文中为何用"次"而不用"伐"进行了非常详实的论证。其在杜注的基础上结合长勺之战的经传之别，说明了"伐"为责罪之文，按照史事，此次齐师来战与长勺之战一样，理由在我方，并非责鲁，所以此处经文也不言"伐"。[3] 可见，道德评判的指向会直接表现在对历史事件的记载当中，对

---

[1] （汉）毛亨传，（汉）郑玄笺，（唐）孔颖达疏：《毛诗正义》卷一《关雎》，北京大学出版社2000年版，第5页。(本书以下相关内容均出自此版本)
[2] 《春秋左传正义》卷八《庄公元年至十年》，第273页。
[3] 安敏编著：《孔颖达〈春秋左传正义〉研究》，岳麓书社2009年版，第97页。

第九章 孔颖达经学思想中对"罪"的探讨 ❖

行为的判定需要与行为的动机等背景性要素进行相互的关联性梳理,在此基础上才能够得出正当的解释与说明。反过来,这种解释与说明更是会对人们乃至不同利益群体之间的行为模式进行指引,从而完成对社会伦理道德秩序的构建。

三、对道德修养的体系评价

强调社会秩序的价值,意味着相对于政治统治的严苛面而言,孔颖达更强调人与人之间的道德征服,"言王者法天施化,其举止不可不慎。惟口出令不善,以起羞辱;惟甲胄伐非其罪,以起戎兵;言不可轻教令,易用兵也……口之出言为教令,甲胄兴师乃用之,言不可轻教令,易用兵也。易亦轻也,安危在出令,令之不善,则人违背之,是起羞也。静乱在用兵,伐之无罪,则人叛违之,是起戎也。"[1]作为统治者的君王相较于臣民掌握着更强大的政治资源,因此在政治统治当中就应该尽量做到对自身权力的抑制,通过德礼而非刑罚取得臣民的拥戴。"帝问:孔子称'以能问于不能,以多问于寡,有若无,实若虚'。何谓也?对曰:此圣人教人谦耳。己虽能,仍就不能之人以咨所未能;己虽多,仍就寡少之人更资其多。内有道,外若无;中虽实,容若虚。非特匹夫,君德亦然。故易称'蒙以养正','明夷以莅众'。若其据尊极之位,衒聪耀明,恃才以肆,则上下不通。君臣道乖。"[2]在隋唐交替之际,这种思想更加凸显了其重要性。"君子之人,守道而死,虽遭困厄之世,期于致命丧身,必当遂其高志,不屈挠而改也"。[3]因此,统治者推行礼义来进行社会管理就不再是单纯的管理行为,而是一种推己

---

[1]《尚书正义》卷十《说命中第十三》,第297页。
[2]《新唐书》卷一百九十八《孔颖达》,第5644页。
[3]《周易正义》卷五《困》,第227页。

及人的道德宣扬，是一种善良人性的塑造与构建。"上天用此五行以养人，五行之气，入人之口为五味，发见于目为五色，章徹于耳为五声。味以养口，色以养目，声以养耳。此三者，虽复用以养人，人用不得过度，过度则为昏乱，使人失其恒性，故须为礼以节之。"[1]此时礼义作为一种价值体系虽然具有明确的方向归属，但其同时也具有一定的独立性，这种独立性能够反过来对覆盖价值评判设置之初的具体衡量，而对利益相关方形成相对"客观"的评判标准。以孔颖达对"罪"的裁量观点为例。

《周易·解卦·象》云："雷雨作，解。君子以赦过宥罪。"解卦坎下震上，震为雷，坎为雨，雷动雨下，而万物解散，故君子以此卦象，而放赦有过、宽宥罪人也。《书》称"眚灾肆赦"，《舜典》文。孔安国云："眚，过。灾，害。肆，缓也。过而有害，当缓赦之。""肆眚围郑"，襄九年传文也。此诸言肆眚者，皆是放赦罪人，荡涤众故，除其瑕秽，以新其心也。必其国有大患，非赦不解，或上有嘉庆，须布大恩，如是乃行此事。[2]

罪的认定与罪的处理，两者可以通过君主的道德彰显而得到一定程度的分离，这种分离非但不会对罪的确认造成消解，相反，其本身就是一种对罪的价值处理方式，且这种处理方式反过来还可以对君主乃至臣民的道德塑造提供有益的帮助。这种方式也使得在对罪进行评价时往往表现出一些非常明显的隐晦化特征，如：

---

[1]《春秋左传正义》卷五十一《昭公二十四年至二十五年》，第1668页。
[2]《春秋左传正义》卷九《庄公十一年至二十二年》，第304页。

第九章 孔颖达经学思想中对"罪"的探讨

孔奂之为招党，传无其文。正以杀称名氏，是有罪之文，知其是招党也。文七年"宋人杀齐大夫"，传曰："不称名，众也，且言非其罪也。"无罪不称名，知称名为有罪矣。若使孔奂无罪，仲尼必当变文。但此非常例，先无定制，不知其将何所称也。执招杀奂，皆是楚人为之，承上"楚师灭陈"之下，是楚可知，不复每文书楚。[1]

因此，在罪恶惩处问题上，对罪的反向道德修正也是重要的衡量标的。

但无论是何种方式的道德评判，其终极目的都是为了实现统治秩序的优化。如安敏就曾以《春秋左传·正义》当中的文学修辞手法进行量化分析，强调"以具体事物为喻，事物包括树木、草、墙屋、雄猪、瘦牛、龙等。其中树木、墙屋的比喻出现的频率较高，强调了根本不固、根基不稳的危害性，体现了尊王室、维护国家之根本的礼制思想，打上了那个时代的特征"。[2]"夫妇有别，则性纯子孝，故能父子亲也，孝子为臣必忠，故父子亲则君臣敬。君臣既敬，则朝廷自然严正。朝廷既正，则天下无犯非礼，故王化得成也"。[3]"'乐者，所以象德也'者，谓君作乐以训民，使民法象其德也。'礼者，所以缀止淫也'者，缀，止也。言人君制礼以教天下，所以缀止淫邪也。"[4]道德教育的主要内容是符合"天性自然"的夫妇、父子、君臣之道，教育的总目标是化民成俗，把臣民都教化成符合王道规范的人。在孔颖达看来，"王化"的重要途径之一是通

---

[1]《春秋左传正义》卷四十四《昭公七年至八年》，第1447—1448页。

[2] 安敏编著：《孔颖达〈春秋左传正义〉研究》，岳麓书社2009年版，第132页。

[3]《毛诗正义》卷一《关雎》，第28页。

[4]《礼记正义》卷三十八《乐记》，第1286页。

过教育的手段，维护纲常伦理、尊卑等级。[1]但正因如此，等级制度下的道德判定往往缺乏一种客观恒定的取向，而通常呈现出一种随事而定的宽泛标准。

宣公不能去莒仆，而行父能去之，恐宣公以不去之为耻，行父以去之为专，史克方以宣公比尧，行父比舜，故言尧朝有四凶，尧亦不能去，须贤臣而除之，所以雪宣公不去之耻，解行父专擅之失也。然则圣主莫过于尧，任贤，王政所急，大圣之朝，不才总萃，虽曰帝其难之，且复何其甚也！此四凶之人，才实中品，虽行有不善，未有大恶，故能仕于圣世，致位大官。自非圣舜登庸，大禹致力，则滔天之害未或可平。以舜、禹之成功，见此徒之多罪。勋业既谢，怨衅自生，为圣所诛，其咎益大。且虞史欲盛章舜德，归罪恶于前人。史克以宣公比尧，同四凶于莒仆，此等并非下愚，未有大恶，其为不善，唯帝所知。《尚书》将言求舜以见帝之知人。此传安慰宣公，故言尧不能去。辞各有为，情颇增甚。学者当以意达文，不可即以为实。[2]

该段材料的背景为曾犯弑父之罪的莒仆带宝玉投宣公，宣公准备赐其城邑而纳之，行父表示反对，并派史克前往解释。为了劝宣公驱逐莒仆同时保住宣公的尊严，史克便以宣公比尧，将行父比舜，称即使是在尧朝也需要贤臣来帮助君主驱逐恶人。这里有明显的为君主辩护的意味，因为尧朝之四凶并非大恶之徒，尧以之为大官有自身的考量，并非尧的失察。也就是说，所有的善恶道德评价其实都是在维护等级统治秩序的大框架下

---

[1] 张鸿、张分田："孔颖达以'道'为核心的政治教育思想"，载《天津师范大学学报（社会科学版）》2010年第5期。

[2] 《春秋左传正义》卷二十《文公十六年至十八年》，第669页。

第九章　孔颖达经学思想中对"罪"的探讨 ❖

进行的。如果某一行为的出发点是为了维护阶级统治，那么该行为本身的瑕疵就可以在一定范围内被淡化，反之则不然。如孔颖达在评论伯有赋《鹑之奔奔》一诗诬蔑国君时提到，"在心为志，发言为诗，是诗所以言人之志意也。郑君实未有罪，伯有称人之无良，是诬其上也。但伯有不臣，被公之所怒，以公怨怒，当自须掩盖，而赋诗道公无良，反将公之所怨以为宾之荣宠"。[1]君主作为道德评判的主要参照，其本身占据着一种道德制高点（尽管前文中强调抽象的"臣民"群体会对君主的道德形成一定的约束），从而形成价值体系构建的实质根基，也就是说，孔颖达笔下的善恶道德评判体系有着明显的秩序价值导向，而缺乏实质价值反思。

综上所述，孔颖达经学思想中对"罪"的道德判定呈现出鲜明的相对性。一方面，其通过对秩序的价值倡导从而在一定程度上构建对君权的道德制约。另一方面，所有社会道德的判断基准本身就是在以儒家伦理为核心的社会秩序框架下展开的。因此，虽然表面上看起来孔颖达通过对善恶之"罪"的理论梳理加深了"罪"之判定的价值高度，但这种判定本身并没有一个超越其自身的价值基础，这也就最终使得"罪"的判定仍然没有超出儒家伦理道德的范畴。

---

[1]《春秋左传正义》卷三十八《襄公二十七年至二十八年》，第1224页。

第十章
柳宗元的犯罪学学说

柳宗元（公元773年—公元819年），字子厚，祖籍河东（今山西运城永济一带），古属河东郡，因此被称为"柳河东"。他曾担任过吏部员外郎，这个职务在隋至唐初又称为仪曹郎，因此又被称"柳仪曹"。他晚年担任柳州刺史，故又有"柳柳州"之称。柳宗元于贞元九年（公元793年）考中进士，贞元十四年（公元798年）登博学宏词科，受命为集贤殿书院正字。三年期满后，调补京兆府蓝田（今陕西蓝田）县尉。贞元十九年（公元803年）受人推荐入朝任监察御史里行。贞元二十一年（公元805年）正月，德宗李适驾崩，王叔文等人拥立时已中风失语的太子李诵即位，此后柳宗元作为王叔文之党重要成员被提拔为礼部员外郎，开展一系列革新运动，史称"永贞革新"。七月二十八日，皇太子李纯监国，在宦官的支持下打击革新派。八月四日，顺宗禅位，次日改元永贞，朝廷对以"二王、刘柳"为核心的革新派予以打击。八月九日，李纯即位，标志革新运动彻底失败。其后柳宗元被贬为邵州（今湖南邵州）刺史、永州（今湖南永州）司马。元和十年（公元815年），宪宗曾短暂将革新派人士召回京师，但次年柳宗元再被贬为柳州（今广西柳州）刺史。元和十四年（公元819年），柳宗元终于柳州，享年47岁。

第十章 柳宗元的犯罪学学说

一、对自身贬谪之"罪"的反思

贞元末年,唐朝面临着宦官专权、藩镇自立以及外族入侵等多重困境。而官员滞涩也是当时的一大难题,为相者不是贪佞奸猾之徒,就是因循无能之辈。而唐德宗本人更是察察为明,"躬亲庶政",[1]连县令都要亲自任命。结果是权奸当道,亲任奸佞,政出多门,贤才被抑。"永贞革新"的目的之一就是要改变这种局面,[2]但由于政治能力等各种各样的原因,这一改革运动并没有成功,作为重要参与成员的柳宗元也因此被贬谪,其后半生始终生活在"罪责"之中。

有学者认为柳宗元面对永贞革新的失败存在自责的罪感,如其在书信中多用"罪人"来指称王叔文,并因种种自责而产生罪有应得、咎由自取的感觉。[3]我们对此存有异议。需要说明的是,柳宗元在被贬后用"负罪人"等字眼形容王叔文等革新派官员主要是迫于被贬后的政治话语环境。相反,从内心而言,其对王叔文是持肯定态度的。如在王叔文被贬官的前几天,柳宗元仍然为其亡母而作《故尚书户部侍郎王君先太夫人河间刘氏志文》,并对王叔文大加赞扬,这不仅仅是对王叔文的肯定,同时也是对自己革新主张的再次重申。

> 叔文,坚明直亮,有文武之用。负贞中,待诏禁中,以道合于储后,凡十有八载,献可替否,有匡弼调护之勤。先帝弃万姓,嗣皇承大位。公居禁中,evaluation谋定命,有扶翼经纬之绩,

---

[1] (后晋)刘昫等撰:《后唐书》卷八十五《裴延龄传》,中华书局1975年版,第3729页。
[2] 孙昌武:《柳宗元评传》,南京大学出版社1998年版,第249页。
[3] 刘美玉:"柳宗元对永贞革新的看法及原因分析",载《湖南科技学院学报》2007年第10期。

由苏州司功参军为起居舍人翰林学士。将明出纳,有弥纶通变之劳,副经邦阜财之职。加户部侍郎,赐紫金鱼带。重轻开塞,有和钧肃给之效。内赞谟画,不废其位,凡执事十四旬有六日。利安之道,将施于人,而夫人卒于堂。[1]

他在前往永州的途中还写下《惩咎赋》。"惩咎"的表面意思是以自己的"咎过"为"惩戒",但赋的实际内容却是对自己忠贞正义的表白,对无罪获谴的愤懑和对世事不公的抗议。[2] 其认为尽管自己才华出众,汇聚了一批有识之士,欲有所作为,可政治险恶,小人当道。[3]

愚者果于自用兮,惟惧夫诚之不一。不顾虑以周图兮,专兹道以为服。谗妒构而不戒兮,犹断断于所执。哀吾党之不淑兮,遭任遇之卒迫。势危疑而多诈兮,逢天地之否隔。欲图退而保己兮,悼乖期乎曩昔。欲操术以致忠兮,众呀然而互吓。进与退吾无归兮,甘脂润乎鼎镬。幸皇鉴之明宥兮,累郡印而南适。惟罪大而宠厚兮,宜夫重仍乎祸谪。既明惧乎天讨兮,又幽栗乎鬼责。[4]

到永州生活几年之后,虽然激进的心态稍有消退,但他仍然对朝臣的非议和攻讦心有余悸。这一阶段的柳宗元曾有一些反思类的文章,但这并非为参与革新而检讨,而是认为自己的

---

[1] (唐)柳宗元:《柳宗元集校注》卷十三《故尚书户部侍郎王君先太夫人河间刘氏志文》,中华书局2013年版,第865页。(本书以下相关内容均出自此版本)
[2] 孙昌武:《柳宗元评传》,南京大学出版社1998年版,第87页。
[3] 龚玉兰:《贬谪时期的柳宗元研究》,凤凰出版社2010年版,第52页。
[4] 《柳宗元集校注》卷二《惩咎赋》,第138—139页。

第十章　柳宗元的犯罪学学说

年少气盛、执着一心导致了最后的恶果。[1]即柳宗元追悔的不是参与革新运动的初衷,而是参与的心态与方式:由于其冒进地卷入了政治集团,给人以打压的口实,过早地结束了政治生命,以至于使自己大志未遂。[2]当然,此一阶段柳宗元心存能够被再次启用的热切盼望,因此也免不了对自己进行一番自我批评。[3]

伏蒙赐书诲谕,微悉重厚,欣跃恍惚,疑若梦寐,捧书叩头,悸不自定。伏念得罪来五年,未尝有故旧大臣肯以书见及者。何则?罪谤交积,群疑当道,诚可怪而畏也。[4]

贬黜甚薄,不能塞众人之怒,谤语转侈,嚣嚣嗷嗷,渐成怪人。饰智求进者,更詈仆以悦仇人之心,日为新奇,务相喜可,自以速援引之路。而仆辈坐益困辱,万罪横生,不知其端。[5]

可见,柳宗元从始至终一直坚持认定自己的政治理念,而将获罪的原因主要归结于奸佞之徒的谗言,"罪谤交积,群疑当道""万罪横生,不知其端"的用语就充分地说明了这一点。即使是后来被召回朝廷而再次被贬柳州之时,柳宗元仍然坚信自己的政治理念,归咎于自己不善奉迎而遭受诬陷诽谤,"直以慵

---

[1] 龚玉兰:《贬谪时期的柳宗元研究》,凤凰出版社2010年版,第52页。
[2] 崔淼:"从柳宗元寓言诗论其对永贞革新的复杂心态",载《中北大学学报(社会科学版)》2017年第1期。
[3] 有学者曾汇总柳宗元为求得故旧好友的荐引而作的相关作品,详见马佳佳、邵行红:"柳宗元政治失意后的复杂心态探析",载《山西师大学报(社会科学版)》2013年第S1期。
[4] 《柳宗元集校注》卷三十《寄许京兆孟容书》,第1955页。
[5] 《柳宗元集校注》卷三十《与萧翰林俛书》,第1998—1999页。

疏遭物议,休将文字占时名"。[1]

此外,柳宗元的许多寓言文也多次阐述了其对奸佞小人的鄙夷。在《乞巧文》中将"臣有大拙,智所不化,医所不攻,威不能迁,宽不能容"而导致的"进退唯辱,仿佯为狂"的窘境,和巧夫诒媚巧诈所拥有的"动必得宜,周旋获笑,颠倒逢嘻"的场面对比,而表明自己"抱拙终身,以死谁惕"的人品坚持;[2]在《骂尸虫文》中借道士之口批评善于进谗言的尸虫,"人皆有尸虫三,处腹中,伺人隐微失误,辄籍记。日庚申,幸其人之昏睡,出谗于帝以求飨。以是人多谪过、疾疠、夭死。"由此讽刺搬弄是非、颠倒黑白、嫉贤妒能的小人,"以淫狖诒诬为族类,以中正和平为罪疾。以通行直遂为颠蹶,以逆施反斗为安佚。潜下谩上,恒其心术。妒人之能,幸人之失";[3]在《斩曲几文》中批评:"欹形诡状,曲程诈力。制类奇邪,用绝绳墨"的曲木之器,"古皆斥远,莫致于前。问谁其类",反对馋毁诡曲的小人行径;[4]在《宥蝮蛇文》中借僮之口将蝮蛇比喻为阴险毒辣的小人,"贼害无辜,惟汝之实";[5]在《憎王孙文》中用"德静以恒,类仁让孝慈。居相爱,食相先,行有列,饮有序"的猨与"德躁以嚣,勃诤号呶"的王孙做比较,批评王孙"外以败物兮,内以争群。排斗善类兮,哗骇披纷。盗取民食兮,私己不分。充嗛果腹兮,骄傲欢欣"的卑劣行径;[6]在《愬螭文》中用永州城西江中的怪螭之害比喻贪婪狡猾、傲慢凶残之人,"螭形决目,潜伺窥兮。膏血是利,私自

---

[1]《柳宗元集校注》卷四十二《衡阳与梦得分路赠别》,第2800页。
[2]《柳宗元集校注》卷十八《乞巧文》,第1220—1221页。
[3]《柳宗元集校注》卷十八《骂尸虫文》,第1235—1236页。
[4]《柳宗元集校注》卷十八《斩曲几文》,第1245—1246页。
[5]《柳宗元集校注》卷十八《宥蝮蛇文》,第1252页。
[6]《柳宗元集校注》卷十八《憎王孙文》,第1257—1258页。

肥兮。岁既大旱，泽莫施兮。妖猾下民，使颠危兮。充心饱腹，肆敖嬉兮"。[1]

柳宗元在作品中反复讽刺奸佞之徒，实际上是对自己所受贬谪之罪的控诉。这与他少年成长时的身世也有很大的关联——柳宗元的父亲柳镇曾参与审理已故陕、虢观察使卢岳遗属分财一案，与权臣窦参相冲突，而在第二年被借故外贬为夔州（今四川奉节县东）司马。两年后的贞元八年（公元792年），窦参得罪贬死，柳镇才被昭雪，官复原职，但在第二年就去世了。柳镇"议事确直，世不能容"[2]的性格无疑对柳宗元的人生观产生了重大影响。此外，柳宗元的姐夫崔简也曾被湖南观察使李众诬陷入罪，李众还贿赂办案御史卢则的下属，最终导致崔简被流放驩州，"简之所犯，首未知之，盖以风毒所加，渐成狂易，不知畏法，坐自抵刑。名为赃贿，卒无储蓄，得罪之日，百口嗷然，叫号羸顿，不知所赴"。[3]这些身边的经历无形中让柳宗元更加增添了对贪腐奸佞之徒的憎恨。

《吊乐毅文》也很能体现柳宗元的这种思想。乐毅是战国后期杰出的军事家，曾拜燕上将军，辅佐燕昭王，统帅联军攻打齐国，连下七十余城，报了强齐伐燕之仇。但功臣乐毅却遭到齐国田单离间谗毁，畏惧投降赵国。

大厦之骞兮，风雨萃之。车亡其轴兮，乘者弃之。呜呼夫子兮，不幸类之。尚何为哉？昭不可留兮，道不可常。畏死疾走兮，狂顾傍徨。燕复为齐兮，东海洋洋。嗟夫子之专直兮，不虑后而为防。胡去规而就矩兮，卒陷滞以流亡。惜功美之不

---

[1]《柳宗元集校注》卷十八《愬螭文》，第1275页。
[2]《柳宗元集校注》卷十二《先侍御史府君神道表》，第756页。
[3]《柳宗元集校注》卷三十五《谢李中丞安抚崔简戚属启》，第2253页。

就分,俾愚昧之周章。岂夫子之不能分,无亦恶是之遑遑。仁夫对赵之悃款分,诚不忍其故邦。君子之容与分,弥亿载而愈光。谅遭时之不然分,匪谋虑之不长。跽陈辞以陨涕分,仰视天之茫茫。苟偷世之谓何分,言馀心之不臧。[1]

这篇吊赋表面上是慨叹乐毅只知专一正直地对待君主,不知道为自己的前途作好预防,实际上也是吊自己不知圆滑应对时局,结果宦官藩镇拥立太子监国,革新集团成员纷纷被贬。[2]有学者甚至提出,此处的乐毅比喻的就是王叔文,借古讽今,为王叔文及其集团专心辅佐顺宗实行改革而不事太子、压抑储君、不为自己的后路即政治前途打算的思想和行为辩解。[3]如果一定要讨论柳宗元存在追悔情绪,那么他追悔的也是自己在政治能力上的不成熟。相反,其对自己政治理念一直都是非常坚定的,这种坚定在批判"推古瑞物以配天命"的《贞符》中已经达到了哲学的高度,"是故受命不于天,于其人;休符不于祥,于其仁。唯人之仁,匪祥于天。匪祥于天,兹惟贞符哉!未有丧仁而久者也,未有恃祥而寿者也"。[4]

二、民本位理念下的官吏之"罪"

柳宗元尤为被后世称道的还有他的"吏为民之役"思想,"夫为吏者,人役也。役于人而食其力,可无报耶",[5]"凡吏

---

[1] 《柳宗元集校注》卷十九《吊乐毅文》,第1311页。
[2] 翟满桂:《柳宗元永州事迹与诗文考论》,上海三联书店2015年版,第149页。
[3] 张铁夫:"论柳宗元对皇太子态度的反复变化及其思想的复杂性",载《湖南科技学院学报》2008年第5期。
[4] 《柳宗元集校注》卷一《贞符》,第79页。
[5] 《柳宗元集校注》卷二十二《送宁国范明府诗序》,第1493页。

于土者,若知其职乎?盖民之役,非以役民而已也。凡民之食于土者,出其十一佣乎吏,使司平于我也"。[1]柳宗元的"人""生人""民""生民""元元"等名词,基本含义都是人民、众人,即指的是社会上的大多数普通百姓。[2]如上文所言,柳宗元参与永贞革新的主要目标之一即改善官场的腐败盛行现象,"夫弊政之大,莫若贿赂行而征赋乱。苟然,则贫者无赀以求于吏,所谓有贫之实而不得贫之名。富者操其赢以市于吏,则无富之名而有富之实,贫者愈困饿死亡而莫之省,富者愈恣横侈泰而无所忌"。[3]因为这种现象的直接受害者是平民百姓,因此在改革失败后,也就不难理解其为"未能励材能,兴功力,致大康于民,垂不灭之声"[4]感到痛悔。从这个角度上说,他不仅认为官吏应当公正廉明,同时也不能"怠其事",必须时刻以民为本。

在《段太尉逸事状》中,柳宗元借对段太尉行为的赞扬而将自己的这种思想进行了集中的表达。文中首先介绍郭晞仗着其父郭子仪的权势横行霸道,作恶多端,"纵士卒无赖。邠人偷嗜暴恶者,卒以货窜名军伍中,则肆志,吏不得问。日群行丐取于市,不嗛,辄奋击折人手足,椎釜鬲瓮盎盈道上,袒臂徐去,至撞杀孕妇人。"但邠宁节度使白孝德却出于郭子仪的缘故不敢明说,这种行为明显是不恰当的。"天子以生人付公理,公见人被暴害,因恬然。且大乱,若何?"段秀实不惧权势,不仅制止了郭晞的作恶,而且晓以大义,使郭晞心悦诚服,再拜谢罪"俱至孝德所,谢不能,请改过。"可见在柳宗元心中为官者

---

[1]《柳宗元集校注》卷二十三《送薛存义序》,第1543页。
[2] 郭绍明:《吏为民之役》,广西师范大学出版社2015年版,第79页。
[3]《柳宗元集校注》卷二十三《答元饶州论政理书》,第2087页。
[4]《柳宗元集校注》卷三十四《答贡士元公瑾论仕进书》,第2192页。

不仅仅要做到清正廉明，而且还要不惧权威，真正为民着想，惠政于民。该文中还记载了泾州大将焦令谌事件，焦令谌不顾旱灾使农民无收的实际，硬要农民交租，农民交不起，段秀实以判向其求情，焦令谌不但不领情反而将农者进行责打，段秀实因此卖马买粮代农民交租。淮西军主帅尹少荣对此进行了激烈的批评，"汝诚人耶？泾州野如赭，人且饥死，而必得谷，又用大杖击无罪者。段公，仁信大人也，而汝不知敬。今段公唯一马，贱卖市谷入汝，汝又取不耻。凡为人，傲天灾、犯大人、击无罪者，又取仁者谷，使主人出无马，汝将何以视天地？尚不愧奴隶耶？"[1]柳宗元反对"苛政"、提倡"德治"的这种思想，在其他如《捕蛇者说》《种树郭橐驼传》当中也均有表达。

柳宗元的这种民本思想不仅体现在其著述中，也表现在他的实际行动当中。虽然柳宗元在中央试图推进改革的尝试没有成功，但这种思想还是贯穿他的整个人生轨迹。例如，他在柳州的一个突出政绩是解放奴婢。《唐律疏议》中明确有禁止买卖奴婢的规定，但在宫廷和官营手工业作坊，在贵族、富豪的家庭中，蓄奴仍然相当普遍。在南方福建、黔中等经济落后地区，掠卖奴隶的风气异常盛行。

越人少恩，生男女必货视之。自毁齿已上，父兄鬻卖，以觊其利。不足，则盗取他室，束缚钳梏之。至有须鬣者，力不胜，皆屈为僮。当道相贼杀以为俗。幸得壮大，则缚取么弱者。汉官因以为己利，苟得僮，恣所为，不问。以是越中户口滋耗。[2]

---

[1]《柳宗元集校注》卷八《段太尉逸事状》，第503—505页。
[2]《柳宗元集校注》卷十七《童区寄传》，第1183页。

可见，官府对掠卖奴隶的行为有着不可推卸的责任。柳宗元在分析一些社会违法行为时，首先反思的也正是官吏阶层的问题，"彼佐天子相天下者，举而加焉，指而使焉，条其纲纪而盈缩焉，齐其法制而整顿焉"。[1]柳宗元来到柳州后，发现当地有一种风俗：穷人借高利贷，如果无力归还，到利息超过本金时，借贷人就没身为奴，这使得许多破产农民成了奴隶，"先时，民贫以男女相质，久不得赎，尽没为隶"。[2]柳宗元对蓄奴和掠卖奴隶现象非常痛恨，因此他针对这一情况做出规定，让那些卖身为奴的人按服役期限计算报酬，到报酬和债款相当时，就自动解除奴役关系。《新唐书》中还补充说"已没者，出己钱助赎"，[3]这些行为无疑对掠卖奴隶的现象起到了极大的抑制作用，也体现了其以民生为本的为官为政思想。"其俗以男女质钱，约不时赎，子本相侔，则没为奴婢。子厚与设方计，悉令赎归；其尤贫力不能者，令书其佣，足相当，则使归其质。观察使下其法于他州，比一岁，免而归者且千人"。[4]

但需要指出，柳宗元以民为本的思想并不等同于取消官与民之间的等级区分。柳宗元家族到他这一代明显人丁凋零，"吾门凋丧，岁月已久，但见祸谪，未闻昌延，使尔有志，不得存立。延陵已上，四房子姓，各为单子，恺恺早夭。汝又继终，两房祭祀，今已无主"，[5]柳妻杨氏早逝无子，但他门当户对的观念还是比较明确的，"茕茕孤立，未有子息。荒隅中少士人女

---

[1]《柳宗元集校注》卷十七《梓人传》，第1190页。
[2]（唐）韩愈撰，马其昶校注：《韩昌黎文集校注》卷七《柳州罗池庙碑》，上海古籍出版社1986年版，第493页。（本书以下相关内容均出自此版本）
[3]《新唐书》卷一百六十八《柳宗元》，第5142页。
[4]《韩昌黎文集校注》卷七《柳子厚墓志铭》，第512页。
[5]《柳宗元集校注》卷四十一《祭弟宗直文》，第2650—2651页。

子，无与为婚，世亦不肯与罪大者亲昵"。[1]这固然有唐律中禁止良贱为婚的制度性束缚，尊卑等级秩序也是其心中不可逾越的障碍。但这种思想多体现在柳宗元的民事身份等级观念，从刑律平等的视角看，他还是反对官僚阶层的种种特权的。如在《戮仆》中就抨击晋悼公之弟公子扬干以仆代罚的事例，"仆，秉命者也，乱行之罪在公子。公子贵，不能讨，而秉命者死，非能刑也。使后世多为是以害无罪，问之则曰魏绛故事，不亦甚乎"。[2]

三、对"罪"的实用道德主义判定

关于礼与法的关系，柳宗元在《驳复仇议》中有较为集中的阐述。前文曾述及，武则天时，同州下邽人徐元庆的父亲徐爽为县吏赵师韫所杀，后徐元庆为报父仇，潜伏在驿站中，将时任御史的赵师韫谋杀，然后到官府投案自首。当时在讨论徐元庆案时，左拾遗陈子昂认为按照国法应该惩处徐元庆，但徐元庆的行为属于孝烈，又应表彰他孝敬父亲的行为，因此其建议"诛之而旌其闾"。当时多数人均认同陈子昂的主张，但柳宗元对这种观点进行驳斥。[3]

> 臣闻礼之大本，以防乱也。若曰无为贼虐，凡为子者杀无赦。刑之大本，亦以防乱也。若曰无为贼虐，凡为理者杀无赦。其本则合，其用则异，旌与诛莫得而并焉。诛其可旌，兹谓滥，黩刑甚矣。旌其可诛，兹为僭，坏礼甚矣。果以是示于天下，

---

[1]《柳宗元集校注》卷三十《寄许京兆孟容书》，第1956页。
[2]《柳宗元集校注》卷四十五《戮仆》，第3232页。
[3] 对该文的创作时间目前学术界尚有争议，可参见何书置：《柳宗元研究》，岳麓书社1994年版，第40页；尤慎："关于柳宗元《驳复仇议》的几个问题"，载《零陵学院学报》2004年第7期。

传于后代,趋议者不知所以向,违害者不知所以立,以是为典,可乎?盖圣人之制,穷理以定赏罚,本情以正褒贬,统于一而已矣。向使刺谳其诚伪,考正其曲直,原始而求其端,则刑礼之用,判然离矣。何者?若元庆之父,不陷于公罪,师韫之诛,独以其私怨,奋其吏气,虐于非辜,州牧不知罪,刑官不知问,上下蒙冒,吁号不闻,而元庆能以戴天为大耻,枕戈为得礼,处心积虑,以冲仇人之胸,介然自克,即死无憾,是守礼而行义也。执事者宜有惭色,将谢之不暇,而又何诛焉?其或元庆之父,不免于罪,师韫之诛,不愆于法,是非死于吏也,是死于法也。法其可仇乎?仇天子之法,而戕奉法之吏,是悖骜而凌上也。执而诛之,所以正邦典,而又何旌焉……且夫不忘仇,孝也;不爱死,义也。元庆能不越于礼,服孝死义,是必达理而闻道者也。夫达理闻道之人,岂其以王法为敌仇者哉?议者反以为戮,黩刑坏礼,其不可以为典,明矣。[1]

有学者在分析柳宗元的这段阐述时,认为其强调礼法虽同为维持秩序的手段,但当两者发生冲突时,当先法而后礼。[2]法与礼虽同为"防乱"的手段,但法的权威当在礼之上,"天子之法"作为治乱防乱的根本手段,臣民不应该对其怀疑、敌视。对于违法者应该以法待之,而非以礼干预。[3]其反对单纯从道德原则出发去处理人与人之间的恩怨,尤其反对用犯法的手段去惩罚犯罪分子。[4]这些观点固然有一定的道理,但是从柳宗元具体的论证中还可以看到,他首先强调了赵师韫最初刑事裁

---

[1] 《柳宗元集校注》卷四《驳复仇议》,第291—293页。
[2] 陈雁谷:《柳宗元社会心理思想研究》,广西师范大学出版社1989年版,第41—44页。
[3] 何蕾:《唐代文人与法律》,辽宁人民出版社2009年版,第110页。
[4] 郭绍明:《吏为民之役》,广西师范大学出版社2015年版,第143页。

判的合法性问题。即如果徐元庆的父亲没有犯法，那么赵师韫杀他是出于私怨，利用手中职权滥杀无辜。赵师韫的行为本身就是违法的，这样徐元庆杀赵师韫的行为其实亦合乎礼义。虽然比之汉代，唐代对血亲复仇的规则要相对趋于严格，但也并非有整齐划一的标准。[1]因此，很难说柳宗元对此案的论证是绝对出于对法律权威的维护。

在柳宗元担任柳州刺史期间，其所处理的一个案件也在一定程度上反映出他对礼法关系的认知。一个名为莫诚的人为了救其兄莫荡，用竹刺刺伤了一名为莫果之人的右臂，莫果十一天后伤重去世。根据《唐律疏议·斗讼》中"保辜"条的规定，"诸保辜者，手足殴伤人限十日，以他物殴伤人者二十日，以刃及汤、火伤人者三十日，折跌支体及破骨者五十日"，"限内死者，各依杀人论"。[2]也就是说，莫诚伤人案中被害者莫果在二十日的保辜期内死亡，因此对莫诚应当按照"诸斗殴杀人者，绞"执行惩罚。[3]但柳宗元上书桂管观察府，为莫诚法外求情。

> 窃以莫诚赴急而动，事出一时，解难为心，岂思他物。救兄有急难之威，中臂非必死之疮，不幸致殂，揣非心意。按文固当恭守，抚事似可哀矜。断手方迫于深哀，周身不遑于远虑。律宜无赦，使司明至当之心；情或未安，守吏切惟轻之愿。况候期尚远，禀命不遥，伏乞俯赐兴哀，特从屈法，幸全微命，

---

[1] 尤慎："关于柳宗元《驳复仇议》的几个问题"，载《零陵学院学报》2004年第7期；李芳民："礼、法冲突与柳宗元的理性精神——以《驳复仇议》为中心的考察"，载《西北大学学报（哲学社会科学版）》2010年第3期。
[2] 《唐律疏议》卷二十一《斗讼》，第333—334页。
[3] 《唐律疏议》卷二十一《斗讼》，第332页。

以慰远黎。[1]

与徐元庆案类似,柳宗元仍然着重强调了当事人的动机,即莫诚的主观因素是为兄"解难救急"。除此之外,他还甚至对犯罪人行为的社会危害性进行学理分析。虽然莫诚的行为造成了侵害他人生命的严重后果,但基于报复主义的分析,却具有某种程度甚至很大程度上的可宽宥之处。[2]这个案件中柳宗元对情理的维护明显超过了对法律明确性的坚持。

但如果仅仅将柳宗元视为一个"礼"的坚定守护者,可能也并不全面。如他在徐元庆案中就反复强调对徐元庆的处理不能"从道德上表扬而从法律上规制",而要将法律与道德之间的悖反降到最低。柳宗元的这种策略更适合被描述成"以个案推动立法的改变",即他在具体的法律实践当中有着明确维护法律确定性的理念,但如果现行的法律与他本身的道德观念存在差异时,他更倾向于对法律进行整体性的修改,而减少对个案裁量的自由空间。而这也是中国古代法律儒家化的一个根本性推动因素。虽然儒学仍占有主导地位,但他们眼中的儒学已是与现实紧密结合的崭新意义上的新儒学了。[3]无论是何种时代的法律,其背后始终都会体现出与这个时代相适应的道德因素,一旦两者之间的张力扩大,那么思想者们就会通过各种各样的方式去调和这种悖反。中唐时代的儒学复兴,不仅是要抛弃旧注,为经书做新解,而且要冲破注疏之学的藩篱,把儒学用在人生之中,去影响政治,影响教育,影响社会,影响文学。[4]

---

[1] 《柳宗元集校注》卷三十九《柳州上本府状》,第2502—2503页。
[2] 李耀跃:"'莫诚案'中柳宗元矛盾处境的法理分析",载《四川文理学院学报》2010年第1期。
[3] 龚玉兰:《贬谪时期的柳宗元研究》,凤凰出版社2010年版,第13页。
[4] 方介:《韩柳新论》,台湾学生书局1999年版,第323页。

而柳宗元又恰恰是一个不默守儒经而出入于百家之学的人物,他援诸子学说以济儒,充实儒学以新的内容,以图重新建构儒学的思想体系。[1]

柳宗元在《断刑论》中的论述更能集中地体现这种思想。其认为"赏以春夏而刑以秋冬"的规定不利于及时赏善罚恶,因而也就不能有效地发挥法律的惩劝作用。因为只有赏罚不越月逾时地及时执行,才能促使人从善远罪,达到刑措化成的目的。[2]

夫圣人之为赏罚者非他,所以惩劝者也。赏务速而后有劝,罚务速而后有惩。必曰赏以春夏而刑以秋冬,而谓之至理者,伪也。使秋冬为善者,必俟春夏而后赏,则为善者必怠;春夏为不善者,必俟秋冬而后罚,则为不善者必懈。为善者怠,为不善者懈,是殴天下之人而入于罪也。殴天下之人入于罪,又缓而慢之,以滋其懈怠,此刑之所以不措也。必使为善者不越月逾时而得其赏,则人勇而有劝焉;为不善者不越月逾时而得其罚,则人惧而有惩焉。为善者日以有劝,为不善者日以有惩,是殴天下之人而从善远罪也。殴天下之人而从善远罪,是刑之所以措而化之所以成也。[3]

有论者认为柳宗元在此是"客观分析了法律儒家化的一个弊端",[4]这一观点可能存在一定的误区。在讨论中国古代法律伦理化、法律儒家化与法律道德化三个概念时,三者存在着一

---

[1] 杨荫楼:"儒家思想在柳宗元世界观中的地位",载《齐鲁学刊》1998年第4期。
[2] 孙昌武:《柳宗元评传》,南京大学出版社1998年版,第187—188页。
[3] 《柳宗元集校注》卷三《断刑论下》,第262页。
[4] 何蕾:《唐代文人与法律》,辽宁人民出版社2009年版,第101页。

种递进的关系，即所谓法律的儒家化最主要体现在中国古代法律的服制等级特点上，但儒家化的色彩又不仅仅表现在这一种方面。同样，中国古代法律的道德化虽说主要体现为法律中所显现的儒家价值理念，但法律价值体系也不仅仅局限在儒家一家思想之上。柳宗元在对"时令行刑"观点的批驳上仍然是以法律教化为主导的，这本身就是儒家思想"经权之道"的表征之一，[1]当然其中也蕴涵着法律规范性的理念。

事实上柳宗元"统合儒释"的思想与此是一脉相承的。柳宗元试图利用佛教的"事神而语大"来影响群众，无论是提倡儒学，还是提倡佛教，当然都是意在治民。[2]其提倡佛教的立足点是佛教教理教义具备教化功能。如其在柳州修复大云寺时强调"唯浮图事神而语大，可因而入焉，有以佐教化"，而批评越人的巫卜行为，"病且忧，则聚巫师，用鸡卜。始则杀小牲，不可，则杀中牲，又不可，则杀大牲。而又不可，则诀亲戚，饬死事。曰：神不置我已矣。因不食，蔽面死。以故户易耗，田易荒，而畜字不孳"。[3]其认为巫蛊行为与道德教化之间是相背离的，"卜者，世之余伎也，道之所无用也。圣人用之，吾未之敢非，然圣人之用也，盖以驱陋民也，非恒用而征信矣。尔后之昏邪者神之，恒用而征信焉，反以阻大事。"[4]这与他批评道教的一些观点也是契合的，"且夫亏恩坏礼，枯槁憔悴。髡圣图寿，离中就异。欻然与鬼神为偶，顽然以木石为类，悾侗而不实，穷老而无死"，[5]其所批判的是一些不利于善良风俗的巫

---

[1] 朱雪芳："柳宗元《断刑论》经权之道"，载《湖南科技学院学报》2013年第10期。
[2] 孙昌武：《柳宗元评传》，南京大学出版社1998年版，第87页。
[3] 《柳宗元集校注》卷二十八《柳州复大云寺记》，第1863页。
[4] 《柳宗元集校注》卷四十四《卜》，第3186页。
[5] 《柳宗元集校注》卷十一《东明张先生墓志》，第734页。

淫之道，而对于能汲取来用以治国安邦的部分，亦持接纳态度并将之融会贯通，"余观老子，亦孔氏之异流也，不得以相抗，又况杨、墨、申、商、刑、名、纵横之说，其迭相訾毁抵捂而不合者，可胜言耶？然皆有以佐世"。[1]正因如此，柳宗元把佛教与诸子学说并列，无非是把佛教也当作思想流派来看待，它与诸子学说一样，有其思想价值所在。[2]归根结底，他对各种学说采取的是一种实用道德主义的判定方式——如果学说本身有利于社会教化，减少社会罪恶，那么这种学说就是可以被融合的，相反则应该加以批判。

综上所述，柳宗元对"罪"的思想判定有着强烈的道德主义倾向。一方面他坚持自己的政治主张，将自身革新失败遭受贬谪的原因归结于奸佞小人的迫害。另一方面，他主张从政为民，在对具体案件的分析当中更多地思考犯罪的动机及原因，从而整体衡量罪的严重性。虽然柳宗元也非常强调法律的明确性与稳定性，但这并不意味着他忽视礼义在法律制定与犯罪惩罚当中的价值。

---

[1]《柳宗元集校注》卷二十五《送元十八山人南游序》，第1657页。
[2] 杜寒风："柳宗元'统合儒释'思想新论——兼及对冯友兰、孙昌武、郭绍林等先生观点的质疑"，载《中国文化研究》2004年第2期。

第十一章
韩愈的犯罪学学说

韩愈（公元768年—公元824年），字退之，里籍河南府河阳（今河南省孟州市），自称"郡望昌黎"；贞元八年（公元792年），登进士第，两任节度推官，累官监察御史。后因论事而被贬阳山，历都官员外郎、史馆修撰、中书舍人等职。元和十二年（公元817年），出任宰相裴度的行军司马，参与讨平"淮西之乱"。其后又因谏迎佛骨一事被贬至潮州。晚年官至吏部侍郎，人称"韩吏部"。长庆四年（公元824年）病逝，享年57岁，追赠礼部尚书，谥号"文"，故称"韩文公"。

一、生活经历背后对规则的渴望

贞元十九年（公元803年），唐朝发生了重大的农业灾害，"是年京师旱，田亩少所收。上怜民无食，征赋半已休。有司恤经费，未免烦征求。富者既云急，贫者固已流。传闻闾里间，赤子弃渠沟。持男易斗粟，掉臂莫肯酬。我时出衢路，饿者何其稠。亲逢道边死，伫立久咿嚘。归舍不能食，有如鱼中钩"。[1]但时任京兆尹的李实却向德宗谎报灾情，"今岁虽旱而禾苗甚美"，"由是租税皆不免，人穷，至坏屋卖瓦木，贷麦苗以应官"。一名

---

[1] 屈守元、常思春主编：《韩愈全集校注·赴江陵途中寄赠王二十补阙李十一拾遗李二十六员外翰林三学士》，四川大学出版社1996年版，第221页。

叫成辅端的诗人于是作了一段顺口溜嘲讽李实，却被李实"奏辅端诽谤朝政，杖杀之"。[1]出于强烈的义愤和同情心，韩愈上《御史台上论天旱人饥状》，"臣愚以为此皆群臣之所未言，陛下之所未知者也。"[2]没想到上书后不到十日就被贬阳山，这也成了韩愈前半生并不顺遂的官宦生涯中所受到的第一次重大贬谪。

关于此次韩愈被贬阳山的真正原因随之也成为历史上韩愈研究中的一大谜团。[3]即便是韩愈本人，其在当时也是存在着多种猜测。一方面，他感觉贬官可能与上《御史台上论天旱人饥状》有关，但又似乎并非贬官的真正原因，"或自疑上疏，上疏岂其由"。还可能与当时永贞革新背后的党派之争有关，即是否是由于柳宗元和刘禹锡向王叔文、韦执谊告密而致，"同官尽才俊，偏善柳和刘。或虑语言泄，传之落冤仇。二子不宜尔，将疑断还不"。[4]其对王叔文、韦执谊的怀疑在《顺宗实录》当中有明显体现："有与之不善者，告叔文、执谊云：'正买疏似论君朋党事，宜少诫！'执谊、叔文信之。执谊尝为翰林学士，父死罢官，此时虽为散郎，以恩时时召入问外事。执谊因言成季等朋宴聚游无度，皆谴斥之，人莫知其由"，[5]而这种怀疑在后来永贞革新被镇压后有爆发式的表达。

---

[1]《资治通鉴》，第7604页。
[2]（唐）韩愈：《御史台上论天旱人饥状》。
[3] 对此学界有较多论述，如学苑出版社2006年版的《韩愈与岭南文化》中收录了多篇文章对这一问题进行集中讨论，包括张清华《韩愈阳山之贬原因辨析》、毕宝魁《韩愈贬谪阳山原因再思考》、吴在庆《韩愈贬阳山原因考析》、李玉燕《也谈韩愈贬阳山的原因》等，其他较具代表性的论述还可参见刘国盈：《韩愈丛考》，文化艺术出版社1999年版，第47—72页。
[4]（唐）韩愈：《赴江陵途中寄赠王二十补阙李十一拾遗李二十六员外翰林三学士》。
[5]（唐）韩愈撰：《顺宗实录》卷五，中华书局1985年版，第2980页。（本书以下相关内容均出自此版本）

第十一章　韩愈的犯罪学学说

君不见太皇谅阴未出令，小人乘时偷国柄。北军百万虎与貔，天子自将非他师。一朝夺印付私党，懔懔朝士何能为？狐鸣枭噪争署置，睒睗跳踉相妩媚。夜作诏书朝拜官，超资越序曾无难。公然白日受贿赂，火齐磊落堆金盘。元臣故老不敢语，昼卧涕泣何纵澜！董贤三公谁复惜？侯景九锡行可叹。国家功高德且厚，天位未许庸夫干。〔1〕

可能是出于之前对王、韦二人的怀疑，所以韩愈对永贞革新所言之罪似乎大大超过了当时朝廷所定之罪，这也造成了后世文人的强烈不满。〔2〕但值得注意的是，在元和八年到九年（公元813年—公元814年）其撰写《顺宗实录》时，韩愈又将矛头对准了宦官群体的种种罪行，而在一定程度上肯定永贞革新的相关措施。依笔者管见，韩愈此处对王叔文、韦执谊的批判与其说是对永贞革新背后政党之争的指责，倒不如说是其结合自身经历而对规则失范的一种控诉。

韩愈幼年丧父，又是庶出，〔3〕在大历末到建中初的三四年之间，幼年的韩愈一直是在悲伤和奔波劳顿中度过的。先是随兄长韩会一家远迁，在韩会病死后又随嫂郑夫人将兄韩会的灵柩送回河阳原籍安葬，又因中原多故，再随嫂避居江南宣州。正如有论者指出，不管嫂嫂郑夫人待他如何关爱，其总难免有寄人篱下的感觉。因此，他从小发愤，希望一朝出人头地，改换门庭，从而跻身上流社会。因此，其功名心切合乎情理。〔4〕在

---

〔1〕（唐）韩愈：《永贞行》。
〔2〕卞孝萱等：《韩愈评传》，南京大学出版社2011年版，第123—126页。
〔3〕学术界对韩愈生母的研究尚存争议，主要有改嫁说、早亡说和乳母说三种，可参见卞孝萱等：《韩愈评传》，南京大学出版社2011年版，第27—34页。
〔4〕蒋凡：《文章并峙壮乾坤：韩愈柳宗元研究》，上海教育出版社2001年版，第4页。

贞元三年到五年（公元787年—公元789年）的这段时间中，韩愈连续参加三届考试，但皆以失败告终，这些挫折使他"蹉跎颜遂低，摧折气愈下。"[1]好不容易于贞元八年（公元792年）终于登进士第，在接下来吏部的博学宏词科考试当中又接连败北。也就是说，在韩愈早年的生活经历当中，充满了崎岖坎坷，"长安百万家，出门无所之。岂敢尚幽独，与世实参差。古人虽已死，书上有其辞。开卷读且想，千载若相期。出门各有道，我道方未夷。且于此中息，天命不吾欺。"[2]

面对仕途的不顺与生活的窘迫，韩愈在这一阶段屡次实行干谒活动，如谒见名将浑瑊的《河中府连理木颂》；向贾耽求助的《上贾滑州书》，"丰山上有钟焉，人所不可至，霜既降，则铿然鸣，盖气之感，非自鸣也。"[3]；为迎合陆贽而违心地练习骈文，"退因自取所试读之，乃类于俳优者之辞，颜忸怩而心不宁者数月。"[4]；向凤翔节度使邢君牙求助的《与凤翔邢尚书书》，"布衣之士身居穷约，不借势于王公大人，则无以成其志；王公大人功业显著，不借誉于布衣之士，则无以广其名"[5]；向于頔上《与于襄阳书》，"抑未闻后进之士，有遇知于左右、获礼于门下者，岂求之而未得邪？"[6]；向李实表示"亲逢阁下，得不候于左右以求效其恳恳？"[7]；歌颂宦官俱文珍的《送汴州监军俱文珍序》；等等。当然，在当时的大环境下干谒活动乃是一项比较普遍的社会现象，在此无意对韩愈进行道德批判，但

---

[1]（唐）韩愈：《县斋有怀》。
[2]（唐）韩愈：《出门》。
[3]（唐）韩愈：《上贾滑州书》。
[4]（唐）韩愈：《答崔立之书》。
[5]（唐）韩愈：《与凤翔邢尚书书》。
[6]（唐）韩愈：《与于襄阳书》。
[7]（唐）韩愈：《上李尚书书》。

需要指出，后来韩愈自己曾表达了对早年干谒活动的羞愧之情，"仆在京城八九年，无所取资，日求于人以度时月，当时行之不觉也，今而思之，如痛定之人思当痛之时，不知何能自处也。"[1]也就是说，韩愈当时的干谒更多的是一种不得已而为之的行动，而绝非内心使然。在博学宏词科考试连续落败前后，他自身的生活再次陷入了相当困难的境地，"黄昏苦寒歌，夜半不能休。岂不有阳春，节岁聿其周，君何爱重裘。兼味养大贤，冰食葛制神所怜。填窗塞户慎勿出，暄风暖景明年日。"[2]这也在某种程度上说明，韩愈非常渴望一种稳定的社会规则。因此，这种在规则之外的"关系"等策略手段并不是他眼中的正当方式。

此外，在贞元十二年到十六年（公元796年—公元800年）期间，迫于仕途不顺，韩愈从洛阳入汴，再由汴入徐，两入军幕，这期间的战乱经历给他留下了深刻的印象，这些经历让韩愈形成了一种十分小心谨慎的性格。例如，他虽然一直对释老持批判态度，但也因为"今夫二氏之所宗而事之者，下及公卿辅相，吾岂敢昌言排之哉？"[3]而有所忌讳。之后又因为失去了徐幕时工作的固定收入，再一次陷入"穷居荒凉，草树茂密，出无驴马，因与人绝"[4]的凄惨困境。这样的生活经历一方面使得韩愈对按规则标准办事充满了渴望，另一方面又促使他不得不通过各种方式以求取胜算。这在元和元年（公元806年）韩愈摆脱贬官之后不久又主动请求分司东都一事中也有所体现。回到长安仅半年多的时间里，韩愈似乎身陷于各方政治势力的

---

[1]（唐）韩愈：《与李翱书》。
[2]（唐）韩愈：《苦寒歌》。
[3]（唐）韩愈：《重答张籍书》。
[4]（唐）韩愈：《与卫中行书》。

争斗中。"有来谓愈者曰：子献相国诗书乎？曰：然。曰：有为谗于相国之座者曰：韩愈曰：相国征余文，余不敢匿，相国岂知我哉！子其慎之……既累月，又有来谓愈曰：有谗子于翰林舍人李公与裴公者，子其慎欤……既累月，上命李公相，客谓愈曰：子前被言于一相，今李公又相，子其危哉"。韩愈在早期因仕途不顺而多方求助，这些情况很容易被他人当作把柄而运用到政治斗争当中，这使得他在后来的职场中面临着相当矛盾的困境，"夜归，私自尤曰：咄！市有虎，而曾参杀人，谗者之效也"。[1]一方面，他渴望能够通过正当的途径，也即个人的努力而修身治国。另一方面，现实的困境又让他不得不适应所处环境的潜规则。这种矛盾在韩愈人生当中有着多次的表露。如他在初为史官时，一方面表示自己将遵循《春秋》的褒贬之法，"在据事迹实录，则善恶自见"。另一方面又出于对历史上众多史官"不有人祸，则有天刑"的畏惧心理，不得不"仆年志已就衰退，不可自敦率……行且谋引去。"[2]

二、反佛思想背后的"罪责"指向

尽管早年生活的不顺造成了韩愈在面对许多问题时瞻前顾后的矛盾心态，但在"反佛"问题上他似乎格外的坚定。如他在《原道》当中针对佛教破坏儒家伦理方面的批评："必弃而君臣，去而父子，禁而相生相养之道，以求其所谓清净寂灭者。"[3]再如在功德使与祠部争夺佛教事务管理权时韩愈的据理力争，[4]

---

[1]（唐）韩愈：《释言》。
[2]（唐）韩愈：《答刘秀才论史书》。
[3]（唐）韩愈：《原道》。
[4] 对唐代祠部与功德使之间对佛教事务管理权的争执问题，可参见段知壮："唐代涉僧法律问题研究——以《道僧格》的法律实践为切入点"，南开大学2016年博士学位论文。

"分司郎官职事,惟祠部为烦且重。愈独判二年,日与宦者为敌,相伺候罪过,恶言詈辞,狼藉公牒,不敢为耻,实虑陷祸。故前者怀状,乞与诸郎官更判,意虽甚专,事似率尔,言语精神,不能自明,不蒙察允,遽以惭归,俚俛日日,遂逾累旬,私图其宜,敢以病告。"[1]而后在反对宪宗迎佛骨的《论佛骨表》中更是有着极其尖锐的表达。

今闻陛下令群僧迎佛骨于凤翔,御楼以观,舁入大内,又令诸寺递迎供养。臣虽至愚,必知陛下不惑于佛,作此崇奉,以祈福祥也。直以年丰人乐,徇人之心,为京都士庶设诡异之观,戏玩之具耳。安有圣明若此,而肯信此等事哉!然百姓愚冥,易惑难晓,苟见陛下如此,将谓真心事佛,皆云:"天子大圣,犹一心敬信;百姓何人,岂合更惜身命!"焚顶烧指,百十为群,解衣散钱,自朝至暮,转相仿效,惟恐后时,老少奔波,弃其业次。若不即加禁遏,更历诸寺,必有断臂脔身以为供养者。伤风败俗,传笑四方,非细事也。[2]

韩愈反佛的具体理由学界已有相关研究,其大概可以分成五个方面:其一,从国家财政社会经济上言。其二,从严辨夷夏之大防上言。其三,维护伦常礼教。其四,针砭世人福田利益心理。其五,为国家珍惜人才。[3]但从佛教"罪责"的指向角度来看,韩愈的反佛思想最根本的落脚点主要在两个方向之上:一是对佛教僧人不劳而获、破坏"规则"的批评,二是对佛教破坏儒家伦理的反感。

---

[1] (唐)韩愈:《上郑尚书相公启》。
[2] (唐)韩愈:《论佛骨表》。
[3] 参见柯万成:《韩愈诗研究》,花木兰文化出版社2010年版,第78页;高建青等:《韩愈与袁州论考》,江西人民出版社2015年版,第5页。

首先来看韩愈对佛教僧人作出的不劳而获、破坏"规则"的批评。他认为，佛教僧人不仅可以免除赋税徭役之类的义务，还直接接受公家的供养，"佛法入中国，尔来六百年。齐民逃赋役，高士著幽禅。官吏不之制，纷纷听其然。耕桑日失隶，朝署时遗贤。"[1]由此，这一负担则转嫁到普通民众身上，"古之为民者四，今之为民者六。古之教者处其一，今之教者处其三。农之家一，而食粟之家六。工之家一，而用器之家六。贾之家一，而资焉之家六。奈之何民不穷且盗也？"，[2]如此恶性循环，最终自然会对国家的社会治理形成潜在威胁。相反，韩愈对自食其力的劳动者的赞扬之情溢于言表。如其在《圬者王承福传》中对"贱且劳"的泥瓦工大加歌颂："手镘衣食，馀叁十年。舍于市之主人，而归其屋食之当焉。视时屋食之贵贱，而上下其圬之佣以偿之；有馀，则以与道路之废疾饿者焉。"[3]在这一层面上，韩愈反佛的出发点与前文中所言他个人对公平正义之规则的向往是完全契合的。这种对破坏规则的鄙视不仅仅体现在他的反佛主张当中，在许多事件上都有鲜明的表达，如他对宫市的批评。

宫中有要市外物，令官吏主之，与人为市，随给其直。贞元末，以宦者为使，抑买人物，稍不如本估。末年不复行文书，置"白望"数百人于两市并要闹坊，阅人所卖物，但称"宫市"，既敛手付与，真伪不复可辨，无敢问所从来，其论价之高下者，率用百钱物买人直数千钱物，仍索进奉门户并脚价钱。将物诣市，至有空手而归者，名为"宫市"，而实夺之。[4]

---

[1] （唐）韩愈：《送灵师》。
[2] （唐）韩愈：《原道》。
[3] （唐）韩愈：《圬者王承福传》。
[4] 《顺宗实录》卷二，第2841页。

其次，韩愈一向以继承儒家道统为信念，那么佛教思想对儒家理念的冲击自然也是他重点批评的对象，"非痴非狂谁氏子，去入王屋称道士。白头老母遮门啼，挽断衫袖留不止。翠眉新妇年二十，载送还家哭穿市。"[1]想要消灭韩愈眼中佛老的影响与危害，就必须建立道统，证明儒学的传授渊源与中华民族文化传统的密切关系。[2]郑建钟曾提到，在韩愈所处的时代，儒释道三家都在讲道德，但是他们每家对道德内容的界定却大为不同。韩愈对儒家道德给出的一个新命题即"仁与义为定名，道与德为虚位"，也就是说，韩愈并没有如宋儒那般把仁义所代表的儒家"天理"突显与确立起来，但正是因为他区分了"道德"与"仁义"的不同地位，而出现了完全不同于以往排佛、反对僧权诸如"政治及经济、功利主义、文化优越感与道德"等论点新趋向。毕竟，要确立儒学在社会层面的价值主导地位，首要的就是要从儒学自身构建起足可以支撑其学说的内在理路。[3]简单地说，韩愈通过将自身对规则之渴望与儒家伦理"仁义定名"之间的结合，完成了其反佛目标的深化与统一。佛教对秩序的破坏乃是一种抽象性的原则破坏，这要比其他具体的规则失序严重得多。从这个角度来看，韩愈的反佛思想并非完全缺乏理论根基而仅仅停留在所谓反迷信、维护统治的层面，相反，他为自己内心所渴望的规则找到了一个哲学伦理层面的根基，即儒家的"德礼"秩序。而佛教对这种"德礼"秩序的破坏乃是一种形而上的破坏，这就必然引发韩愈在理论层面的反感与愤怒。也许正是佛教思想这一抽象的对手，成为韩愈心中"规

---

[1]（唐）韩愈：《谁氏子》，第546页。
[2] 卞孝萱等：《韩愈评传》，南京大学出版社2011年版，第275页。
[3] 郑建钟、袁利："论韩愈排佛的二层维度"，载《太原理工大学学报（社会科学版）》2010年第4期。

则失序"的罪责所指向的对象。

这种"罪责观"的逐步形成,在韩愈被贬潮州之后的思想心态中也有鲜明表现。首先可以确定的是,韩愈在受贬之后的认罪忏悔态度是比较强烈的。"臣以狂妄戆愚,不识礼度,上表陈佛骨事,言涉不敬,正名定罪,万死犹轻。"[1]在被贬初期的一些诗文中也可以明显地感受到这种情绪:"千以高山遮,万以远水隔。吾君勤听治,照与日月敌。"[2]"而我抱重罪,孑孑万里程。亲戚顿乖角,图史弃纵横"。[3]但韩愈承认的罪过并不在于谏迎佛骨本身,这是没有过错的,韩愈也始终没有承认这是过错,更不会以此认为罪重。他认为自己的过错在于上谏时没有考虑好上谏的方式态度,过于冲动而失分寸,讲了些不该对皇上讲的、有失礼节的,进而冒犯皇上的历史实话。[4]韩愈口中对罪责的"深刻反省"可能与韩愈谨慎的性格也有很大的关系,当然还包含对罪死于瘴疠之地的恐惧,但更主要的是对自己犯颜直谏之形式的深刻反省。[5]"我昔实愚蠢,不能降色辞。子犯亦有言,臣犹自知之。"[6]但他的反省绝不意味着他改变其原有的反佛立场,如在《潮州请置乡校牒》中他再次强调要"排异端而宗孔氏",[7]或有人对他与僧大颠接触而质疑他的立

---

[1] (唐) 韩愈:《潮州刺史谢上表》。
[2] (唐) 韩愈:《路傍堠》。
[3] (唐) 韩愈:《食曲河驿》。
[4] 吴在庆:"韩愈在潮州的思想心态考论——以《潮州刺史谢上表》为中心",载张清华、陈飞主编:《韩愈与中原文化》,学苑出版社2005年版,第222页。
[5] 有学者指出,宪宗对韩愈的恼怒除了出于其反佛指向,态度狂妄才是更重要的原因。可参见庄青:"韩愈果真是'三贬三变'吗?",载韩愈学术讨论会组织委员会:《韩愈研究论文集》,广东人民出版社1988年版,第57—58页;阎琦:"元和末年韩愈与佛教关系之探讨",载方烈文等主编:《韩愈研究》(第2辑),广东高等教育出版社1998年版,第23—24页。
[6] (唐) 韩愈:《除官赴阙至江州寄鄂岳李大夫》。
[7] (唐) 韩愈:《潮州请置乡校牒》。

场转变时，他也专门予以解释，"假如释氏能与人为祸祟，非守道君子之所惧也，况万万无此理。且彼佛者果何人哉？其行事类君子耶？小人耶？若君子也，必不妄加祸于守道之人；如小人也，其身已死，其鬼不灵。天地神祇，昭布森列，非可诬也……且愈不助释氏而排之者，其亦有说……天地鬼神，临之在上，质之在旁，又安得因一摧折，自毁其道，以从于邪也！"。[1]可见，虽然此时韩愈对佛教的批评要较之先前柔和一些，但基本的矛盾指向仍然没有变化。从某种程度上说，韩愈《谏迎佛骨表》所使用的言辞不当也是一种规则失序，即他的过于"狂直"就是对皇帝的"不敬"，有悖于君臣伦常，是"不识礼度"之表现，[2]这与佛教对儒家伦理的破坏可以说是有一定共通之处的。因此，韩愈能够将自身谏迎佛骨之罪与佛教之罪进行剥离，这与当年阳山之贬时的恐慌、疑惑、怨愤已有了明显的区分。[3]

三、对儒家"礼"秩序的终极维护

在以往的研究中，学界通常认为韩愈的反佛思想与唐代其他的反佛言论相比，并没有什么特别出彩的地方，"以其纯为文人，率乏理论上之建设，不能推陈出新，取佛教势力而代之也，此则其不逮宋儒远矣"。[4]这种观点固然有一定的道理，但正如上文所言，韩愈的反佛并不是为了反佛而反佛，其背后隐藏了

---

[1] （唐）韩愈：《与孟尚书书》。

[2] 杨子怡：《韩愈刺潮与苏轼寓惠比较研究》，巴蜀书社2008年版，第196页。

[3] 沈文凡教授也曾提到韩愈本人对待两次重大贬谪的心态迥不相侔，详见沈文凡、张德恒："韩愈贬潮心迹考论——从比较昌黎《论佛骨表》与傅奕《请除释教》"，载《兰州大学学报（社会科学版）》2011年第1期。

[4] 汤用彤：《隋唐佛教史稿》，中华书局1982年版，第40页。

对儒家伦理道德的构建。也就是说,韩愈的反佛或许只是一种自然而然的路径选择,其真正的目的是对儒家"德礼"价值体系的维护。

如韩愈在上《论佛骨表》前后[1]曾作《处州孔子庙碑》一文,其中提到"自天子至郡邑守长通得祀而遍天下者,唯社稷与孔子焉。"[2]张培锋先生认为,当时崇佛、崇道之势大有超越崇儒的趋势,儒学实际上极为衰微,此为当时的现实状况。韩愈厘定自尧舜至孔孟的九祖道统,意在明确儒家道统的一脉相承与历史久远,使儒家道统之"尊"皆能如孔子一样"用王者礼",以对抗当时已然"用王者礼"的佛教祖统,这才是韩愈提出儒家道统的真实用心。[3]再如韩愈在潮州时与僧大颠的接触,僧大颠属于典型的禅宗僧人,范文澜先生曾论及,"禅宗在行动上和言论上都起了破坏佛教的作用",[4]这里所谓的"破坏",其实就是禅宗儒家化的一种指代。禅宗对儒家伦理的吸收以及自行劳作的存在形式恰恰是韩愈对佛教批评最为集中两点的实质性自我修正,那么大颠与韩愈的"反佛"便存在了契合之处,因此两者的交往也就不那么难以理解了。当然,在当时的时代背景下,双方对这种思想变迁的敏感可能远不如后人强烈,所以这种交往还只是停留在"虽不尽解,要自胸中无滞碍,以为难得,因与来往"[5]的阶段。如

---

[1] 对《处州孔子庙碑》的创作时间学界有不同见解,一说为元和十三年(公元818年),一说为元和十五年(公元810年),可参见屈守元、常思春主编:《韩愈全集校注》,四川大学出版社1996年版,第2430—2432页。

[2] (唐)韩愈:《处州孔子庙碑》。

[3] 张培锋:"韩愈道统论与唐代佛教祖统关系考论",载张清华、陈飞主编:《韩愈与中原文化》,学苑出版社2005年版,第258页。

[4] 范文澜:《中国通史简编》,人民出版社1965年版,第619页。

[5] (唐)韩愈:《与孟尚书书》。

果要将其扩展为对自身价值体系的修正，无疑是有扩大解释之嫌，而韩愈眼中佛教破坏儒家伦理之罪最主要的部分还是对社会等级秩序（即君、臣、民立身行事及其相互关系的准则）[1]的破坏。

> 是故君者，出令者也；臣者，行君之令而致之民者也；民者，出粟米麻丝，作器皿，通货财，以事其上者也。君不出令，则失其所以为君；臣不行君之令而致之民，则失其所以为臣；民不出粟米麻丝，作器皿，通货财，以事其上，则诛……其文：《诗》《书》《易》《春秋》；其法：礼、乐、刑、政；其民：士、农、工、贾；其位：君臣、父子、师友、宾主、昆弟、夫妇；其服：麻、丝；其居：宫、室；其食：粟米、果蔬、鱼肉。其为道易明，而其为教易行也。[2]

这种维护儒家礼制的思想在韩愈的许多作品中都有集中的表达，如贞元八年（公元792年）《明水赋》"古者圣人之制祭祀也，必主忠敬"，[3]贞元十九年（公元803年）《禘祫议》"夫礼有所降，情有所杀。是故去庙为祧，去祧为坛，去坛为墠，去墠为鬼，渐而之远，其祭益稀。"[4]元和十三年（公元818年）《改葬服议》"易之与戚，则易固不如戚矣；虽然，未若合礼之为懿也。俭之与奢，则俭固愈于奢矣；虽然，未若合礼之为懿也。"[5]等等，可以说几乎贯穿了他的一生而未曾改变。当然，韩愈所倡导的这种等级秩序又并不仅仅局限在君君

---

[1] 何法周著：《韩愈新论》，河南大学出版社1988年版，第89—90页。
[2] （唐）韩愈：《原道》。
[3] （唐）韩愈：《明水赋》。
[4] （唐）韩愈：《禘祫议》。
[5] （唐）韩愈：《改葬服议》。

臣臣、父父子子的层面，和上文中所提到的他的反佛指向一样，他所主张的是社会各个阶层应各行其道而不能任意逾越。以下以他在元和五年（公元810年）任河南令后处理的一起不法军人案为例：

> 人有告人辱骂其妹与妻，为其长者，得不追而问之乎？追而不至，为其长者，得不怒而杖之乎？坐军营操兵守御、为留守出入前后驱从者，此真为军人矣。坐坊市卖饼又称军人，则谁非军人也？愚以为此必奸人以钱财赂将吏，盗相公文牒，窃注名姓于军籍中，以陵驾府县。此固相公所欲去，奉法吏所当嫉，虽捕系杖之，未过也。[1]

不难看出，韩愈对案件的分析虽然是以"人有告人辱骂其妹与妻"为发端，但实质上所要打击的是伪滥军人。这和他对伪滥僧的打击可以说是一脉相承，其背后体现的是韩愈对社会管理规范化的一种渴望与提倡。[2]再如韩愈对其诗友卢仝与邻家恶少之间纠纷案的处理，"昨晚长须来下状，隔墙恶少恶难似。每骑屋山下窥阚，浑舍惊怕走折趾。凭依婚媾欺官吏，不信令行能禁止。"[3]除了对弄虚作假的反感，韩愈还特别强调他在道德伦理层面的考量。值得注意的是，正是因为韩愈将其内心所渴望的规则上升到了"礼"的层面，所以在一些情理与法制冲突的情况发生时，其间的矛盾由此浮现，如在讨论复仇问题的法律规制时他采取了调和折中态度。

---

[1] （唐）韩愈：《为河南令上留守郑相公启》。
[2] 此案背后还可能涉及群臣与宦官之间的政治博弈，可参见罗联添编：《韩愈研究》，天津教育出版社2012年版，第68—69页。
[3] （唐）韩愈：《寄卢仝》。

第十一章 韩愈的犯罪学学说

盖以为不许复仇,则伤孝子之心,而乖先王之训。许复仇,则人将倚法专杀,无以禁止其端矣……丁宁其义于经,而深没其文于律者,其意将使法吏一断于法,而经术之士得引经而议也……然则杀之与赦,不可一例,宜定其制曰:"凡有复父仇者,事发,具其事申尚书省,尚书石议奏闻。酌其宜而处之,则经、律无失其指矣。"[1]

对儒家"礼"之秩序与法之准则的权衡冲突在韩愈晚年的"释台参"事件中有非常戏剧性的表达。长庆三年(公元823年),韩愈由吏部侍郎转任京兆尹,穆宗特别下诏:"朕屈韩愈公为尹,宜令无参御史,不得为故常,兼御史大夫用优之"。[2] 所谓的"参御史"是唐代对文武百官与御史台官员之间在礼节上的一种规定,"应文武朝参官新除授,及诸道节度、观察、经略、防御等使,及入朝赴镇,并合取初朝谢日,先就廊下参见台官,然后赴正衙辞谢"。[3] 那么穆宗特诏韩愈可以"无参御史"明显就是一种礼遇行为,但宰相李逢吉却利用了这一问题而挑起了一场政治斗争,[4]"时宰相李逢吉恶李绅,欲逐之,遂以愈为京兆尹、兼御史大夫,特诏不台参,而除绅中丞。绅果劾奏愈,愈以诏自解,其后文刺纷然。宰相以台、府不协,遂罢为兵部侍郎,而出绅江西观察使。"[5] 笔者无意讨论当时牛李党政的政治背景,而仅看韩愈对此事件的反映及说辞。"台参实奏云:容桂观察使带中丞尚不台参;京尹郡国之首,所管神州

---

[1] (唐)韩愈:《复仇状》。
[2] 《全唐文》卷六百八十七《韩愈神道碑》,第4153页。
[3] 《唐会要》卷二十五《杂录》,第475页。
[4] 严正道:"论台参之争与牛李党争",载《石河子大学学报(哲学社会科学版)》2012年第3期。
[5] 《新唐书》卷一百七十六《韩愈》,第5264页。

赤县，官带大夫，岂得却不如，事须台参？圣恩以为然，便令宣与李绅不用。台参亦是何典故？"[1]按照韩愈对相关礼制的理解，其本身已经不在适用台参之列，[2]更何况穆宗还有明确敕令，因此李绅的诉求完全是无理取闹。但事情的发展或许有些过于激烈，"李绅为御史中丞，械囚送府，使以尹杖杖之。公曰：安有此？使归其囚"，[3]"先生脱囚械纵去"。[4]韩愈为了维护自己释台参的"礼"之尊严，甚至不惜"脱囚械纵去"，可见其对等级伦理的维护可能远高于对具体犯罪的憎恶。而这里也再次体现了韩愈对于犯罪的思想观念中的矛盾之处。一方面，他对世道不公充满了发自内心的激愤，"自古贤者少，不肖者多。自省事以来，又见贤者恒不遇，不贤者比肩青紫；贤者恒无以自存，不贤者志满气得；贤者虽得卑位，则旋而死，不贤者或至眉寿。不知造物者意竟如何，无乃所好恶与人异心哉？"[5]另一方面，他也在以自身的价值理念积极地通过努力来改变现实中的诸多规则失序问题。但这种植根于儒家"德礼"秩序的价值理念本身就存在着一定的位阶冲突，这导致了在论及具体问题时不可避免的现实困境。

综上所述，可能是因为其早年生活的环境与经历，韩愈心中的罪责指向从根本上说是一种规则失序，而佛教对儒家伦理的破坏为韩愈提供了一个将其心中"规则失序"哲学伦理化的契机。在其"反佛"思想的发展中，其对儒家"德礼"秩序的

---

[1] （唐）韩愈：《京尹不台参答友人书》。
[2] 有学者曾对韩愈反驳理由的效力进行具体分析，可参见杨志玖："释'台参'并论韩愈和李绅争论"，载《社会科学战线》1982年第3期。
[3] 《全唐文》卷六百三十九《故正议大夫尚书吏部侍郎上柱国赐紫金鱼袋赠礼部尚书韩公行状》，第3814页。
[4] 《全唐文》卷六百八十七《韩愈神道碑》，第4153页。
[5] （唐）韩愈：《与崔群书》。

维护与佛教在一定程度上有悖儒家道德的现实相互叠加,从正反两个方面进一步深化了韩愈心中"罪责"观的确立。相对应地,"礼制"位阶下的罪责在韩愈思想中也就自然而然地存在了些许因事而异的层级差异。

第十二章
白居易有关罪的学说

白居易（公元772年—公元846年），字乐天，号香山居士，祖籍太原，到其曾祖父时迁居下邽，生于河南新郑。唐德宗贞元十六年（公元800年）中进士，授秘书省校书郎。唐宪宗元和年间任左拾遗及左赞善大夫。元和十年（公元815年），宰相武元衡被平卢节度使李师道派人刺死，白居易因上表急请严缉凶手而得罪权贵，被贬为江州司马，后量移忠州刺史。唐穆宗长庆初年任杭州刺史，唐敬宗宝历元年（公元825年）改任苏州刺史，后官至刑部尚书。唐武宗会昌六年（公元846年）卒，终年75岁。

一、激进民本主义背后的君之"责"

诚如学界在论述白居易早期思想时候经常使用的"激进民本主义"标签，仁民爱物的思想在其早期的讽喻诗里可以说随处可见。如《观刈麦》中"家田输税尽，拾此充饥肠"，[1]《杜陵叟》中"剥我身上帛，夺我口中粟。虐人害物即豺狼，何必钩爪锯牙食人肉？"[2]等等。其许多政论也以民本主义为着眼

---

[1]（唐）白居易：《白居易集》卷一《观刈麦》，中华书局1999年版，第5页。（本书以下相关内容均出自此版本）
[2]《白居易集》卷四《杜陵叟》，第79页。

第十二章 白居易有关罪的学说

点。如批评贫民因欠官债被囚至死不放,甚至父死子代的刑狱制度,"今前件囚等欠负官钱,诚合填纳,然以贫穷孤独,唯各一身,债无纳期,禁无休日,至使夫见在而妻嫁,父已亡而子囚。"[1]这种对乱世艰辛、生活苦难的描述使得为民请命成为其早期思想的主线索。

或许正是由于其对底层百姓的同情,相应地他勇于直谏的性格也极为突出。如《论于頔裴均状》中认为于頔等人"皆欲仰希圣恩,傍结权贵。上须进奉,下须人事,莫不减削军府,割剥疲人";[2]《论王锷欲除官事宜状》中指责王锷"在镇日,不恤凋残,唯务差税,淮南百姓,日夜无憀"。[3]虽然勇于直谏是一种良好品质,但有时在具体的问题上或许就显得他过于尖锐。如进奉问题在当时虽然已是众所周知的弊政,但与此同时也在财政上保证了武力削藩的进行,而白居易在此时的猛烈抨击就多少显得有些"里外不讨好"。再如在元和四年(公元809年)吐突承璀统军出师的问题上,其言辞的决绝与激进可谓表露无遗。

> 臣前后已献三状,不啻千言,词既繁多,语亦恳切。陛下若以臣所见非是,所言非忠,况以尘黩不休,臣即合便得罪;若以臣所见为是,所言为忠,则陛下何忍知是不从,知忠不纳。不然,则臣合得罪;不然,则陛下罢兵。伏望读臣此状一二十遍,断其可否,速赐处分。臣不胜负忧待罪恳迫兢惶之至,谨奏。[4]

---

[1] 《白居易集》卷五十九《奏阌乡禁囚状》,第1246页。
[2] 《白居易集》卷五十八《论于頔裴均状》,第1233页。
[3] 《白居易集》卷五十八《论王锷欲除官事宜状》,第1240页。
[4] (唐)白居易:《请罢兵第三状》。

当时元和逆党与宦官集团之间的矛盾已经非常尖锐，宪宗用兵成德，除了军事决策上的整体考量，更主要的是为了加强吐突承璀集团的势力，抑制元和逆党。因而此时白居易一而再地激烈上书，自然会引发宪宗的不满与反感。[1]这些言论从各个角度展现了白居易在这一时期鲜明的法制观念、浓厚的儒家思想以及突出的人文精神，也暴露出其主张上的尖锐性与不妥协性，这就使得他在罪责指向上具有强烈的压迫性，让人难以接受。

更为突出的是，白居易虽然有许多抨击官僚阶层腐败的论述，但从根本上他往往将对君主的要求作为其激进民本主义的最终落脚点。如他在批评官员"浚我以求宠，敛索无冬春"[2]的同时，还会将问题的根源指向最高统治者，"盖君好则臣为，上行则下效，故上苟好奢，则天下贪冒之吏将肆心焉，上苟好利，则天下聚敛之臣将实力焉"。[3]在其眼中，官吏只不过是君主行使统治权的一个代理层而已，"天下之耳，尽为陛下听，天下之目，尽为陛下视。明其视则举不失德，广其听则野无遗贤，而后宫得其才，事得其序。"[4]从某种意义上说，君主才是最终的决策者，官吏的职责是为君主的决策提供切实可行的建议，"岂不以自古以来，君虽有得，未有愎谏而理者也，况其有失乎？臣虽有失，未有从谏而乱者也，况其有得乎？"。[5]因此，虽然他很强调君臣之间的合作与互动，但官吏并不是其"罪"

---

[1] 傅绍磊："白居易的民本思想与政治主张"，载《中华文化论坛》2014年第11期。
[2] 《白居易集》卷二《秦中吟·重赋》，第31页。
[3] 《白居易集》卷六十三《人之困穷由君之奢欲》，第1315页。
[4] 《白居易集》卷六十三《请行赏罚以劝举贤》，第1325页。
[5] 《白居易集》卷六十五《纳谏》，第1372页。

第十二章　白居易有关罪的学说

的根本指向,"言者无罪闻者诫,下流上通上下泰。"[1]至于民众则更像是君主之"罪"的一个被动的载体,本身缺乏"罪"的能动性意义。

> 是以财产不均,贫富相并,虽尧舜为主,不能息忿争而省刑狱也;衣食不充,冻馁并至,虽皋陶为士,不能止奸宄而去盗贼也。若失之于本,求之于末,虽圣贤并生,臣窃以为难矣……必欲端影于表,澄流于源,则在乎富其人,崇其教;开其廉耻之路,塞其冤滥之门,使人内乐其生,外畏其罪,则必过犯自省,刑罚自措。[2]

因此,预防与改善"贫困思邪而多罪"之民众的任务归宿就落到了君主的身上。"伏惟陛下大推爱人之诚,广喻称善之旨,厚其生业,使俗知耻格,举以贤德,使国无幸人,自然廉让风行,奸滥日息"。[3]他认为,民众犯罪的发生与否似乎与君主自体的责任承担有着直接的联系,"君之躁静,为人劳逸之本,君之奢俭,为人富贫之源……盖百姓之殃,不在乎鬼神,百姓之福,不在乎天地,在乎君之躁静奢俭而已。"[4]在白居易眼中,君主的自律与对民众的教化二者是相辅相成的。有学者在分析《长恨歌》时称,其"一方面,提醒后世的统治者应躬亲朝政,励精图治,不要重蹈覆辙,再酿祸端;另一方面,又试图通过李、杨之间的真挚爱情告诉后人,应两情相依,白头偕老,不要见异思迁,始乱终弃。前者是为了告诫统治者,后

---

[1] 《白居易集》卷四《采诗官-监前王乱亡之由也》,第90页。
[2] 《白居易集》卷六十五《止狱措刑》,第1356页。
[3] 《白居易集》卷六十五《去盗贼》,第1359页。
[4] 《白居易集》卷六十三《人之困穷由君之奢欲》,第1315页。

者是为了教化人民"。[1]在这种逻辑下,白居易早期许多作品都是从对君主的道德要求角度而阐发,如《海漫漫-戒求仙也》《八骏图》《红线毯》《缭绫》等篇主要告诫帝王要约束自身的欲望以防对民众造成过多的侵扰;《古冢狐-戒艳色也》《胡旋女》《李夫人》等篇是敬告宪宗不要过度沉溺于女色;《骊宫高》《牡丹芳》《百炼镜》等篇则是激励君主不能自满于现阶段取得的功绩,还应继续广施仁政善待百姓。如陈寅恪先生所言,"专陈祖宗王集之艰难以示其子孙。易言之,即铺陈太宗创业之功绩,以献谏于当日之宪宗,所谓'采诗''讽谏''为君'诸义,实在于是"。[2]正因如此,白居易的讽喻诗与谏章很容易引起帝王以及群臣的反感与抵触,这也为后来的江州之贬埋下了伏笔。

二、江州之贬的具体"罪状"

在以往对白居易思想发展历程的研究中,通常将元和十年(公元815年)的江州之贬作为其思想转型的重要节点。但也有学者对此存有异议,[3]更有学者认为白居易的思想由积极进取向消极退藏的转变并不是在某一短暂的时间点上完成的,而是经历了十三年左右的时间流程。[4]笔者并不否认个人思想的转变并非一朝一夕之事,但江州之贬对白居易所造成的重大影响的确不容忽视。元和中期,淮蔡吴元济、镇州王承宗及淄青李

---

[1] 申屠平:"管窥《长恨歌》",载《浙江经专学报》1998年第2期。
[2] 陈寅恪:《元白诗笺证稿》,生活·读书·新知三联书店2001年版,第135页。
[3] 可参见王谦泰:"论白居易思想转变在卸拾遗任之际",载《文学遗产》1994年第6期;张安祖:"论白居易的思想创作分期",载《求是学刊》1996年第1期。
[4] 尹富:"白居易思想转变之再探讨",载《求索》2004年第1期。

师道勾结叛唐，元和十年（公元815年）六月三日，王承宗派刺客刺杀主战派宰相武元衡、刺伤御史中丞裴度，随即引起轩然大波。时任太子左赞善大夫的白居易率先上疏，请求逮捕凶犯予以严惩，但却遭致反战派宰相张弘靖、韦贯之等人的反感与排斥。

元和十年（公元815年）七月，[1]盗杀宰相武元衡，居易首上疏论期冤，急请捕贼以雪国耻。宰相以宫官非谏职，不当先谏官言事。会有素恶居易者，掎摭居易，言浮华无行，其母因看花堕井而死，而居易作《赏花》及《新井》诗，甚伤名教，不宜置彼周行。执政方恶其言事，奏贬为江表刺史。诏出，中书舍人王涯上疏论之，言居易所犯状迹，不宜治郡，追诏授江州司马。[2]

绥靖派对白居易的攻击主要出于两方面的原因：一是越权言事，二是其作品有"不孝"之嫌。对于越权言事的问题，顾学颉称《唐六典》《唐会要》、两《唐书》以及唐律、唐人笔记等史料中均无明确记载，[3]且白居易本人也曾对此提出反驳，"皆曰丞郎、给舍、谏官、御史尚未论请，而赞善大夫何反忧国之甚也？仆闻此语，退而思之，赞善大夫诚贱冗耳，朝廷有非常事，即日独进封章，谓之忠，谓之愤，亦无愧矣，谓之妄，谓之狂，又敢逃乎？且以此获辜，顾何如耳？况又不以此为罪名乎？"。[4]可见此一理由并非定制，缺乏足够的依据支撑。

---

[1] 参照其他史料，盗杀武元衡事情实际发生于元和十年（公元815年）六月。

[2] 《旧唐书》卷一百一十六《白居易》，第4345页。

[3] 顾学颉："白居易贬谪江州的前因后果"，载《武汉大学学报（社会科学版）》1981年第3期。

[4] 《白居易集》卷四十四《与杨虞卿书》，第947页。

至于所谓"不孝"的指责，似乎也有些"强加之罪"的意味，宋人陈振孙《白文公年谱》引唐高彦休《唐阙史》载"公母有心疾"，"或发或瘳，常恃二壮婢，厚给衣食，俾扶卫之，一旦稍怠，毙于坎井"，"凡曰坠井，必悬恨也，陨获也；凡曰看花，必怡畅也，闲适也。安有怡畅闲适之际，遽致颠沛废坠之事？乐天长于情，无一春无咏花之什，因欲黻藻其罪。又验《新井》篇，是尉周至时作，隔官三政，不同时矣"。[1]况且白居易在其《百道判》中的第一道即描述去妻以子荫赎罪的孝道问题，"二姓好合，义有时绝；三年生育，恩不可遗。凤虽阻於和鸣，乌岂忘於反哺？……诚鞠育之可思，何患难之不救？……难抑其辞，请敦不匮。"[2]因此白居易会在诗文中触犯如此明显禁忌的可能性微乎其微，这种不孝之罪的指责也极为勉强。不过需要指出的是，白居易的身世可能确实存在着有违礼法的把柄，如其父母是否为亲舅甥曾引起众多史家之争论，[3]陈寅恪先生分析认为白居易父母婚配之所以有悖于礼法人情，与其先世出自域外之胡姓有关。[4]而政治斗争中有人以"不孝"问题对他进行攻击或许正击中了其内心的薄弱之处，由此导致对其后半生仕途上的进退及思想转变影响极大。[5]

由此可见，以上两点虽然在名义上是这次左迁的法定理由，但此前周围人郁积已久的憎恶和嫉妒似乎才是其被逐放江州的根

---

[1]《白香山诗集》附《白文公年谱》，文渊阁四库全书影印本。
[2]《白居易集》卷六十六《得甲去妻后妻犯罪请用子荫赎罪甲怒不许》，第1378页。
[3] 对此问题可参见蹇长春：《白居易评传》，南京大学出版社2011年版，第27—36页；张中宇：《白居易〈长恨歌〉研究》，中华书局2005年版，第225—228页。
[4] 陈寅恪：《元白诗笺证稿》，生活·读书·新知三联书店2001年版，第316—317页。
[5] 蹇长春：《白居易评传》，南京大学出版社2011年版，第33页。

第十二章 白居易有关罪的学说

本原因。[1]白居易本人对于横遭斥逐的原因也持这种观点。

> 然仆始得罪于人也,窃自知矣。当其在近职时,自惟贱陋,非次宠擢,夙夜腼愧,思有以称之。性又愚昧,不识时之忌讳,凡直奏密启外,有合方便闻于上者,稍以歌诗导之,意者欲其易入而深戒也。不我同者,得以为计,媒孽之辞一发,又安可君臣之道间自明白其心乎?加以握兵于外者,以仆洁慎不受赂而憎,秉权于内者,以仆介独不附己而忌,其馀附丽之者,恶仆独异,又信狺狺吠声,唯恐中伤之不获。以此得罪,可不悲乎?[2]

这种反思的结果是此次江州之贬似乎并没有明确的"罪因",而仅仅因为人际关系的错综复杂,或者说是朋党之争的必然产物。同样以其最具代表性的作品《长恨歌》为例,有学者认为,在白居易眼中,杨玉环对于安史之乱是没有罪责的,不过是上层统治势力之间的倾轧争斗的替罪羊,"诗人重笔写这群君臣内心愧之深、惭之深和负疚之深,从而明显地流露出诗人对于杨贵妃无辜惨死的深切同情",[3]这与其本人在江州之贬当中所处的境地有着异曲同工之妙。这也意味着白居易早期基于民本主义对"罪"的批判,也就是其原本对社会各种问题进行指责的行为本身变成了一种不可为之的"罪"。也正是因为这次打击,使得他的思想倾向有了大幅度的转变,从此"宦途自此心长别,世事从今口不言。"[4]

---

[1] [日]静永健著,刘维治译:《白居易写讽谕诗的前前后后》,中华书局2007年版,第162页。
[2] 《白居易集》卷四十四《与杨虞卿书》,第947页。
[3] 杨尊白、邓韶玉:"《长恨歌》究竟表现什么",载《长沙水电师院学报(社会科学版)》1990年第3期。
[4] 《白居易集》卷十六《重题》,第343页。

但有学者认为，白居易早期的思想具有二重性，如"偶献子虚登上第，却吟招隐忆中林。春萝秋桂莫惆怅，纵有浮名不系心。"〔1〕这似乎为他后来的处世态度之所以由"兼济"而蜕变为"独善"埋下伏笔。〔2〕而江州之贬则是思想转型的重要契机，或许被贬之初的白居易更多的是内心愤恨，如刚到江州不久所作的《与元九书》开篇即提到，"今俟罪浔阳……既而愤悱之气，思有所泄，遂追就前志，勉为此书"。〔3〕但这种愤懑之情在宗教思想的融合下被逐渐内化，"壮日苦曾惊岁月，长年都不惜光阴。为学空门平等法，先齐老少死生心。"〔4〕再加之酒精的麻痹，"两鬓千茎新似雪，十分一盏欲如泥。酒狂又引诗魔发，日午悲吟到日西。"〔5〕原本的愤怒逐步退化为内省，其思想中关于"罪"的认知也随之发生了巨大的位移。

三、命运之"罪"的虚无主义倾向

在江州之贬事件中，有一个细节非常值得关注，即时任中书舍人的王涯与白居易本有私交，在元和三年（公元808年）的制策案中，王涯的外甥皇甫湜同制举人牛僧孺、李宗闵因直言时事，触怒了宰相李吉甫，李吉甫泣诉于上，致使考策官杨于陵、韦贯之，覆策官裴垍、王涯等皆坐贬。白居易也是当时的覆策官之一，还曾上《论制科人状》为之辩护，"唯秉至公，以为取舍，虽有仇怨不敢弃之，虽有亲故不敢避之，唯求直言以副圣意。故皇甫湜虽是王涯外甥，以其言直合取，涯亦不敢以私嫌自避"，"若以臣此言理非允当，以臣覆策事涉乖宜，则臣等见

---

〔1〕《白居易集》卷十三《及第后忆旧山》，第269页。
〔2〕蹇长春：《白居易评传》，南京大学出版社2011年版，第63页。
〔3〕《白居易集》卷四十五《与元九书》，第960页。
〔4〕《白居易集》卷十五《岁暮道情二首》，第319页。
〔5〕《白居易集》卷十七《醉吟二首》，第365页。

在四人，亦宜各加黜责，岂可六人同事，唯罪两人？"[1]。从这个事件看来，白居易似乎有恩于王涯舅甥二人，但在白居易被"奏贬江表刺史"之时，王涯竟然上疏"居易所犯状迹，不宜治郡，追诏授江州司马"，王涯不但没有伸出援手，还对其进行落井下石。王涯的"恩将仇报"与白居易后来思想中"罪"的内化性转变似乎也有一定的影响。

该制策案的另一个后果就是中唐漫长的朋党之争，白居易虽然无心卷入，但却身不由己。元和十五年（公元820年），由于朝中权力结构和人际关系的变化，白居易结束了六年的贬谪生涯，得以除尚书刑部司门员外郎，但这似乎并没有给他带来巨大的释放，内心的悲怆情绪也是有增无减，"恻恻复恻恻，逐臣返乡国。前事难重论，少年不再得。泥涂绛老头班白，炎瘴灵均面黎黑。六年不死却归来，道著姓名人不识。"[2]而他重回仕途的一个重要原因是出于经济方面的考量，"唯惭老病披朝服，莫虑饥寒计俸钱。"[3]"非无解挂簪缨意，未有支持伏腊资。"[4]更为嘲讽的是，回朝的白居易也许没有想到自己会再次被推到朋党之争的风口浪尖。他因担任长庆元年（公元821年）钱徽一榜之覆试的考覆官，又一次面临对峙双方的激烈较量。可能正是因为他本人心境已然发生了较大的改变，所以他尽量小心地维持公正以避免开罪任何一方，"伏以陛下虑今年及第进士之中，子弟得者侥幸，平人落者受屈，故令重试重考，乃至公至平，凡是平人，孰不庆幸？……自受命已来，夙夜惶惧，实忧愚昧，不副天心……如此则进士等知非而愧耻，其父兄等

---

[1]《白居易集》卷五十八《论制科人状》，第1232页。
[2]《白居易集》卷十八《恻恻吟》，第396页。
[3]《白居易集》卷十九《早朝思退居》，第403页。
[4]《白居易集》卷十九《答山侣》，第403页。

感激而戴恩，至于有司，敢不惩革？臣等皆蒙宠擢，又忝职司，实愿裨补圣明，敢不罄竭肝胆？"。[1]但其个人所能做的仅仅是尽可能地小心谨慎以远离各种明争暗斗，而时局的漩涡远非人力所能改变。长庆二年（公元822年），好友元稹罢相出为同州刺史，对纷繁复杂的人际关系心生畏惧的白居易随即要求外任，于七月初罢中书舍人，同月十四日诏除杭州刺史。除了对朋党之争的躲避，还有一件事似乎将他残存不多的心力消磨殆尽，此时幽州朱克融、镇州王庭凑叛乱尤为严峻，白居易上《论行营状》对用兵事宜提出具体意见，但没有得到任何回复。各种因素的结合，让他厌倦仕途的消极情绪在某种程度上走向了一种类似虚无主义的境地，"终须抛爵禄，渐拟断腥膻。大底宗庄叟，私心事竺乾。浮荣水划字，真谛火生莲。梵部经十二，玄书字五千。是非都付梦，语默不妨禅。"[2]这种倾向在大和九年（公元835年）甘露事变之后有着更强烈的表达，"祸福茫茫不可期，大都早退似先知。当君白首同归日，是我青山独往时。顾索素琴应不暇，忆牵黄犬定难追。麒麟作脯龙为醢，何似泥中曳尾龟。"[3]他真真切切地感觉到个人生命在政治的险峰恶浪中是如此的渺小、苍白和无力。

风云变幻的政治势力轮替，极大地改变了白居易原本的价值标准，"昨日延英对，今日崖州去。由来君臣间，宠辱在朝暮。"[4]个人所能做的努力似乎并不能起到其所期待的效果，"我有狂言君试听。丈夫一生有二志，兼济独善难得并。不能救疗生民病，即须先濯尘土缨。况吾头白眼已暗，终日戚促何所

---

[1]《白居易集》卷六十《论重考试进士事宜状》，第1266页。
[2]《白居易集》卷十九《新昌新居书事四十韵因寄元郎中张博士》，第415—416页。
[3]《白居易集》卷三十二《九年十一月二十一日感事而作》，第734页。
[4]《白居易集》卷一《寄隐者》，第25页。

第十二章 白居易有关罪的学说

成。"[1]随着思想层面"由外向的开放实践变为内省的封闭体悟",[2]他对"罪"的认知也逐渐从外向而转为内省,进而陷入一种虚无主义之境,而只能将之归结为不可控之命运,党争势力之间可能并不存在着明确的孰是孰非,时局的剧烈动荡让他失去了评判是非对错的价值基准。

昨日诏下去罪人,今日诏下得贤臣。进退者谁非我事,世间宠辱常纷纷。我心与世两相忘,时事虽闻如不闻。但喜今年饱饭吃,洛阳禾稼如秋云。更倾一尊歌一曲,不独忘世兼忘身。[3]

无论是贫穷富贵都免不了要承担潜在的危险,"贱即苦冻馁,贵则多忧患。"[4]他开始思索人性中的本质问题及命运中的不确定因素,"人间祸福愚难料,世上风波老不禁。"[5]并进而通过个人的自我调解来达到一种相对和谐的内外状态,"慕贵而厌贱,乐富而恶贫。同此天地间,我岂异于人。性命苟如此,反则成苦辛。以此自安分,虽穷每欣欣。"[6]这种思想转变的一个重要变化即原本明确坚定的"罪"之指向产生了虚化,原本稳固的批评根基失去了信念上的支撑。

需要说明的是,白居易后期思想中所展现出对政治生活的心灰意冷与畏惧并不代表着对人民感情的冷淡。如元和十五年

---

[1]《白居易集》卷二十九《秋日与张宾客舒著作同游龙门醉中狂歌凡二百三十八字》,第660页。
[2] 毛妍君:《白居易闲适诗研究》,中国社会科学出版社2010年版,第155页。
[3]《白居易集》卷三十《诏下》,第684页。
[4]《白居易集》卷二十二《中隐》,第490页。
[5]《白居易集》卷二十七《戊申岁暮咏怀三首》,第606页。
[6]《白居易集》卷六《咏拙》,第119页。

（公元820年）他在忠州作《东坡种花二首》，"养树既如此，养民亦何殊。将欲茂枝叶，必先救根株，云何救根株，劝农均赋租。云何茂枝叶，省事宽刑书。"[1]其中休养生息的主张与前期并没有发生重大矛盾。再如长庆二年（公元822年）他还曾就姚文秀打杀妻案上书，认为"今姚文秀怒妻颇深，挟恨既久，殴打狼藉，当夜便死，察其情状，不是偶然，此非故杀，孰为故杀？"[2]，为作为弱势一方的姚妻争论公道。如有论者所言，诗人这种推己及人、悲天悯人的博大胸襟在后期诗作中有时自然流露，与早期那种愤激之言、为民请命的入世情怀是同质异形的。[3]其中"异形"之处即在于，在政治的诡谲变幻中，诗人的价值判断里对民本主义的罪责指向失去了一个明确的目标。作为名义上最高统治者的帝王在现实中受制于朋党、宦官群体的多重制约，而官僚群体之间的争斗似乎永远没有明确的是非对错，只有平民百姓才是永恒的悲情群体。"圃旱忧葵堇，农旱忧禾菽。人各有所私，我旱忧松竹。松干竹焦死，眷眷在心目。洒叶溉其根，汲水劳僮仆。油云忽东起，凉雨凄相续。似面洗垢尘，如头得膏沐。千柯习习润，万叶欣欣绿。千日浇灌功，不如一霢霂。方知宰生灵，何异活草木。"[4]白居易的民本思想从早期的愤然抨击，到后来慢慢转变成了对民众的深沉的同情；从早期对"罪责"的猛烈鞭挞，到后来变成了一种寄托于命运的虚无夙愿。

综上所述，白居易前期的思想中具有明显的激进民本主义倾向，特别是对君主的道德要求成为其法律思想中罪责认知的

---

[1]《白居易集》卷十一《东坡种花二首》，第216页。
[2]《白居易集》卷六十《论姚文秀打杀妻状》，第1273—1274页。
[3] 李敬一："论白居易中后期的关心民生主题诗歌"，载章必功等编撰：《先秦两汉文学论集》，学苑出版社2004年版。
[4]《白居易集》卷二十一《喜雨》，第470页。

显著特征。也正因为此一时期其思想的激进性与性格的直率刚硬，导致在元和十年（公元815年）其在没有明确罪状的情况下被贬江州，思想历程发生了重要转折。在其后期的思想中，他虽然仍存有浓厚的民本主义情怀，但政治局势的诡谲变幻以及宗教思想的融合导致其对"罪"的认知逐渐归因于命运的无常，并呈现出一种内化的虚无主义倾向。

第十三章
释道宣有关罪的学说

释道宣（公元596年—公元667年），俗姓钱，浙江吴兴人，或云丹徒人。父钱申，曾任陈吏部尚书。年十五从长安日严寺智頵律师受业，十六岁出家，受具足戒后师从智首学习律学。原住长安崇义寺，武德七年（公元624年）入住终南山白泉寺，其后又入净业寺、丰德寺，显庆三年（公元658年）被敕任长安西明寺上座。大历二年（公元767年），代宗专门敕令每年从宫内送西明寺道宣师堂香一盒，以为国焚之祷祝。咸通十年（公元869年），左右街僧令霄玄畅等上表懿宗乞请追赠，敕谥道宣曰"澄照"，塔号"净光"。由于道宣所居久在终南山，故后世号其学为"南山律宗"。

一、对戒律形式与宗教理念的融汇

道宣在隋唐诸家判教思想的基础上，创造性地提出了"化教"与"行教"的分类标准。

显理之教，乃有多途，而可以情求，大分为二：一谓化教，此则通于道俗，但泛明因果，识达邪正，科其行业，沉密而难知，显其来报，明了而易述。二谓行教，唯局于内众，定其取舍，立其纲致，显于持犯，决于疑滞。指事曲宣，文无重览之义；结罪明断，事有再科之怨。然则二教循环，非无相滥。举宗以判，理自彰矣。谓内心违顺，托理为宗，则准化教；外用施为，必获身口，便依行教。[1]

简单来说，道宣把属于教理教义方面的佛教经论称为"化教"，因为这种思想性论述的表达是为了通化道俗，开悟众生。相反那些属于行持方面的戒律则为"行教"，主要用于规范教众的行为以实现对戒律的遵循。在当时禅宗思想逐渐兴盛的背景下，终极思想性的教理教义才被视为佛教的本质，而戒律作为外在方式只是达到终极目的的手段。这种忽视持戒意义的倾向必然会导致对戒律的漠视，因此道宣对禅宗任意触犯传统戒规的行为极其不满，故其称"世有定学，妄传风教，同缠俗染。混轻仪迹。即色明空，既谈之于心口；体乱为静，固形于有累。神用没于词令，定相腐于唇吻，排小舍大，独建一家，摄济住持，居然乖僻"。[2]

则为了增强戒律的理论内涵，就必须对戒律本体论进行意义梳理。"夫法者何邪？所谓平准修行，清神洗惑而为趣也。义者何耶？所谓深有所以，千圣不改其仪，万邪莫回其致者也"，[3]如道宣将"戒法"，即具体的戒律及仪轨视为律宗四科（戒法、戒体、戒行、戒相）之首，凸显对戒律外在形式的重视。"言戒法者，语法而谈，不局凡圣，直明此法，必能轨成出离之道。要令受者信知有此，虽复凡圣通有此法。今所受者，就已成而言名为圣法。但令反彼生死，仰厕僧徒，建志要期，高栖累外者，必豫长养此心，使随人成就，乃可秉圣法在怀，习圣行局

---

[1] 《四分律删繁补阙行事钞》序。
[2] 《续高僧传》卷二十一《习禅》，第811页。
[3] （唐）道宣撰：《广弘明集》卷十八《法义篇第四》，团结出版社1997年版，第510页。(本书以下相关内容均出自此版本)

体,故得名为随法之行也"。[1]与此同时,其强调戒律并不是空洞的条文,其意义性需要通过持戒者的行为得以表现,也就是说戒律的实践是戒律的生命来源,"既受得此戒,秉之在心,必须广修方便,检察身口威仪之行,克志专崇,高慕前圣。持心后起,义顺于前,名为戒行"。[2]只有将戒律的文本规定与持戒者的行为表达结合起来,才是对戒律意义的最佳展示,"诠教之文,文虽浩博,撮其大趣,止明持犯。然持犯之境,境通内外。内谓行心之结业,外谓情事之顺达。但令教行相循,始终无犯,则为持也"。[3]

但对戒律本体论进行意义的赋予还有着一个重要的理论困境,即传统以自利与利他为典型区分的大乘与小乘间的区隔。西元前后,大乘佛教兴起,称以往佛教为小乘,它们的戒律也即小乘戒律。大乘佛教虽仍然奉持小乘戒律,同时又制定大乘戒律予以补充,相辅奉行。[4]道宣所倡导的《四分律》是典型的小乘,这在佛教中国化进程中重视大乘的大环境下就显得极为被动,因此对戒律意义的阐述首先还得将大乘小乘之间的界限打通。如道宣极力辩驳将戒律视为小乘进而在价值位阶上忽视戒律意义的观点,"原夫大小二乘,理无分隔对机,设药除病为先故",[5]"是知大小两教,随相摄修,并在离著。岂唯对执。若存此计,与外不殊,半满经论,皆陈此过……世有鄙斯戒者,皆为烦累形神,弊其持犯,故同轻削,指为小道,小可捐也,宜即舍之,矜重情多,缄言无报。诚以摄御门学,非戒

---

[1] 《四分律删繁补阙行事钞》卷上《标宗显德篇第一》。
[2] 《四分律删繁补阙行事钞》卷上《标宗显德篇第一》。
[3] 《四分律删繁补阙行事钞》序。
[4] 杨曾文:"佛教戒律和唐代律宗",载《佛教文化研究》2015年第1期。
[5] 《四分律删繁补阙行事钞》卷中《篇聚名报篇第十三》。

不弘，相善住持，非戒不立，其犹行必涉户，言必有由"。[1]道宣认为，大乘与小乘之间或许存在着进路方式的区分，但并无价值高低的排位，更不可将两者进行人为的二元对立。"或云我是大乘之人，不行小乘之法，如斯者众，非一二三。此则内乖菩萨之心，外阙声闻之行，四仪既无法润，乃名枯槁众生。若此等流，古今不绝，自非持法达士，孰能鉴之者哉。时有学人，运情疏躁，求行者少，求解者多，于制仪门极为浮漫，夫以不修禅那三昧，长乖真智之心，不习诸善律仪难以成其胜行"。[2]在道宣的视角下，戒律本身就应当取众家之长而融会贯通，"若《四分》判文有限，则事不可通行，还用他部之文，以成他部之事。或二律之内，文义双明，则无由取舍，便俱出正法，随意采用"。[3]

但仅强调戒律的价值重要性，仍然无法改变戒律的小乘定位。因为戒律毕竟属于一种行为模式，其缺乏与内心精神层面主观能动性的沟通。因此，想要将戒律与大乘思想进行衔接，就必须强调戒律的精神属性。"境与戒法，既唯一识，唯识即是三谛圆融妙理，境岂不妙，法岂不圆。亦欲受者，识源达本，圆发上心，圆纳三聚，圆成三行。故疏又云：常思此行，即摄律仪，用为法佛，清净心也。此行即小法，律仪即大乘，法佛即果德，即小是大，即因是果，小大因果，即一净心，无差别也。"[4]从这个意义上看，戒律虽然是一种形式化的外在约束，但其针对对象乃是受境缘影响的本心，因此戒律的意义在于帮

---

[1]《续高僧传》卷二十三《明律下》，第889页。
[2]（唐）道宣述：《教诫新学比丘行护律仪》，CBETA 电子佛典集成，T45n1897。
[3]《四分律删繁补阙行事钞》序。
[4]（宋）守一述，行枝编：《终南家业》卷一《教观撮要》，CBETA 电子佛典集成，X59n1109。

助本心的清净,从而与本心产生了直接且实质性的关联。"明戒体者,若依通论,明其所发之业体。今就正显,直陈能领之心相。谓法界尘沙二谛等法,以己要期,施造方便。善净心器,必不为恶。测思明慧,冥会前法。以此要期之心,与彼妙法相应,于彼法上有缘起之义,领纳在心,名为戒体",[1]基于此,戒律也就产生了与"心"相通的色彩,心不仅具有持戒的能动性,还具有决定的作用,只要有衷心地护持之意,便能自然产生持戒的结果。[2]

由无惭愧初无改悔,是不善心,故成论害心杀蚁,重于慈心杀人。由根本业重,决定受报纵忏堕罪,业道不除。如《十诵》,调达破僧犯偷兰已,佛令僧中悔之,而于业道尚堕阿鼻……三无记心犯者,谓元非摄护,随流任性,意非善恶,泛尔而造。如比丘方坐高谈,虚论费时,损业纵放身口,或手足损伤草木地土,和僧媒娶,妄用僧物,长衣过限,非时入俗手触僧器,坏身口仪。如是众例并通摄犯,唯除恒坏护持误忘而造,此非心使不感来业,非即如上。[3]

道宣还进一步根据持戒者的主观心态将持戒分为善心持戒、不善心持戒与无记心持戒,而持戒者的心态也直接决定着破戒后果的惩处办法。至此,戒律已经不再是一种空洞意义的文本,而成为与"心"有直接联系的能动主体。正是通过这种梳理,道宣将戒律的意义上升到了一个新的高度。

---

[1]《四分律删繁补阙行事钞》卷上《标宗显德篇第一》。
[2] 李华伟:"'心'在道宣治律逻辑中的妙用",载《中国佛学》2013年第1期。
[3]《四分律删繁补阙行事钞》卷中《篇聚名报篇第十三》。

二、罪责意义上止恶与扬善的统一

有学者指出，佛教之所以能够在中国落地生根，"除了其理论上的特点之外，主要是因为它与儒道一样积极主张惩恶劝善。统治者正是看中了佛教的这一社会道德教化功能，才予以大力扶持的"。[1]而戒律正是佛教止恶扬善价值标准的衡量标杆。戒律不仅是成佛的基本准则，也是信徒们积极进行道德修养、完善道德品质的重要保证，[2]"夫群生所以久流转生死海者，良由无戒德之舟楫者也。若乘戒舟，鼓以慈棹，而不能横截风涛远登彼岸者，无此理也。故正教虽多，一戒而为行本。其由出必由户，何莫由斯戒矣"。[3]

那么如何以戒律作为标准，进行止恶扬善的具体行为呢？这里又可以分为积极的作为与消极的不作为两种模式。"若就修行解止持者，如止杀盗，先修慈悲，少欲等行，以行成故，名为作持。望境不起名止持，即止中有作也。若就修行解作持者，如欲诵戒羯磨，先止外缘。望离粗过名止，后善行成名作，即作中有止也"。止持是一种不作为的外在表达，"方便正念，护本所受，禁防身口，不造诸恶，目之曰止。止而无违，戒体光洁，顺本所受，称之曰持。持由止成，号止持戒"，也就是禁止作恶的基础性要求。而与止持相对应的是作持，即主动的作为，"恶既已离，事须修善，必以策勤三业，修习戒行，有善起护，名之为作"。那么相应地就会产生出"应作而不作"和"不应作而作"两种"罪过"，"鼓动身口，违理造境，名之为作。作

---

[1] 张怀承：《无我与涅槃：佛家伦理道德精粹》，湖南大学出版社1999年版，第39页。
[2] 张淼："从《广弘明集》的编撰看道宣的佛教伦理思想"，载《西南民族大学学报（人文社科版）》2015年第8期。
[3] 《广弘明集》卷二十七上《戒功篇第七》，第706页。

而有违反,污本所受,名之曰犯。犯由作成,故曰'作犯'。此对作恶法为宗。恶既作矣,必不修善,是故第二,即明'止犯'。言止犯者,良以痴心怠慢,行违本受;于诸胜业厌不修学,故名为止。止而有违反彼受领,故名为犯。此对不修善法为宗"。[1]可见止恶是第一位阶的,如果没有做到止恶,必然就无法实现扬善,但仅仅能做到止恶还不够,这只是戒律的最基本要求,不去主动地扬善也是要给予负面评价的"违戒"行为。"先须愿祈不造众恶,依愿起行有可承准,若不预作,辄然起善,内不轨辖,后遇罪缘,便造不止。由先无愿,故造众恶,大圣知机,故令受善。若谓我不作恶便是善者,汝不作恶亦应是恶。如是牛马驴骡亦不杀生,岂是善耶?此乃心在无记,无罪福业故。须起念专至深重,方成业道"。[2]因此,在道宣的解释下,止恶与扬善就成了相辅相成的结合体,而并非是两种不同指向的行为模式。且无论是作为基础的不作恶,还是作为下一步的扬善,都需要以戒律作为衡量标准。

> 用身口业思为体,论其身口乃是造善恶工具。所以者何?如人无心杀生不得杀罪,故知以心为体。文曰:是三种业皆但是心,离心无思无身口业。若指色为业体,是义不然,十四种色悉是无记,非罪福性。[3]

正如上文所言,身口意三业都仅是造善恶的表达方式,而无论是行善还是作恶的最终依托都是本心,那么心才是戒律所指向的对象。唯有从最本源的"心"入手,才能解决戒律所要达到的目标——止恶扬善。但因为人和人之间存在个体差异,

---

[1]《四分律删繁补阙行事钞》卷中《持犯方轨篇第十五》。
[2](唐)道宣述:《释门归敬仪》,CBETA电子佛典集成,T45n1896。
[3]《四分律删繁补阙行事钞》卷中《随戒释相篇第十四》。

因此作为外在统一模式的戒律就能够起到规范指引性的作用,"夫戒者以随器为功,行者以领纳为趣,而能善净身心称缘而受者,方克相应之道。若情无远趣差之毫微者,则徒染法流",[1]"出俗五众所以为世良田者,实由戒体故也。是以智论云:受持禁戒为性,剃发染衣为相。今若冰洁其心、玉润其德者,乃能生善种,号曰福田"。[2]戒律虽然是固定的一种形式,但其能够因个体的禀性感知差异而产生不同的效果,且戒律中蕴含的这种止恶扬善的导向是统一的,那么虽然戒律文本是格式化的,其却能够通过持戒者的主观认知与感受产生不同的效果。从这个层面上讲,戒律本身就带有了主观能动的功效,"戒是警意之缘也……欲了妄情,须知妄业,故作法受,还熏妄心,于本藏识,成善种子,此戒体也……由有本种熏心,故力有常,能牵后习起功用故,于诸过境,能忆、能持、能防、随心动用,还熏本识,如是辗转,能净妄源"。[3]在此,道宣综合了唯识宗的阿赖耶识说,提出戒体是心法,戒体更是种子,是一种通过受戒——熏习而成的阿赖耶识的种子。故持其圆教宗以种子为戒体,此种子实为能领止心。若无此能领止心,圣法即不能纳于心。坚持了种子熏习之说,即可保证了戒体和"心"止纯净。[4]戒律由此变成了心之止恶扬善的媒介,也即阻挡一切"罪恶"熏染本心的阀门,更成为"心"发挥作用的基础。"大圣垂教,实在依持,何但虚谈,不存行用?故闻教悟道,无经不传,岂偏戒律,局推行摄……二微制听。立教之本,

---

[1]《四分律删繁补阙行事钞》卷上《标宗显德篇第一》。
[2]《四分律删繁补阙行事钞》卷中《篇聚名报篇第十三》。
[3](唐)道宣疏,(宋)元照述:《四分律删补随机羯磨疏济缘记》,CBETA电子佛典集成,X41n0728。
[4] 王建光:《中国律宗通史》,凤凰出版社2008年版,第298页。

义通为先"。[1]

　　需要注意的是,道宣笔下的止恶与扬善尽管与社会道德评价存在着诸多的牵连,但仍属于佛教价值体系当中的标准,其对戒律的着眼点都是从佛教内部出发的。"僧得女净人不合受,尼得男净人亦尔。比者诸处多因此过,比丘还俗灭摈者,并由此生。不知护法僧纲,除其秽境,反留秽去净,生死未央……寻坏梵行,灭法不久,寺家库藏厨所,多不结净。道俗通滥,净秽混然,立寺经久,纲维无教"。[2]如果脱离了佛教,这种判断就没有了立足的土壤。但相反,皈依佛教不仅能够消除人的种种罪恶,甚至这一行为本身就是体现善的标志,"若人受三自归。所得果报,不可穷尽。如四大宝藏,举国人民七年之中,运出不尽。受三归者,其福过彼,不可胜计"。[3]那么戒律作为止恶扬善的一种手段,就必须通过皈信佛教这一基础才能够进而产生作用,如若丧失了信仰的基础,那么戒律的意义就几乎完全丧失了。这也是道宣宗教戒律观在对"罪责"问题讨论上的一个最主要的限制。"若求大利,当坚持戒,一切诸德之根,出家之要。如情重宝,如护身命,以为戒是一切善法住处,又如无足欲行,无翅欲飞,无船欲度,是不可得。若无戒者欲得好果,亦不可得。若弃此戒,虽山居、苦行、饮水、服气、著草衣披袈裟等,受诸苦行,空无所得"。[4]

---

[1] (唐)道宣撰,(宋)元照述:《四分律含注戒本疏行宗记》,CBETA电子佛典集成,X39—40n0714。
[2]《四分律删繁补阙行事钞》卷上《僧纲大纲篇第七》。
[3] (唐)释道世著,周叔迦、苏晋仁校注:《法苑珠林校注》卷八十七《三归部·功能部》,中华书局2003年版,第2500页。
[4]《四分律删繁补阙行事钞》卷上《标宗显德篇第一》。

三、应对政治管控的戒坛仪式建设

季爱民曾指出,道宣在中年回到长安之后,比较南北佛教面临的政治环境,提出北方佛教的三次法难观,最初有批评北方政治的意义。在其晚年,则成为宣传佛教戒律、建立寺院戒坛的历史依据。[1]在佛教传统意义上,原来对戒坛的格局要求是非常谨慎的。戒坛是僧团寺院独树一帜的建筑物,关于其体(整体造型规格)、相(外貌相状)、用(功能作用)三者皆是相辅相成,扮演着僧尼登坛传戒、羯磨、忏悔等方式,皆依戒法严格执行,为必要条件。[2]不过在道宣眼中,戒坛仪式的建设不单纯是僧制的一种秩序表现,且还关系到政治大背景下僧团的发展前途,"故使江表佛法,经今五六百年,曾不亏殄,由戒坛也。以戒为佛法之源,本立而不可倾也。故使中原、河之左右既不行之,由此佛法三被诛除,诚所宜也……中原两河晋氏南渡之后,分为一十六国,以武猛相陵,佛法三除。并是獯鬻之胤,本非文国之后,随心即断,故其然乎。所以戒坛之举,即住法之弘相也,余则略之云云"。[3]因此,从本质上来说,道宣所倡导的戒坛仪式建设是其戒律观的重要组成部分。

作为受戒、持戒的程序化规定,戒坛仪式具有强烈的过渡意义,表达的是由一种状态过渡到另一种状态的界限。[4]因此,

---

[1] 季爱民:"道宣与中国佛教史上'法难观'的形成",载《东北师大学报(哲学社会科学版)》2011年第2期。

[2] 柳学琪:"唐道宣律师《关中创立戒坛图经》之研究",佛光大学2010年硕士学位论文。

[3] (唐)道宣撰:《关中创立戒坛图经·戒坛高下广狭第四》,CBETA电子佛典集成,T45n1892。(本书以下相关内容均出自此版本)

[4] 段知壮:"论'过渡礼仪'理论在佛教仪式研究中的运用",载《临沂大学学报》2015年第3期。

戒律仪式当中的诸多形式因素都含有一定的指向意义，特别是以见证者身份存在的他人。"《五百问》云：先结大界，后结戒场者，如卑摩罗叉律师云：'于中受戒，恐无所获。'又卑公云：'若先不知，同于未制，赖有此路，则通侥幸。'"[1]佛教僧人受戒本身是一种宗教性极强的仪式，为了能够增强这种仪式的宗教神圣性，就必须通过各种方式对仪式进行意义赋予。其中一个非常关键的因素就是僧人团体的集合，"戒场为诸界为本也，先于自然集僧，僧有不集，结无成就。故作法者初必审悉，于诸自然界中，子细穷考，有僧普集，不得受欲"[2]。越是重要的戒坛仪式，就越需要规模更大的僧群集合，且僧人数量、真伪、心相甚至会影响到戒坛仪式的成败，"成败之相，其用在人，人兼明昧，故事涉兴毁……识僧之真伪，一一人中以五十余法简定之，不入简者不足称僧……入则有足数别众之仪式，出则非二相之摄也。今时往往有结二界，不集相外之僧"[3]。从这个角度来看，戒坛仪式除了对当事人具有明确的过渡意义，从另外一个层面上说是为了维护僧团的凝聚力，"原夫戒定慧法，众圣之良筌。摄律善生，三佛之津导。是知戒为入圣之本，为出俗之基。皇觉寄此而开权，正法由兹而久住。所以四依御宇，必祖戒而启蒙泉。五乘方驾，亦因戒而张化首"[4]。

戒坛仪式的意义在形式上凝结了僧众团结，而僧团内部最重要的联系便是僧众对佛教教理教义的认同感。因此，戒坛仪式在实质上是为了强化佛教教理教义本身的价值属性。时至唐代，佛教作为一种社会组织已经无法形成与政权抗衡的教权力

---

[1]《关中创立戒坛图经·戒坛结法先后第六》。
[2]《关中创立戒坛图经·戒坛集僧远近第七》。
[3]《关中创立戒坛图经·戒坛作业成败第八》。
[4]《关中创立戒坛图经·戒坛赞述辨德第十一》。

第十三章 释道宣有关罪的学说

量，且佛教价值与中国传统的儒家伦理纲常也呈现了相互的渗透交融，这种融汇固然对于佛教在中国的传播有着极大的帮助，但在更深层面却有消解佛教自身属性的可能。

自法流东渐，居七百年，戒场之坛，名实乖爽，律论所显，场坛两驰，各备机缘，随事便举。有晋扬辇南林戒坛，德铠圣士厥初基构，中原正伪，蔑尔无闻，有以大界为戒场，有以平场为坛上。斯由法被三废，后兴在于羁縻。或由师心独断，讨论绝于经教。若夫创置戒坛，专弘戒本，良有律仪所摄……戒场之举不徒设也。成则佛法常住，坏则正教沦亡。此言匪妄，又弥慎也。是知受随二戒，寄斯地而克隆，持犯两仪，亦因兹而还净。故经云：若无此戒，诸善不生。谅是定慧之本基，诚即业惑之良药也。比人行事，轻斯者多，不筑坛基，随宜授受。或妄结小界，曾非难缘，或辄居佛殿，僧皆背像，或在空迴，或在村坊，迷昏别众，诵文徒结。斯涂纷糅，无足叙之。[1]

由此可见，戒坛仪式的意义远非简单的形式主义，这背后涉及佛教如何增强自身的凝聚力、应对政权对教权的控制与干预，甚至佛教理念的兴亡。这种对律仪的重视事实上也是道宣对佛教受制于政权的一种反思：如何在当时的大背景下防止这种危及佛教存亡的情形出现，以及如何延续佛教正统的教理教义似乎就成为道宣戒律观当中最核心的价值指向。事实上，这与道宣以《四分律》为基础主张戒律统一的道理是一样的。

考夫行事之士，则乡壤部分，穷其受戒之源，宗归四分，今则随学陈相，不祖先模，抑断是投，妄情斯托。可谓师资训

---

[1] 《关中创立戒坛图经·戒坛赞述辨德第十一》。

缺,教授无功,亦是愿行道殊,机见互僻。斯之糅杂,二百余年,岂不以传通失人,故使颂声流郑。

今则混一唐统,普行四分之宗,故得终始受随,义难乖隔。摄护虽广,其源可寻。[1]

当然,这一切都是为了护教而存在。如道宣虽然一直强调戒律的意义,同时却反对用世俗的方式惩罚僧团内部的破戒行为,"比佛法东流,多不行此,若闻正说,反生轻笑,薄滥佛法,自秽净心。有过之徒,实当此罚,反用俗法,非理折伏,相虽调顺,心为悛革,致使圣网,日就衰弱"。[2] 如果说戒律文本视角下的止恶与扬善是宗教内部的一种价值评判,那么对戒坛仪式的整齐划一就是对外在世俗的一种对比性批判,佛教作为一种宗教的超脱性正是通过以世俗为参照物的比较当中凸显的。因此道宣对佛教戒律建设的另外一项主要目的即在于强化佛教的宗教神圣性,进而维护佛教教团免于受到世俗价值标准的评判。从这个意义上来说,一些与广义佛教思想异质的文化理念,都内含了一种潜在的"罪"之色彩。

综上所述,道宣戒律观中呈现出强烈的护教性,这种护教性又可以具体分为两个层级:第一层级是对佛教僧团自身的规整,其试图通过将佛教戒律与宗教理念进行调和,以防止佛教僧人在行为上的世俗化与散漫化,强调戒律不仅仅是一种空洞的行为准则,而是与宗教理念相配套的价值呈现。特别是在罪责意义上将止恶与扬善进行了统一,这样戒律就不再只是一种行为束缚,而成为佛教僧人的价值导向。第二层级则是通过戒律的宏观建设增强佛教僧团的凝聚力。尽管在唐代宗教教权已

---

[1]《续高僧传》卷二十三《明律下》,第886页。
[2]《四分律删繁补阙行事钞》卷上《僧纲大纲篇第七》。

经在一定程度上成了世俗政权的附属，但宗教的超脱性与神圣性仍然是凌驾于世俗政权之上的终极意义体现。因此，通过戒律的建设与仪式化的规范就可以强化佛教在世俗化进程中的"神圣本源"，在这样一种宗教与世俗的对比中，教外的一切都似乎沾染上了一抹"尘世之罪"。

第十四章
杜光庭有关罪的学说

杜光庭（公元850年—公元933年），字圣宾，道号东瀛子，自称华顶羽人，处州缙云人（今浙江缙云）。唐末五代道士，道教学者。唐咸通年间应九经试不中，感慨古今浮沉，于是入天台山学道。唐僖宗闻其名声，召入宫廷，充麟德殿文章应制，为内供奉。后随僖宗入蜀，继而追随前蜀王建，官至户部侍郎。赐号传真天师。晚年辞官隐居四川青城山。杜光庭注重对道教教义、斋醮科范、修道方术等方面的研究和整理，对后世道教影响很大。他对《老子道德经》的研究颇有成就，将以前注解诠释《道德经》的六十余家进行比较考察，概括意旨，对"重玄之道"尤其推重。其思想调和儒、道二家，不融佛教，保持道家本色。

一、杜光庭道教戒律观呈现

戒律作为某一宗教得以成型的重要组成部分，一直以来都是宗教研究关注的重点。戒律通过宗教强制力的方式，将教徒与信众紧密地结合到了一起。与此同时，正是通过戒律等教理教义载体，宗教伦理才有机会系统性地展现，进而形成宗教的立教根基。道教自然亦是如此。"戒者，解也，界也，止也，能解众恶之缚，能分善恶之界，防止诸恶也。律者，率也，直也，栗也，率计罪愆，直而不枉，使惧栗也"，[1]此外，戒律作为宗教庞大教理教义系统的一部分，与宗教本体论不同，其特别关注的是宗教伦理下的价值取向，即通过对负向价值的禁止及谴责从而实现对正向价值的肯定与宣扬，"律者，终出戒中，无更别目，多论罪报宪法之科……戒主于因，律主于果；戒论防恶，律论与罪"。[2]杜光庭在编撰《道门科范大全集》时就强调"以戒为师，无陷邪教"，并借"天尊所言，真科所传"具体列出的"七戒"。

第一戒者，不得杀害。悯念有情，如己身命。杀生之人有六种报……

第二戒者，不得嗜酒。嗜酒之人有四种罪……

第三戒者，不得生叛背心，言不忠直。不忠之罪有五种报……

第四戒者，不得无孝顺心，违逆父母。不孝之罪有五种报……

第五戒者，常行慈心，若见众生临命终时，为作功德。昆虫草木尤不可伤，爱老怜贫溥度一切，使不虚今日道场听闻戒法之命。

第六戒者，不得诽谤三宝及有道师尊，乃至在家出家一切道像。诽谤之罪有四种报……

第七戒者，今日道场之中，常当恭敬，不得懈怠，当须勉励，内外精勤，日夜乾乾，毋怠毋忽，勤则利有，怠则利无，自利利他，便移真极。[3]

---

[1]《洞玄灵宝玄门大义》，载李一氓主编：《道藏》（第24册），文物出版社、上海书店、天津古籍出版社1988年版，第734页。

[2]《洞玄灵宝玄门大义》，载李一氓主编：《道藏》（第24册），文物出版社、上海书店、天津古籍出版社1988年版，第738页。

[3]《道门科范大全集》卷七十九，载李一氓主编：《道藏》（第31册），文物出版社、上海书店、天津古籍出版社1988年版，第945—946页。

相较于其他同时期的道教戒律学阐述，杜光庭格外关注戒律与斋醮科仪之间的关系。

道以斋为先。盖古者祭祀必有斋，斋必有戒，先戒而后斋。所谓七日戒而三日斋也。散斋七日谓之戒。戒者，所以恭依准绳，不犯非僻，动遵戒律，无有愆违也。致斋三日谓之斋。斋者，所以斋洁心神，清涤思虑，专致其精，而求交神明也……今因斋而说戒，合坛之人，先受戒约，一历耳根，永为道种，即当检束身心，屏绝外念，存想至真，使启奏得行，祈祷必应矣。[1]

即做法事的过程也受到戒律的规范。行斋、设醮、作忏、传经等，都须遵循一定的科仪程序。做法事的道士必须严格依照应有的方式执行，恪守相关戒规，否则将受到惩罚。法事重戒规是为了保持法事的规范性，同时也是为了体现和维护宗教仪式的神圣性，因为法事是通过特定的、严格的仪式来获得神圣意义的，如果法事本身不严格，则将破坏这种神圣意义的获得。[2]

斋醮科仪中所表现的戒律虽然针对的是修斋行道之人在道场中应当具有怎样的言行举止，但它其实也是道教伦理的一般体现。如上述杜光庭所例举的"七戒"，其中内含着相互关联的两重关系，即人与神的关系和人与人的关系，并通过斋醮科仪将这两重关系贯彻到了修道者生活的方方面面，要求修斋行道者通过"斋洁心神，清涤思虑"，以一种虔诚的恭敬之心来对待

---

[1]《道门科范大全集》卷七十九，载李一氓主编：《道藏》（第31册），文物出版社、上海书店、天津古籍出版社1988年版，第945页。

[2] 刘绍云：《宗教律法与社会秩序：以道教戒律为例的研究》，巴蜀书社2009年版，第54页。

道场中所开展的一切活动，从而将个人的德行和对道教的信仰融合为一。[1]也就是说，斋醮科仪乃是道教戒律严格主义的一种形式表达，其本身与道教戒律在内涵指向上是一致的。斋醮科仪不仅在形式上可以将戒律进行格式化的标准表达，并且能够通过这种严格的程序将戒律的精神内核牢固地植入到行斋人的意识之中。简单地讲，斋醮科仪与道教戒律观是形式表达与实质内涵之间的关系。道教戒律作为宗教价值评判标准的一种体现，相比其他世俗价值评判要更具备神圣性，那么这种神圣性的表现不光需要形而上的哲学论证，还需要形式化的巩固，因此斋醮科仪就成为了两者的极佳结合。从这个角度来看，杜光庭虽然没有对道教戒律进行详细论述，但其通过戒律在斋醮科仪中的运用而将道教戒律"落地"，同时也通过这样一种特殊的方式反过来强化了戒律的神圣性。

与传统法律相比，道教戒律虽然也具有强制约束性，但主要是通过信仰来调动人的精神自律而达到维护社会秩序的目的。换言之，道教充分利用基于厌死求生的神仙信仰来鼓励人向善，通过承负、轮回报应思想禁人为非，是否守戒不仅关乎夭寿灾福，也决定着人自身的存在意义。[2]但杜光庭通过斋醮科仪将原本抽象化的戒律具体化，就两者之间的优势进行了互补：一方面，斋醮词以一种道教徒所常用的方式将戒律的本质进行了程式化的处理，如"天威咫尺，是宜简在帝心，然犹终之以设醮之仪者，所以将恭敬之实也，且以答上下神祇之陟降也，亦以谢既往之咎也。盖自建斋以来，虽曰对越之诚，拳拳靡替，然主事者或心为形役，执事者或情随事迁，既不能知始而慎终，

---

[1] 孙亦平：《杜光庭评传》，南京大学出版社2011年版，第389页。
[2] 刘绍云：《宗教律法与社会秩序：以道教戒律为例的研究》，巴蜀书社2009年版，第195页。

且更多因陋以就简。箓繁不足昭明信,绵绝不足尽朝仪,是不容无此醮以致悔罪之私也"。[1]另一方面,通过宗教形式的自我忏悔,杜光庭多元化的斋醮词将国家法律与宗教规范有机地结合到了一起,如"况居司戎伍,出镇鱼符,或赏酬乖善恶之宜,刑律有重轻之失。俗怀咨怨,民抱伤嗟,有一于斯,式彰谴咎。又恐五行三命,运值灾蒙,暗曜明星,或当照临。或经过水陆,侵触龙神,或土木兴修,犯干禁忌。或前冤往债,或故杀误伤,动结罪条,兼逢厄会,致使成疾恚,弥切兢忧"。[2]国家法典所规定的社会准则,在道教神学戒律中用信仰的手段不仅得到了保护,而且将在人们的灵魂深处产生强大的观念和行为控制效应,在这里,宗教伦理与国家法律走上了一条共通之路。[3]

二、价值评判背后的社会伦理秩序

道教伦理的一个标志性特征即对现世生活的重视,对生命的绝对推崇。那么在宗教视角下,除了种种技术手段能够起到客观延长或优化生命的作用之外,宗教性的价值评判也与其背后的终极目标相对应。如典型的报应理论,"善不徒施,仙固可学,功无巨细,行无洪纤,在立功而不休,为善而不倦也。修习之士,得不勖哉",[4]"万善之基,亦在三业,十善相生,至于万善。行善益算,行恶夺算,赏善罚恶,各有职司,报应之理,

---

[1]《灵宝玉鉴》卷一,载李一氓主编:《道藏》(第10册),文物出版社、上海书店、天津古籍出版社1988年版,第145页。

[2]《广成集》卷十七,载李一氓主编:《道藏》(第11册),文物出版社、上海书店、天津古籍出版社1988年版,第706—707页。

[3] 姜生:"论宗教伦理向类法律形态的演变",载《世界宗教研究》1997年第1期。

[4] (宋)张君房编:《云笈七签》卷一百一十四《墉城集仙录叙》,中华书局2003年版,第2526页。

第十四章 杜光庭有关罪的学说

毫分无失"。[1]因此,杜光庭笔下的一些神仙故事的描述中,大量体现着为善获福的逻辑。虽然这些故事多涉鬼神荒诞之事,但当时作者本人是带着虔诚、崇信的情怀,认真撰写编纂的,内中除了夹杂着作者扶宗立教的苦心和信仰的激情,千百年后,还蕴藏着丰富的历史文化信息。[2]

何亮者,商山东阴驿厅子也。执役二十年,尝谦谨自持,不敢违怠。忽一日寒,其雨雪交至,道绝行旅。有一道士,冒雨而至,衣装皆湿。历诣诸店,皆闭门不容。亮见而哀之,延就驿廊下,炽火设食以待之。一夕而行去,将踌躇,曰:荷君此恩,不可无报。因壶中取丹一粒,令吞之。谓曰:大期内可以无疾矣。言讫而去,何亮年巳四十余,自此筋力愈充,无复疾苦。乾符初,年九十余矣,状貌四十岁,齿发不衰。信都先生冯君涓,尝召问其事。远近之人,亦具道之,余得此说于信都先生焉。[3]

此外,修道之人作为世俗之人的楷模,他们的道德标准似乎要比普通民众更严格。

彭城刘景,因游金华山寻真访道,行及山半,觉景物异常,山川秀茂。见崇门高阁,势出云表,入门左右,池沼澄澈,嘉树重条,棋布行列,披蔓柔弱,其实如梨,馨香触鼻。景顾望无人,因攘撷其实,於怀袖中,未暇啖食,俄有猾子数个,驰出吠之,竞欲搏噬。景乃苍惶支吾,四顾无瓦石可投,探怀中

---

[1]《墉城集仙录》卷一,载李一氓主编:《道藏》(第18册),文物出版社、上海书店、天津古籍出版社1988年版,第166页。
[2] 罗争鸣:《杜光庭道教小说研究》,巴蜀书社2005年版,第21页
[3]《神仙感遇传》卷三,载李一氓主编:《道藏》(第10册),文物出版社、上海书店、天津古籍出版社1988年版,第894—895页。

所摘之果以掷之，果尽而犬亦去也。回顾前之宫宇，但林谷榛莽而已。时僧休与刘友善，尝话其事迹者也。[1]

可见，行善是感遇仙人、获得福报的基本前提。相反，如若作恶，轻则可能丧失飞升仙界、修成道果的机会，重则会形成"罪"，即使世代流转、子孙繁衍也无法轻易解除，如杜光庭在《刘将军取东明观土验》中评论，"凡故意凌毁大道及福地灵坛，殃流三世，今刘生以陪填首谢，罪止一身，得不为戒耶"。[2]

不过有学者曾提及，在某种程度上，杜光庭的编撰目的还没有达到"试图纠正和避免世俗社会赏罚极端不公之弊端"的高度，且也未必有"对美好道德理想的追求"。[3]其张扬"善恶报应"，目的是为了"广慎微之旨""弘崇善之阶"，而慎微、崇善，与世俗伦理社会的"惩恶扬善"已有区别，它的"善"更多是指敬畏道教、爱护道教、维护道门利益；"恶"则是侵侮道教、破坏道教，有更强的宗教色彩和宗教目的。[4]但无论是表达宗教情怀和信仰，还是借宗教题材表现世俗喻意，两者之间并不必然存在着相互冲突的成分。孙亦平也提到，杜光庭通过讲述"灵验"故事来彰显道教神灵的威力，同时也强调这种"灵验"往往表现在道教神灵对人的行为进行赏善罚恶上。[5]由此可见，即便杜光庭笔下的种种善恶报应记录并非是单纯为

---

[1]《神仙感遇传》卷一，载李一氓主编：《道藏》（第10册），文物出版社、上海书店、天津古籍出版社1988年版，第887页。

[2]《道教灵验记》卷二，载李一氓主编：《道藏》（第10册），文物出版社、上海书店、天津古籍出版社1988年版，第807页。

[3] 吕锡琛：《道家道教与中国古代政治：道家道教政治伦理阐幽》，湖南人民出版社2002年版，第130页。

[4] 卿希泰："简论道教伦理思想的几个问题"，载陈鼓应主编：《道家文化研究》（第7辑），上海古籍出版社1995年版。

[5] 孙亦平：《杜光庭评传》，南京大学出版社2011年版，第423页。

第十四章 杜光庭有关罪的学说

了实现"惩恶扬善"的伦理,而是为了最大限度地弘扬道教,但在其记载中的种种价值评判倾向不可避免地会与当时作为社会道德的价值体系出现种种重合。这种重合不仅不会对弘扬道教的大方向起到反作用,相反还能通过社会认知的力量凝固民众对道教的理解、认可乃至支持。因此,善恶报应的模式与弘扬道教的初衷两者是相辅相成的,两者之间不存在明确的楚河汉界。

由是论之,罪福报应,犹响答影随,不差毫末,岂独道、释言其事哉?抑儒术书之,固亦久矣。宣王之梦杜伯,晋侯之梦大厉,恭世子之非罪,浑良夫之无辜,化豕之报齐侯,结草之酬魏氏,良宵之妯驷带,郑玄之捽,刘兰之笔不遗,良史攸载,足可以为罪福之鉴戒,善恶之准绳也。况积善有余福,积恶有余殃。幽则有鬼神,明则有刑宪。斯亦劝善惩恶至矣。[1]

与此同时,作为价值评判结果的善恶在不同的价值体系当中通常会呈现出不同的价值指向。尤其是在高低价值位阶的区分上,不同的衡量标准往往会导致差异性结果的出现。唐代道教对善恶的价值评判除了其本身固有的一些价值取向之外,从本质上无法摆脱社会文化环境对其价值体系构建的种种影响。"夫修道者,在适而无累,和而常通,永劫无穷,济度一切。此之长生乃可为重。长生难得,由忠孝仁义。忠孝仁义立者,功及于物,生自可延"。[2]可见,儒家伦理在道教的价值评判当中也占据着非常重要的位置。尤其在对皇权的维护问题上,更是道教作为社会组织得以存续的第一前提。如杜光庭在编撰《录

---

[1]《道教灵验记》序,载李一泯主编:《道藏》(第10册),文物出版社、上海书店、天津古籍出版社1988年版,第801页。
[2]《墉城集仙录》卷一,载李一泯主编:《道藏》(第18册),文物出版社、上海书店、天津古籍出版社1988年版,第166页。

异记》时，在卷三"忠"的部分分别记载了"闻谬传之信，失声号呼，呕血而绝，后呜咽涕泗而薨"的牛丛、"自西京乞食到达河东"的卢谦、"坚不受命，号恸而薨"的王恺、"黄巢陷长安，万余巧计耗城中积粮"的刘万余、"黄巢陷长安，烧伤右手，拒不弹琴，全家遭屠"的邓慢儿、"拒不射唐兵遭杀"的米生六人，可见其对忠臣的高度赞扬。

此外，杜光庭以整理斋醮科仪闻名后世，而金箓斋作为道教灵宝诸斋之首，常被用来为皇帝、皇太子、诸王公主、文武职官忏罪祈福。[1]由此，其中维护皇权统治稳定的政治导向自然而然地就被纳入到了道教伦理价值体系当中。

> 金箓为国主帝王镇安社稷，保佑生灵，上消天灾，下禳地祸，制御劫运，宁肃山川，摧伏妖魔，荡除凶秽，或五星失度，四气变常，二象不宁，两曜孛蚀，天倾地震，川竭山崩，水旱为灾，螟蝗害稼，疫毒流布，兵革四兴，猛鸷侵凌，水火漂灼，冬雷夏雪，彗孛呈妖，皆当于名山洞府，古迹神乡，精备信仪，按遵科典，修金箓宝斋，拜天谢过，责躬引咎，思道祈灵，可以禳却氛邪，解销灾变，唯在精苦殚罄，竭节输诚，可致通感尔。[2]

值得注意的是，金箓斋的最终目的虽然是为了维护皇权统治的稳固性，但其实际采取了一种为帝王祛"罪"的技术模式。也就是说，这种以宗教方式对世俗政权的神圣性赋予，在某种程度上强化了对最高统治者——皇帝的道德约束。这种道德约束因为宗教色彩的笼罩，增添了些许比世俗更为"神秘"的强制。如在《汉武帝内传》中，汉武帝"下地叩头"一次，跪下

---

[1] 孙亦平：《杜光庭评传》，南京大学出版社2011年版，第367页。
[2] 《金箓斋启坛仪》，载李一氓主编：《道藏》（第9册），文物出版社、上海书店、天津古籍出版社1988年版，第67页。

肯乞两次，西王母才"将告汝要言"，李丰楙认为这乃是当时勤求道法者在受经时常有的一种谦卑和诚恳。[1]皇帝在请求神灵加持的同时，也就等于宣布了自己的责任，而这种责任背后无疑就存在着失责的"罪"之可能。如"皇帝融神道域，属想玄津，思启洪覂，下资万寓。谨斋金龙玉璧、油烛香花、法信纹缯供养之具。请披玄蕴，敷露真文，归命十方无极，太上灵宝天尊，十极天君，诸天诸地，三光五岳，一切神仙诸灵官。伏冀社稷尊灵，宗祧昭穆，游神太极，晏景上清，友八帝于丹陵，接五皇于绛府，垂芳万叶，流貺九围"，[2]其中就明确引出了皇帝的自体性责任，再如其对君主道德标准提出的具体阐述，"帝出乎震，物生于东。春主发生，夏为长养。天道左旋，所以左为阳，而顺生成之道也。万物肃杀于西，秋主杀也。藏伏于北，冬主藏也。月配阴而主刑，金居西而主兵，所以右为阴，而逆杀伐之道也。君子体仁以利物，故平居则贵左。用兵法义而尚刑，故贵右也"。[3]尽管这种所谓的帝王"罪责"只是一种形式化的表征，但在集权制度体系下的封建社会，或多或少还是能够起到一些对至高无上皇权的道德制约的。

三、哲学本体论下的"罪"之根源

在杜光庭看来，道是非有非无的，因此忌讳执着，只有放弃执着、自然无欲才能成道、体道。但世人往往为物所累，破坏自心的本然状态，这样自心道性自然无法显现。"世人因境役心，乃至分别，察他人之善恶，考身外之短长，不求所以知而

---

[1] 李丰楙：《六朝隋唐仙道类小说研究》，台湾学生书局1986年版，第35页。
[2] 《金箓斋忏方仪》，载李一氓主编：《道藏》（第9册），文物出版社、上海书店、天津古籍出版社1988年版，第83页。
[3] 《道德真经广圣义》卷二十六，载李一氓主编：《道藏》（第14册），文物出版社、上海书店、天津古籍出版社1988年版，第437页。

求所不知，舍己傚人，以衒其智。"[1]当人们用自己所谓的"智识"去分析、计较他人及外物时，本性清净的人心就被破坏了，这种外在的境遇会扰乱人心，从而生出种种欲念。"内心悦慕谓之爱，外境著心谓之染，因境生心谓之欲，制止不已谓之奔，意想交侵谓之竞，正性流散，随念生邪，故乖失正本"。[2]而这种自以为是的"智慧"欲念就是罪责的根源所在，"天下每每大乱，罪在好智矣"。[3]那么想要摒除内心当中的诸多欲念、想要修炼内心就必须"闭缘息想"，进而达到"穷达妙理，了尽真性"的境界。

穷理者，极其玄理。尽性者，究其真性，玄理真性，考幽洞深，可以神鉴，不可以言诠也。闭缘息想者，随境生欲，谓之缘，因心系念，谓之想。于此门中分为四别。一曰意随善境而生善欲，谓之善缘。二曰意随恶境而生恶欲，谓之恶缘。三曰心系善念而生善想。四曰心系恶念而生恶想。虽同因境所起，分为善恶。夫初修道者。既闭恶缘，又息恶想，以降其心。心澄气定，想念真正，稍入道分。善缘善想，亦复忘之，穷达妙理，了尽真性。想缘俱忘，乃可得道。故云，穷理尽性，闭缘息想也。[4]

杜光庭认为人心会随着不同的境遇而产生不同的念想，因

---

[1]《道德真经广圣义》卷二十七，载李一氓主编：《道藏》（第14册），文物出版社、上海书店、天津古籍出版社1988年版，第444页。
[2]《道德真经广圣义》卷十五，载李一氓主编：《道藏》（第14册），文物出版社、上海书店、天津古籍出版社1988年版，第385页。
[3]《道德真经广圣义》卷十七，载李一氓主编：《道藏》（第14册），文物出版社、上海书店、天津古籍出版社1988年版，第392—393页。
[4]《道德真经广圣义》卷四，载李一氓主编：《道藏》（第14册），文物出版社、上海书店、天津古籍出版社1988年版，第332—333页。

第十四章　杜光庭有关罪的学说

此,境遇的善恶就会对念想的善恶产生重要的影响,乃至决定性的作用。从修道的角度出发,最基本的要求当然是要摒除由恶境所引发的恶想。但这仍然不是问题的关键,如果想最终得道,那么无论是善境恶境,都不应当对人心产生相应的影响。也就是说,善境恶境或许并非人为所能控制,但人心的"闭缘息想"却是可以通过修炼而达成,只有达到了不因境遇而生念想的地步,才能从本质上祛除善恶的发生。那么从最本质的视角来看,或许念想本身就是一种"原罪"。

但接下来的问题是,所有的人都能够做到这样一种"闭缘息想"吗?或者说所有的人都天然地拥有这种道心的本源吗?如孙亦平所言,在动荡的唐末五代,理想与现实的冲突使整个社会处于信仰—伦理的危机之中,如何重整道教信仰以适应社会意识形态的需要和人们的精神需要就成为杜光庭十分关注的问题。[1]那么杜光庭又是如何强化道教理论当中"心"之念想的第一性,并进而逐步将外在的境遇转化为一种可被选择的对象呢?

首先,杜光庭肯定"一切众生皆有道性",之所以世人的道心道性未得显现乃是因为念想的纷杂扰乱。"一切众生,不得真道者,皆为情染意动,妄有所思,思有所感。感者,感其情而妄动于意,意动于思而妄生于心。人若妄心不生,自然清静。又云,妄动者,亡也。皆亡失其道性。故逐境而感情妄动,其心故不得真道。"[2]相比较外在境遇而言,人内心的情、意、思才是阻止人显现道性的关键所在。正是通过这样一种论证,杜光庭在一定程度上摆脱了外在因素对人的干扰,而将修道的主动权划归到了个体本身。个体无论身处于何种境遇之中,都可

---

[1] 孙亦平:《杜光庭评传》,南京大学出版社2011年版,第229页。
[2] 《太上老君说常清静经注》,载李一氓主编:《道藏》(第17册),文物出版社、上海书店、天津古籍出版社1988年版,第188页。

以通过自身的努力而达到对外在干扰的解脱,也正是通过这样一种逻辑,杜光庭将"罪"的本源也归附到了个体的身上,那么这种原罪的"种子"就呈现出了一种跨越时空的本体性。

其次,外在境遇对个体人的影响往往是由人的欲望而产生的,如果没有欲望作为中介,那么外在的境遇只是一种无关乎个人内心的客体。只有当人内心对外在境遇产生有倾向性的欲望,外在境遇才有可能对人产生或正面或负面的相应作用。如杜光庭以贪欲为例谈到,"寡欲则行清,多欲则神浊,欲深浊极,自思复其清矣。此废欲清神之权也。不贪则俭约,极贪则殃身。因贪获殃,自思复其俭矣。此修俭夺贪之权也。皆先极其侈心,使自困于贪欲。然后返性修道也"[1]可见,因外在境遇而产生的欲望才是外在境遇对个体人产生影响的桥梁,否则外在因素在这里只是一种静态的,或者说是"死"的形态。如果没有人内心有对其的改变或利用欲望,那么外在境遇是无法对人产生进一步的影响的。"罪之于祸,皆起于身。身之生恶,由子心想,故身口意三业焉。三业之中,共生十恶。十恶之内,贪罪愈深,故生死忿争,皆因贪致。"[2]不过杜光庭也提到,个体的欲望往往是与生俱来的,这也是人的"众罪之源"。因此,准确地认识自己的欲望表现,并有针对性地舍弃或修正自己的欲望就成了修炼之道的关键所在。

> 人之禀生,有三业十恶。三业者,一身二心三口业也。十恶者:身业有三恶,一杀生,二偷盗,三邪淫;心业亦有三恶,一贪欲,二嗔怒,三愚痴;口业有四恶,一两舌,二恶口,三

---

[1]《道德真经广圣义》卷二十九,载李一氓主编:《道藏》(第14册),文物出版社、上海书店、天津古籍出版社1988年版,第452页。

[2]《道德真经广圣义》卷三十五,载李一氓主编:《道藏》(第14册),文物出版社、上海书店、天津古籍出版社1988年版,第490页。

第十四章 杜光庭有关罪的学说

妄言,四绮语。此三业十恶合为十有三矣。人能制伏三业十恶,则可得道长生,可谓生之徒由此十有三也。人若纵此三业十恶,则必从生趣死……夫三业十恶,众罪之源。舍之则可以出生,行之则可以入死。[1]

再次,杜光庭并没有否认外在境遇对个体修炼会造成的客观影响,尘世中的诸多感情欲望会迷失人的清静本性。因此,个体人就需要通过一些特定的修炼方法以达到对外在影响的摆脱。

六根者,一曰眼根,能见诸境。二曰耳根,能闻诸声。三曰意根,能生攀缘。四曰鼻根,能辨香臭。五曰舌根,能知诸味。六曰身根,能生诸恼。以此六种生诸罪因,展转相生,障弊真性。喻如草木结花吐实相生不穷。寻其所起,不离六种。如根生物,名曰六根。五欲者,眼欲诸色,耳欲诸声,鼻欲诸香,口欲诸味,心生众欲,障弊五情,烦恼萦缠,皆由此起。内心悦慕谓之爱,外境著心谓之染,因境生心谓之欲,制止不已谓之奔,意想交侵谓之竞。正性流散,随念生邪,以生邪故,乖失正本。[2]

无论外在境遇如何恶,其归根结底还是需要通过人的感知及认识才能进而"生妄动"。那么,客观外在就变成了一种具有"可选择性"的因素,而种种感知途径才是"罪因",是根结。因此这种脱离感知之"罪"的修炼方式就并不会受到外在环境的过多限制,相反,因为脱离外在感知乃是修炼的终极目的,

---

[1]《道德真经广圣义》卷三十六,载李一氓主编:《道藏》(第14册),文物出版社、上海书店、天津古籍出版社1988年版,第498页。
[2]《道德真经广圣义》卷十五,载李一氓主编:《道藏》(第14册),文物出版社、上海书店、天津古籍出版社1988年版,第385页。

所以，外在的诸多境遇是会随着主体的感知情况不同而产生相应的差异，从这个角度来看即使是相同的外在境遇，不同的感知主体所接受到的讯息可能是截然不同的。这也是不同主体修炼途径不同的原因所在，"夫根者，谓智性之根也。人之所禀，真元道性，能生众智。如草木之根，生花结实，展转相生，故名根也。性之生智，亦如此焉。禀受之性由其气也，有清浊不同，性有利钝差别"。[1]当然，修炼的最终目的是彻底摆脱这种"罪"之根源的感知，但每个人情况不同的实质在于个人本身，而并不在于外在境遇的区别。

综上所述，杜光庭的犯罪学思想可以说是通过两个方面得以展现的：在第一个层面，无论是斋醮科仪背后所体现的戒律观还是神仙小说中的善恶报应，都体现出了浓烈的行善积德的道德指引，且这种指引与当时作为社会文化主流的儒家伦理秩序有着密切的结合。杜光庭作为道教教职人员，或许理念上存在着很多宗教性的超脱，但与此同时其也是社会当中的一个个体。在儒家伦理道德成为社会基调性价值体系的大背景下，无论是主观故意还是客观妥协，其都必须将道教与社会主流价值进行一定程度的融合，这是道教作为社会组织能够生存发展的必要条件。而在第二个层面上，杜光庭将"罪"上升到了一个哲学本体论的高度，即外在环境对个人的影响是通过人的"念想"感知或者说是欲望而产生的，因此个体人本身就是"罪"的载体，唯有通过对个体内心的修炼，返还清静道性才是祛除这种"原罪"的终极途径。这种思想的产生无疑与唐末五代的社会环境有着巨大的关联——社会的动荡、政权的更替使得外向性的"罪责"极易产生一种无力感，那么宗教性的个人内心

---

[1]《道德真经广圣义》卷二十九，载李一氓主编：《道藏》（第14册），文物出版社、上海书店、天津古籍出版社1988年版，第451页。

"原罪"就为外在环境提供了一种可供选择的替代性指向。尽管这种哲学本体论视角下的唯"心"主义存在逃避世俗的消极倾向，但其强调个人的本性修养不失为一种有挖掘空间的"罪责"观。

后记

从出版《先秦犯罪学学说丛论》一书时，我便在后记中讲到过，很早就有写一本《中国古代犯罪学学说通史》的想法，主要是觉得若能从中国古代灿若星河的思想学说中探究出一些关于犯罪治理的学说来，对于今天的犯罪学理论研究和社会治理实践或许具有一定参考价值。再有就是出于对当下中国犯罪学研究的一种反思，中国的地理和人口规模、历史和文化传统、经济与社会结构特点等都足以支撑一个经过实践检验的社会治理理论框架，这其中当然包括治理犯罪问题的理论框架。即使没有形成一个理论体系，至少存在一些学说。如此，我想我们有必要把这些学说梳理出来，为今天我们构建中国犯罪学学科理论体系提供一些元素。曾把我们的这一想法跟师友们交流过，有支持的，也有提出质疑的，但大家提出的中肯建议对于我们的研究而言都无比宝贵。

2015年，与闫文博君、冯志伟君共同完成《先秦犯罪学学说丛论》，是本研究计划的第一个成果，之后我们同时开始了《秦汉犯罪学学说丛论》和《唐代犯罪学学说丛论》的撰写工作，这次出版的书稿便是其中之一。参加本书撰写的段知壮君是我的好朋友，也是重要的学术伙伴，其博士毕业论文《唐代涉僧法律问题研究》表明了他对唐代法史研究的专深。在接到我的研究邀请后，知壮欣然接受，并很快投入书稿撰写工作，

后 记

为本书的完成付出了巨大的辛劳。

对于中国古代思想史而言,隋唐时期是一个极特殊的时代。关于思想学说在中国古代史上几个不同发展阶段的认识,学界有一个基本的概括,那就是先秦子学、汉代经学、魏晋玄学、唐代佛学、宋明理学以及清代朴学,可以看出佛教思想在唐代社会文化制度构建中的重要作用。佛学的发展成为唐代学说思想的时代特点。一方面是官方的支持为佛道二教的发展创造了宽松的政治环境。另一方面,佛学特别是禅宗思想中"明心见性""见性成佛"的思想,弥补了儒家学说所在心性论方面的不足,对官僚士大夫产生了巨大的吸引力,白居易、柳宗元、刘禹锡、李翱等非常多的学者注重汲取禅宗心性学说,在满足个体精神需求的基础上,为儒学发展特别是宋明理学的形成开辟了新渠。

在对中国古代犯罪学相关思想的考察中,一般都将法律与国家权力作为主要的立场和视角,其范畴往往推广至人与公共生活的关系,也就是政治社会的秩序问题。因此在对犯罪学说思想的探讨中也通常以"异贵贱""别尊卑"等儒家礼义作为出发点。这种社会秩序视角下的"罪"之探讨固然具有极其重要的一面,但也不可否认"自然"与"人文"衔接的相关论述同样是我们需要关注的重点。换言之,唐代政治法律制度构建的根基并不是一种规范性的行为准则构建,而是一种道德教化的铺开,因此在分析一个特定历史时期的犯罪思想问题时就无法不与当时时代背景下既定秩序背后的人文理念相联系,唯有如此才能更好地探索作为一种理念上的"罪"之根源,这也是我们研究中的最大感受。

本书由刘志松、段知壮共同完成撰写和统稿工作,由于时间有限,对于唐代犯罪学学说的考察还有一些内容没有展开讨论，比如儒家心性论问题、《唐律疏议》中的犯罪学思想等，这些缺漏我们会在以后结集出版《中国古代犯罪学学说通史》时尽力弥补。另外，由于能力有限，文中存在诸多舛漏，贻笑方家，敬请各位师长不吝指正，帮助我们完善。

我们的研究和本书出版得到了2018年天津社会科学院后期资助项目的支持，这为我们完成这项工作提供了重要的保障。在写作的过程中，得到了各位师友的指导和支持，得到了天津社会科学院各位同仁的支持与宝贵建议，在此一并表示衷心的感谢！感谢天津大学法学院于阳副教授百忙之中为本书作序，其中肯的意见对我们以后的研究至关重要。感谢书法家夏元朴老师为本书题写书名。在出版过程中，中国政法大学出版社第四编辑部各位编辑付出了很多辛劳，在此表示感谢！无以为报，只有更加努力来报答一直以来关心和支持我们的各位师长、同仁、亲人和朋友们。

是为后记。

刘志松　于天津社会科学院

2019年8月13日